基督教文化研究丛书

主编 何光沪 高师宁

五编 第 5 册

近代在华新教传教士早期的圣经汉译活动研究
（1807~1862）

刘念业 著

花木兰文化事业有限公司

国家图书馆出版品预行编目资料

近代在华新教传教士早期的圣经汉译活动研究（1807～1862）
／刘念业 著 —— 初版 —— 新北市：花木兰文化事业有限公司，
2019〔民 108〕
目 2+224 面；19×26 公分
（基督教文化研究丛书　五编　第 5 册）
ISBN 978-986-485-804-0（精装）
1. 圣经研究
240.8　　　　　　　　　　　　　　　　108011504

ISBN-978-986-485-804-0

9 789864 858040

基督教文化研究丛书
五编　第五册
ISBN：978-986-485-804-0

近代在华新教传教士早期的圣经汉译活动研究
（1807～1862）

作　　者　刘念业
主　　编　何光沪　高师宁
执行主编　张　欣
企　　划　北京师范大学基督教文艺研究中心
总 编 辑　杜洁祥
副总编辑　杨嘉乐
编　　辑　许郁翎、王筑、张雅淋　美术编辑　陈逸婷
出　　版　花木兰文化事业有限公司
发 行 人　高小娟
联络地址　台湾 235 新北市中和区中安街七二号十三楼
　　　　　电话：02-2923-1455 ／传真：02-2923-1452
网　　址　http://www.huamulan.tw　信箱　hml810518@gmail.com
印　　刷　普罗文化出版广告事业
初　　版　2019 年 9 月
全书字数　239953 字
定　　价　五编 9 册（精装）台币 20,000 元

近代在华新教传教士早期的圣经汉译活动研究
（1807～1862）

刘 念 业 著

作者简介

刘念业，1979 年生于河南上蔡。2001 年四川外国语大学英语系毕业，获学士学位；2004 年四川外国语大学研究生部毕业，获硕士学位；2012 年中山大学历史学系毕业，获博士学位。现为四川外国语大学英语学院副教授。主要学术领域为翻译史和近代中西文化交流史，曾在《宗教学研究》、《外国语文》和《东方翻译》等期刊发表论文。

提　　要

　　人类历史上重大的文化交流往往和宗教传播密切相关，而宗教的传播又往往离不开宗教典籍的翻译。就中外文化交流的历史而言，无论是佛教还是基督教的传入都伴随着大规模的宗教典籍翻译活动，这些翻译活动不但极大推动了佛教和基督教在中国的发展，更是在政治、文化、文学和语言等诸多方面影响了中国社会。就圣经被翻译成汉语的历史而言，虽然从唐代到清中期一直存在时断时续的译经活动，但真正大规模的译经活动却是出现在近代新教传教士来华之后。从 1807 年马礼逊来华译经到 1919 年官话"和合本"的大功告成，在华新教传教士的译经活动持续了一百余年，推出了种类繁多的译本，对中国社会产生了很大影响。

　　本书选取 1807 年到 1862 年期间新教传教士的圣经汉译活动为研究对象，以这一时期出现的四个汉语圣经全译本为主线，既讨论译文语体、译经原则、术语翻译和译经组织模式等翻译内部问题，又考察传教士译者和赞助机构之间的互动、赞助机构之间的合作与竞争等翻译外部问题，力图勾勒出这一时期译经活动的整体面貌，并揭示出与其他时期译经活动的不同特征。

　　就翻译内部问题而言，由于受制于这一时期中国社会总的时代背景和传教士译者自身神学理念、汉语造诣的影响，译经活动总的来看尚处于起步探索阶段。

　　1823 年，中国境内第一部汉语圣经全译本《神天圣书》印行后，传教士译者出于对翻译质量的不满，不断开展修订和重译工作，相继推出了另外三部全译本。这几个主要译本在译文语体上都采用了所谓的"深文理"语体，在术语翻译方面则不断推进，初步奠定了一套汉语圣经话语体系，在译经原则上则既有以直译为主的马礼逊／米怜译本和裨治文／克陛存译本，也有以意译为主的"四人小组"译本和"委办本"，在翻译组织模式方面由某一差会的某一两名传教士单打独斗发展到由若干差会的传教士团结起来，并在圣经公会赞助之下，进行联合译经。

就翻译外部问题而言，传教士译者和赞助机构的关系随着译经活动的发展也发生了显著的变化。面对不断涌现的圣经汉译本，赞助机构由于承担了绝大部分的译经活动费用和出版资金，发言权越来越大，从马礼逊译经时期默默的资金提供者发展成最终的裁决者。另外，这一时期的译经赞助机构主要由英美两国的传教差会和圣经公会构成，他们在对译本最后裁决时，译本翻译质量并非唯一考量，国籍因素往往起到更多作用，反映出英美两国传教团体和传教士在译经活动和传教事工上的竞争。

最后，这一时期的传教士译者出于译经工作需要，特别是为解决"译名之争"所产生的困扰，对中国语言文化进行了广泛的学习和研究，翻译了不少汉语典籍，编写了大量词典、书籍和文章，极大促进了西方汉学的发展。这些研究连同译经工作共同构成了近代中西文化交流的重要组成部分。

总的来看，作为近代新教传教士一百余年圣经汉译活动的早期阶段，1807 年到 1862 年的译经活动在整体上呈现出某种一脉相承的关联性，表现出与其他时期译经工作颇为不同的面貌。虽然由于各种因素的制约，这一时期出现的四个主要译本的翻译质量并不算高，但却为后来更好的译本奠定了坚实基础。

本书系四川外国语大学

学术专著后期资助项目成果

"基督教文化研究丛书"总序

何光沪 高师宁

　　基督教产生两千年来，对西方文化以至世界文化产生了广泛深远的影响——包括政治、社会、家庭在内的人生所有方面，包括文学、史学、哲学在内的所有人文学科，包括人类学、社会学、经济学在内的所有社会科学，包括音乐、美术、建筑在内的所有艺术门类……最宽广意义上的"文化"的一切领域，概莫能外。

　　一般公认，从基督教成为国教或从加洛林文艺复兴开始，直到启蒙运动或工业革命为止，欧洲的文化是彻头彻尾、彻里彻外地基督教化的，所以它被称为"基督教文化"，正如中东、南亚和东亚的文化被分别称为"伊斯兰文化"、"印度教文化"和"儒教文化"一样——当然，这些说法细究之下也有问题，例如这些文化的兴衰期限、外来因素和内部多元性等等，或许需要重估。但是，现代学者更应注意到的是，欧洲之外所有人类的生活方式，即文化，都与基督教的传入和影响，发生了或多或少、或深或浅、或直接或间接，或片面或全面的关系或联系，甚至因它而或急或缓、或大或小、或表面或深刻地发生了转变或转型。

　　考虑到这些，现代学术的所谓"基督教文化"研究，就不会限于对"基督教化的"或"基督教性质的"文化的研究，而还要研究全世界各时期各种文化或文化形式与基督教的关系了。这当然是一个多姿多彩的、引人入胜的、万花筒似的研究领域。而且，它也必然需要多种多样的角度和多学科的方法。

　　在中国，远自唐初景教传入，便有了义辟古奥的"大秦景教流行中国碑颂并序"，以及值得研究的"敦煌景教文献"；元朝的"也里可温"问题，催生了民国初期陈垣等人的史学杰作；明末清初的耶稣会士与儒生的交往对话，带来了中西文化交流的丰硕成果；十九世纪初开始的新教传教和文化活动，更造成了中国社会、政治、文化、教育诸方面、全方位、至今不息的千古巨变……所有这些，为中国（和外国）学者进行上述意义的"基督教文化研究"提供了极其丰富、取之不竭的主题和材料。而这种研究，又必定会对中国在各方面的发展，提供重大的参考价值。

就中国大陆而言，这种研究自 1949 年基本中断，至 1980 年代开始复苏。也许因为积压愈久，爆发愈烈，封闭越久，兴致越高，所以到 1990 年代，以其学者在学术界所占比重之小，资源之匮乏、条件之艰难而言，这一研究的成长之快、成果之多、影响之大、领域之广，堪称奇迹。

然而，作为所谓条件艰难之一例，但却是关键的一例，即发表和出版不易的结果，大量的研究成果，经作者辛苦劳作完成之后，却被束之高阁，与读者不得相见。这是令作者抱恨终天、令读者扼腕叹息的事情，当然也是汉语学界以及中国和华语世界的巨大损失！再举一个意义不小的例子来说，由于出版限制而成果难见天日，一些博士研究生由于在答辩前无法满足学校要求出版的规定而毕业受阻，一些年轻教师由于同样原因而晋升无路，最后的结果是有关学术界因为这些新生力量的改行转业，后继乏人而蒙受损失！

因此，借着花木兰出版社甘为学术奉献的牺牲精神，我们现在推出这套采用多学科方法研究此一主题的"基督教文化研究丛书"，不但是要尽力把这个世界最大宗教对人类文化的巨大影响以及二者关联的方方面面呈现给读者，把中国学者在这些方面研究成果的参考价值贡献给读者，更是要尽力把世纪之交几十年中淹没无闻的学者著作，尤其是年轻世代的学者著作对汉语学术此一领域的贡献展现出来，让世人从这些被发掘出来的矿石之中，得以欣赏它们放射的多彩光辉！

2015 年 2 月 25 日
于香港道风山

目次

绪　论

一、选题意义

　　圣经的翻译在世界文明史上具有独特的地位，其翻译活动历史久远，对人类文明的发展影响深远。圣经汉译的历史若从唐代景教徒的翻译活动算起，到现在也已经有一千三百多年了，[1]但真正有组织、有计划的大规模译经活动却是出现在新教传入中国之后。[2]之前的天主教传教士虽也有断断续续的译经活动，但缘于天主教自身的神学理念和教会体制，圣经汉译并不是天主教会在华活动的重点，故未能推出汉语圣经全译本。[3]

1　1908 年从敦煌石窟发现的唐代景教文献中有一篇名为《尊经》的翻译书目，据其记载，"谨案诸经目录，大秦本教经，都五百三十部，并是贝叶梵音……景净译得已上三十部，余卷大数具在贝叶皮夹，犹未翻译"。该书目末尾一段列出了三十五种汉译景教经典之书名，见朱谦之《中国景教》，人民出版社，1998 年，第 113 页；也可参见台湾基督教史学者杨森富著作《中国基督教史》，台湾商务印书馆，1984 年，第 350-353 页。

2　基督教在中国有广义和狭义两个概念，广义指包括正教、天主教（也被译为公教和罗马公教）和新教（也被译为抗议宗、更正教等）在内的以耶稣基督为救世主的宗教，狭义则专指新教。在本书中，若无特别说明，一律取广义概念。

3　天主教第一部汉语圣经全译本，即思高本圣经，于 1968 年第一次出版。天主教在圣经汉译事业上的迟滞不前，原因较为复杂，可参见 Nicolas Standaert（钟鸣旦），"The Bible in Early Seventeenth- Century China", Irene Eber, ed. *Bible in Modern China*, Nettetal, Steyler Verl, 1999. 此文后来经翻译出现在钟鸣旦和孙尚扬合著的《一八四零前的中国基督教》一书的第 11 章"圣经在十七世纪的中国"；还可参见张西平的《明清之际圣经中译朔源研究》一文。

十九世纪初，随着新教在中国的缓慢兴起，圣经汉译事业也徐徐开启。新教传教士的圣经汉译活动始于 1807 年马礼逊（Robert Morrison）来华，终于 1919 年出版的官话"和合本"圣经，前后长达一个多世纪。[4] 这百余年的翻译活动根据翻译性质、译文语体、译者群体和翻译目的大致可以分为三个阶段。从马礼逊 1807 年来华到 1862 年裨治文（Elijah Coleman Bridgman）/克陛存（Culbertson, M. S.）译本的完成，可看作第一阶段，是新教传教士圣经汉译事业的早期阶段。从 1864 年"北京官话译本"翻译委员会的建立到 1890 年的新教在华传教士大会可视为第二阶段，大会之后的传教士联合译经活动则为第三个阶段。[5] 第一个阶段是新教来华传教士译经活动的早期，有以下几个特点：第一，就翻译性质而言，这一时期完成的四

---

4 英国浸礼会传教士马士曼（Marshman）在印度于 1822 年出版了其汉语圣经全译本，比马礼逊的译本早一年出版，成为现存的第一部汉语圣经全译本，但由于该译本产生于印度，翻译质量不高，除了被某些浸礼会传教士采用，并未大量印行，对近代圣经汉译的历史和基督教在中国传播影响甚微，故本书未包括有关此译本的研究情况。

5 笔者认为，1864 年到 1889 年可以看作新教传教士译经活动的中期。随着《天津条约》和《北京条约》的签订，传教士开始深入中国各开放口岸和内地。在频繁地和普通中国民众的接触中，以及对中国社会文化更为深入的了解后，传教士逐渐意识到中低阶层的普通中国人，而非士大夫阶层，才是他们理想的传教对象。圣经汉译的语体随之也出现变化，出现了"官话"、"浅文理"以及方言等语体。另外，发生在"委办本"翻译期间的"译名之争"在这一阶段继续困扰着传教士，导致来华各差会团体的译经活动基本是各自为战。因为上述两个原因，此阶段出现了异常繁多的"浅文理"、"官话"和方言版译本，较为著名的有"北京官话新约全书"、施约瑟的"官话旧约全书"、杨格非的浅文理译本等。1890 年到 1919 年为最后一个阶段，也是传教士译经活动的晚期。由于前一时期各自为战的翻译局面以及随之产生的繁多译本让在华各个传教差会和中国基督徒都困惑不已，并进而伤害到新教在华的传教事业，各传教差会意识到联合起来推出统一的圣经译本已成为十分紧迫的任务。经过近三十年的联合译经活动，传教士先后完成了"深文理"译本，"浅文理"译本，和"官话"译本。前两个译本不是译经重点，影响不大，日后也没有被采用。"官话"圣经实际上是此次译经活动的重中之重，也是各传教差会和传教士最为重视的译本，直到 1919 年才最终完成，即官话"和合本"圣经。该译本是新教传教士圣经汉译事业的巅峰之作，后虽经数次修订，但基本内容改变不大，依然是当今中国新教徒的主流译本，同时，该译本也标志着新教传教士译经活动的结束和中国人承担该项工作的来临和兴起。但遗憾的是，传教士依旧没有解决围绕"God"一词译名所产生的分歧，最终的官话"和合本"也分为"神"版和"上帝"版。

部圣经全译本具有前后传承的关系。[6]第一部译本是由马礼逊主译，米怜（William Milne）协助完成的《神天圣书》。第二部译本是麦都思（Walter Henry Medhurst）和郭实腊（Karl Friedrich August Gutzlaff）主译、裨治文和马儒翰（John Robert Morrison）协助完成的《新旧遗诏书》。第三部是麦都思主译、王韬父子、约翰施敦力（John Stronach）和美魏茶（W.C. Milne）协助完成的"委办本"《新旧约全书》。第四部是裨治文和克陛存合作翻译的《新旧约全书》。后三个译本在很大程度上是基于对马礼逊/米怜译本翻译质量的不满而进行的不断"修订"。有关这一时期译经活动的各种历史文献，主要包括各传教差会出版的传教刊物和传教士发表的各类文章以及他们之间的信函，都大量使用"修订"（revision）一词来描述后三个译本的翻译性质。在当时的传教差会和大部分传教士看来，马礼逊逝世后的译经活动实际上是对马礼逊/米怜译本的反复"修订"。而这种翻译性质在 1862 年之后发生了改变，新的传教士译者在推出"浅文理"圣经和"官话"圣经时，已不再声称是对马礼逊/米怜译本的"修订"。第二，就译文语体风格而言，传教士在 1862 年前的译经工作中基本上都采用了他们自己"发明"的"中间"语体，即一种结合经书注疏和《三国演义》的语体风格，后来的传教士译者一般称之为"深文理"（High Wenli）语体。[7]这种语体没有严格统一的标准，传教士自己对此语体的说明也存在前后不一的情况，但总的来看，这种"深文理"语体较当时的口语体"官话"要深奥，但又比中国经书的文言语体要浅显。由于十九世纪的中国存在各式文言语体和口语"官话"等不同语体，传教士译者翻译圣经面临的第一个问题便是语体的选择。早期传教士对中国社会和语言文化尚处于探索阶段，由于受到中国书籍和传教策略的影响，他

6　1853 年美国浸礼会传教士高德（Goddard）的新约译本出版，一般称为"高德译本"，该译本也采用了"深文理"语体，但由于浸礼会特殊的神学观点，该会传教士始终游离于其他宗派传教士的译经活动之外，该译本也限于本派自己传教士在早期传教活动中使用，本书未包括有关此译本的研究情况。

7　这一时期内唯一没有采用此种语体的汉语译本是麦都思于 1856 年出版的"南京官话"新约。马礼逊去世后，麦都思作为这一时期最为重要的圣经译者，学习汉语近四十年，对中国语言文化和社会情况极为熟悉。他敏锐而超前地察觉到了用口语体"官话"翻译圣经的重要性，于是在 1854 年完成全部"委办本"翻译工作后，立即着手用"南京官话"翻译圣经，并于 1856 年完成并出版了其新约译本。

们在译经工作中最终采用了所谓的"深文理"语体。1862 年之后，随着中国被迫进一步开放内地，传教士得以更加频繁地接触到中国社会，对中国语言文化的认识也更为深入，便基本抛弃了"深文理"语体，转而采用所谓的"浅文理"（Low Wenli）语体和"官话"语体。虽然 1890 年在上海召开的传教士大会决议联合推出"深文理"、"浅文理"和"官话"三种语体的汉语圣经，但"深文理"和"浅文理"汉语圣经并非联合译经的重点。第三，就传教士译者群体自身而言，曾同马礼逊一起学习、工作和翻译圣经的主要传教士译者在 1862 年已全部去世，之后以施约瑟（Samuel Isaac Joseph Schereschewsky）和杨格非（Griffith John）等为代表的新一代传教士译者开始登上译经事业舞台。第四，就翻译目的而言，由于早期的传教活动受到各种因素的制约，直接发展信徒难度很大，圣经汉译实际上成为传教士优先考虑的重要事工。之后，随着"委办本"的印行和中国被迫进一步对外开放，译经工作不再是传教士的首要任务，而是作为传教活动的一个重要环节，配合传教士发展更多的信徒。[8]

总的来看，1862 年前新教来华传教士的译经活动存在某种一脉相承的关联性，和之后的译经活动表现出明显的不同特点，可以被视为近代新教来华传教士译经活动的早期阶段。美国学者施福来（Thor Strandenaes）曾说："在期待一本综论汉语圣经翻译历史的著作之际，实在需要某些范围较小却深入的研究，为全面论述汉语圣经翻译所要处理的某些问题提供可靠的答案"[9]。本书作为圣经汉译活动的"断代史"研究，正是尝试以此为目标，力图弄清十九世纪前半期新教传教士圣经汉译活动的基本史实和渊源流变，并为将来一部详实而完整的圣经汉译通史性著作奠定基础。另外，圣经作为基督教神学体系的核心组成部分，其翻译活动一直伴随着基督教在世界范围内的传播，圣经汉译也不例外，始终和基督教在中国的传播密切相关。近代在华新教传教士的圣经汉译活动作为中国基督教史重要的一环，对其进行深入考察对中国基督教史的研究有着不言自明的意义。最后，新教传教士长达一个多世纪的圣经汉译活动对中国社会、文化和文学等诸多方面都产生了重大影响，汉

---

8 根据 1890 年新教在华传教士大会的统计，1854 年，中国新教徒的总人数为 350 人，到了 1865 年，这一数据为 2000 人，到 1876 年，上升到 13035 人。见 *Records of the Protestant Missionary Conference*, Shanghai, 1890, p. 735.

9 Thor Strandenaes, *Principles of Chinese Bible Translation,* Ph.D. diss., Uppsala University,1987. Uppsala: A;mqvist, 1987, p.10.

语圣经也位列"影响中国近代社会的一百种译作"[10]之一，研究圣经汉译的历史对研究中国近现代史和中西文化交流史均有着十分积极的意义。

二、学术史

　　总的来看，对于这一时期传教士圣经汉译活动进行专门的"断代史"研究很少，相较而言，对译经活动某一方面进行的专题性研究较为丰富。另外，还有不少其他研究也涉及到这一时期的译经活动，主要包括新教传教士对译经活动进行的回顾性介绍、有关圣经汉译的通史性著作和论文、作为中国基督教史研究一环的圣经汉译研究和传教士译者的人物传记研究等。以下将对有关研究情况作简要回顾，为本书的研究提供必要之基础。

1、新教传教士的回顾性介绍

　　最早撰写文章叙述新教传教士在华从事圣经汉译工作的，是较早来华的一批传教士。1819 年，和马礼逊合作翻译旧约的米怜在马六甲英华书院出版了《新教在华传教早期十年史》（*A Retrospect of the First Ten Years of the Protestant Mission to China*）。书中对马礼逊/米怜译本的翻译过程、译文语体和神学术语译名都有所介绍。米怜之后较为详细论述译经活动的是麦都思。他在 1838 年出版了颇有影响的《中国的现状和传教展望》（*China: Its State and Prospects*）一书。该书第二十二章和最后一章对马礼逊、米怜和他自己的译经活动进行了简要回顾和评论，并对之后的译经活动做了详尽的规划，这些规划在之后的"委办本"翻译过程中得到了充分的体现。1832 年在广州创刊的《中国丛报》（*The Chinese Repository*）上也发表有大量有关译经活动，特别是有关"译名之争"的文章，撰稿人多为直接参与译经的传教士，例如麦都思、裨治文和文惠廉（William Jones Boone）等。上述文章的作者基本上都是直接参与译经工作的传教士，所以他们在文中所叙述的内容很多都可以作为第一手研究史料。

　　此外，十九世纪中后期开始出现大量回顾传教士早期译经历史的文章，作者也多是参与过圣经翻译和出版发行的传教士，这些文章大多发表在由传教士创办的两种期刊《教务杂志》（*The Chinese Recorder*）和《中国评论》

---

10 邹振环：《影响中国近代社会的一百种译作》，中国对外翻译出版公司，1996 年，第 36 页。

（*China Review*）上。1890 年在上海召开的传教士大会上，英国伦敦传道会[11]传教士慕维廉（William Muirhead）和美国长老会传教士惠志道（John Wherry）分别提交了各自的文章：《圣经汉语译本及其专业术语的历史总结——兼论文理标准本和官话标准译本的可能性》（"Historical Summary of the Different Versions with Their Terminology, and the Feasibility of Securing a Single Standard Version in Wen-li, with a Corresponding Version in Mandarin Colloquial"）和《圣经汉语译本的历史》（"Historical Summary of the Different Versions of the Scriptures"）。曾担任英国及海外圣经公会（British and Foreign Bible Society）驻华代理人的伟烈亚力（Alexander Wylie）撰写的著作《中国研究》（*Chinese Researches*）于 1897 年在上海出版，书中的《圣经在中国》（"Bible in China"）一章对传教士所翻译的重要译本均有所论及。上述三人对传教士的译经活动都有简要介绍，内容也大致相似，不同之处在于，慕维廉和伟烈亚力的叙述回避了"委办本"联合译经的分裂，而惠志道则比较明确地指出了这一点。但惠志道错误地认为是美国传教士译者首先退出联合译经，而实际上先退出的是英国传教士译者。另外，惠志道对"委办本"过于意译的风格提出了批评："对于神学素养深厚的中国读者来说，译文过于华丽，而那些见识不多、神性不够的读者则极易被译文地道的文风所欺，将基督误认作孔子，十分危险。"[12] 1914 年的《中华基督教会年鉴》刊载了马君甫的《中华圣书译本及发行考》一文，对"麦译圣书"、"委办译圣书"、"百立期曼及克培臣所译之文理圣书"[13]均有论及。除此之外，该文还首次探讨了英国及海外圣经公会（British and Foreign Bible Society）、美国圣经公会（American Bible Society）和苏格兰圣经公会（National Bible Society of Scotland）三大赞助机构对出版发行汉语圣经的重要作用。1915 年的《中国差会年鉴》（*China Mission Year Book*）刊载了邦费德（G.H. Bondfield）的《文理、官话本圣经及注解》（"A list of versions in wen-li, and mandarin, with notes"）一文。该文不仅简单介绍了各种圣经汉语译本还首次提到了参与译

---

11 为叙述方便，如无特别说明，后文全部简写为"伦敦会"。

12 John Wherry, "Historical Summary of the Different Version of the Scriptures," *Records of the General Conference of the Protestant Missionaries of China*, Shanghai: American Presbyterian Mission Press. 1890, p. 52.

13 即裨治文和克陛存。

经的中国助手王韬（"Mr. Wang"）。此外，文章还粗略地统计出到 1915 年为止参与译经活动的传教士译者人数和出版发行各类圣经所耗费的资金。[14]

上述文章和著作都是由具体从事圣经翻译和出版发行工作的传教士或教会人士所撰写，内容往往比较简略，一般也不提供注释和参考文献，还不能称之为严格意义上的学术研究，不过却为新教传教士早期译经活动的研究提供了线索和基础，他们在文章中透露出来的很多材料具有重要的史料价值。

2、专门的"断代史"研究

1807 年到 1862 年这一时期作为近代圣经汉译史上一个具有重要意义的历史阶段，学术界对之进行的专门的"断代史"研究较为缺乏。中山大学吴义雄教授 2000 年的论文《译名之争与早期的圣经中译》是目前笔者所能看到的较早的对此段历史作专门论述的研究，虽然文中并未明确提出早期译经活动的时间下限，但文中讨论的圣经汉译本却是笔者前文提到的由新教来华传教士最早完成的四个全译本。文章较为详细地论述了新教传入中国后早期传教士译者在圣经汉译方面所做出的努力，不仅涉及第一次鸦片战争前的圣经汉译状况，而且围绕"译名之争"对战后传教士首次联合译经的具体翻译过程和联合译经分裂的原因都做了较为深入的分析。文章认为："（译名）问题的核心在于，在中国文化中是否存在与基督教的根本思想相类似、相契合的观念，译者在多大程度上可以借用中国固有的思想来表达基督教的信仰"[15]，另外，"译名之争成为传教士研究中国文化的动力之一，也推动了近代西方汉学的产生和发展"[16]。文中利用了不少第一手史料，使得研究建立在十分扎实的史料基础之上。档案方面，作者主要利用了当时参与联合翻译的美国美部会（American Board of Commissioners for Foreign Missions）档案。期刊方面，作者则大量使用了《中国丛报》的材料。除此之外，作者对传教士的书信、日记和报告也有使用。总的来说，论文基本勾勒出十九世纪上半叶新教传教士译经活动的历史轮廓，应该是目前学界对此课题最为深入的研究之一。后来该论文经过修改以"早期的圣经中译和其他传道书的印行"的名字出现在吴

---

14 据此文统计，到 1915 年，共有 150 名译者参与了译经活动，共耗费四十二万或四十万美金（当时的价格）。

15 吴义雄：《译名之争与早期的圣经中译》，《近代史研究》2000 年第 2 期，第 216 页。

16 同上，第 222 页。

教授的专著《在世俗与宗教之间——基督教新教在华南沿海的早期传播》中的第五章第一节。不过，由于研究角度和篇幅的考虑，作者并未对这一时期的四个全译本和译者群体进行全方位的研究。

2002 年，德国学者尤思德博士（Jost Oliver Zetzsche）的大著《圣经在中国：和合本的历史与新教在华传教士译经的高峰》（*The Bible in China: the History of the Union Version or the Culmination of Protestant Missionary Bible Translation in China*）被译为中文出版。全书分为两部分：前半部分探讨 1807 年至 1890 年之间的译经活动，后半部分则关注"和合本"的翻译历史，后半部分占据全书三分之二篇幅，是作者的主要研究对象。作者根据三大圣经公会和众多来华差会的档案文献，讨论了汉语圣经翻译的历史、翻译原则、语体选择、差会与圣经公会的角色、人际的互动与冲突、文化与信仰的因素等等，是笔者目前看到的最有分量的圣经汉译史著作，把近代圣经汉译史的研究大大推进了一步，被美国历史学者裴士丹（Daniel H. Bays）认为是"为所有汉学研究的图书馆添加了极有价值的库藏"[17]。此书第二、三、四章的内容恰好覆盖了新教传教士圣经汉译的早期阶段，分别论述了这一时期出现的四个全译本和传教士译者，故可以被视为探索这一时期圣经汉译的"断代史"研究。在这部分的研究中，作者对很多翻译具体问题有较为深入的分析，例如"委办本"的正名问题，即"委办本"的准确所指。由于联合译经仅完成了新约部分的翻译，作者认为"'委办本'的名称无疑应该是属于新约的"，而"至于旧约方面，美国传教士或英国传教士的译本都不能正确地视为一部'委办本'"[18]，这就纠正了以前对于"委办本"认识的一个常见错误。当然，由于该书的研究重心是"和合本"，书中对新教早期译经活动的论述仍留下了研究空间，例如，尤思德博士并未考察四个译本的传承关系，也未对译文进行对比，对"译名之争"相关文献也未作梳理和分析。

3、圣经汉译通史性研究

相比稀少的"断代史"研究，有关圣经汉译的通史性研究较多，这些通史性研究都涉及到新教传教士早期的圣经汉译历史，但除少数研究之外，多流于浅层次的叙述，对具体翻译过程和翻译问题一般不做深入性探讨。有关

---

17 尤思德 著，蔡锦图 译《圣经在中国：和合本的历史与新教在华传教士译经的高峰》，香港：国际圣经协会，2002 年，第 viii 页。

18 同上，第 93 页。

圣经汉译历史的第一部通史性著作是 1934 年上海广学会出版的《汉文圣经译本小史》(*Chinese Version of the Bible*)。此书由贾立言牧师（A.J. Garnier）撰写，冯雪冰翻译。全书共分五章。第一章概要叙述了从唐代景教到近代新教入华之间一千余年的圣经汉译历史，后四章则主要探讨新教传入中国后的圣经汉译。作者从翻译语体的角度对"深文理、浅文理"、"官话"和"方言"四种汉语圣经版本分别做了详细的梳理。但书中没有提供注释和参考文献，不能算是严格意义上的学术研究。同年，英国及海外圣经公会在伦敦出版了曾在中国内地会（China Inland Mission）长期服务的传教士海恩波（Marshall Broomhall）撰写的著作《圣经与中华》(*The Bible in China*)。1947 年该书由陈翼经翻译，在广西梧州的《圣经报》上连载，后又整书出版。2000 年，该书经台湾学者蔡锦图重新翻译再版，名为《道在神州——圣经在中国的翻译与流传》。书中对圣经汉译的历史既有宏观的论述，也有不少微观的深入分析，重要之处均提供注释，应该说是一部很有质量的圣经汉译通史，可算是开创了圣经汉译史研究的重要著作，之后的专家学者在研究相关课题时都把此书列为参考用书。不过此书对 1807 到 1862 年出现的四个全译本的具体翻译过程以及诸如翻译模式、译文语体、翻译原则和"译名之争"等重大问题的讨论仍比较笼统，对第二个全译本《新旧遗照书》的讨论更是付之厥如。1947年，诚质怡的长文《圣经之中文译本》[19]对中国历史上一千多年的圣经汉译活动做了简明扼要的概述。文章介绍了 1843 年召开的香港新教传教士圣经翻译大会，对翻译过程中产生的"译名之争"也有所提及。总的说来，此文应该是中国人对圣经汉译活动历史研究的第一篇较有分量的论文。1975 年，苏佩礼（Hubert W. Spillett）编撰了《汉语圣经目录》(*A Catalogue of Scripture in the Language of China and the Republic of China*)一书，详细收录了 1973 年之前印行的汉语圣经译本，提供了译本的名称、译者、译文语体和出版日期等资料。上述研究之外，还有不少通史性的论文，比如，许牧世的《从马礼逊到施约瑟的译经简史》、谢雪如的《圣经翻译史话》、汪维藩的《圣经译本在中国》和罗旭荣的《圣经在中国的译本》等。

4、专题性研究

对新教早期译经活动进行的专题性研究中，有关"译名之争"的著作和

---

19 此文收在 1965 年出版的贾保罗博士编撰的《圣经汉译论文集》，第 1-28 页。

论文数量最多。比较而言，西方学者对"译名之争"问题关注更早，[20] 以色列汉学家伊爱莲女士（Irene Eber）的研究尤其值得关注。1996 年在耶路撒冷希伯来大学举行了以"汉语圣经与近代中国的关系"为题的国际学术会议。伊爱莲在此次会议上提交了论文《译名之争》（"The Interminable Term Question"），把近代"译名之争"的历史分为两个不同阶段：1847-1855 和 1866-1877，简要回顾了"译名之争"的缘起和过程。作者同时指出了整场争论的关键问题，即"中国人究竟是一神论者、多神论者或是泛神论者，中国人是否有创造的信仰和真神的观念，中国宗教的性质和内容又是怎样的，一个中国基督徒用什么名字称呼神，这个名字对他有何意义，他内心所想到的和相信的究竟是什么？"[21] 对这些问题，麦都思、文惠廉和理雅各等重要译者在这场争论中给出了不同的答案。最近二十年，华人学者也开始逐渐关注到这一问题。香港浸会大学历史系黄文江教授编写的《译名问题参考文献汇编》（*The Term Question: A Bibliography*）为"译名之争"的研究提供了详尽的资料和文献目录。书中对《中国丛报》、《教务杂志》和《中国评论》三大近代著名期刊爬梳剔抉，详尽罗列了所出现的有关"译名之争"的英文历史文献的篇名。前香港中文大学教授李炽昌的著作《圣号论衡》则收录了《万国公报》上发表的主要由中国人撰写的六十余篇相关历史文献。这些基础性的重要工作为"译名之争"的研究夯实了基础。1998 年，新加坡神学院赵维本博士在香港《中国神学研究院期刊》第 24 期发表了《中文圣经译名争论初探：神乎？帝乎？》一文。文章选取两派代表人物文惠廉和麦都思的辩论文章对"译名之争"进行探讨，就采用"类名"（generic name）"神"的译法还是更顾及"至高存在"含义的"上帝"的译法，从基督教神学和中国哲学的视角做了较为深入的分析。之后有关"译名之争"的研究越来越多，例如程小娟的博士论文《圣经汉译中 God 的翻译、讨论和接受》、蔡锦图的《中文圣号问题：从历史角度探索》、陈可培的《一名之立，名实之辨："译名之争"所引发的思考》等等，在此不一一列出。

---

20 可参考 John Chalmers, "The Interminable Question"; Douglas G. Spleman, "Christianity in Chinese: The Protestant Term Question";　George O. Lillegard, "The Chinese Term Question: An Analysis of the Problem and Historical Sketch of the Controversy"; G.W. Sheppard, "The Problem of translating 'God' into Chinese";　Lazich, Michael C. E. C. Bridgman, America's First Missionary to China　（chapter 6）

21 Irene Eber, "The Interminable Tern Question," *Bible in Modern China: The Literary and Intellectual Impact*, Nettetal: Institut Monumenta Serica, 1999, p. 135.

　　"译名之争"之外的专题研究主要是对某一译本或译者的探讨。被誉为欧美"中国明清文学研究第一人"的美国学者韩南（Patrick Hanan）于 2003 年在《哈佛亚洲研究学报》发表了题为《作为中国文学的圣经：麦都思，王韬和"委办本"》（The Bible as Chinese Literature: Medhurst, Wang Tao, and the Delegates' Version）的杰出论文，分析了麦都思和王韬的合作译经模式对"委办本"在翻译原则和译文语体方面带来的深刻影响。2006 年，中央民族大学哲学和宗教学系教授游斌撰写的《王韬与中文圣经翻译》是一篇探讨近代中国文人王韬如何参与圣经汉译的论文。作者认为由于王韬的参与，"委办本"在流畅、优美和可读性方面十分突出，但有可能使"福音与（中国）文化之间的张力被根本消解掉"，"基督教给中国文化所能带来的冲击与震荡被大大消减，基督教成为中国文化的批判性对话伙伴的可能亦消弭于无形"。[22] 2009年，中国社科院近代史所赵晓阳的《二马圣经译本与白日升圣经译本关系考辨》着重考察了法国天主教传教士白日升（Jean Basset）的新约译稿对马礼逊/米怜译本和马士曼在印度翻译出版的译本的影响，指出"二马译本"在翻译语体和神学术语译名两个重要方面均大量借鉴了白日升的新约译稿。至于近代新教传教士的圣经汉译事业究竟在多大程度上受惠于天主教传教士不完整的圣经翻译活动，仍是一个有待研究的重大问题。在这一点上，北京外国语大学张西平教授的论文《明清之际圣经中译朔源研究》可谓最新的成果，通过对白日升新约译稿和耶稣会士阳玛诺《圣经直解》的分析，张西平认为，阳玛诺（Emmanuel Diaz）的《圣经直解》对白日升的翻译产生了一定的影响，而考虑到白日升译稿和马礼逊/米怜译本的关系，"将阳玛诺的《圣经直解》视作中文圣经的源头之一是合理的"[23]。另外，美国学者施福来（Thor Strandenaes）于 1987 年完成的博士论文《圣经汉译的原则》（Principles of Chinese Bible Translation）也值得关注。施福来以《马太福音》第 5 章 1-12 节和《歌罗西书》第 1 章为样本，从语言学角度分析了五个圣经汉译本的译文，其中包括马礼逊/米怜译本和"委办本"，对这两个译本所采用的圣经经文原本和翻译原则进行了总结。上述研究之外，还有不少专题性研究著作和论文，例如，邹振环的《圣经的中译本之最》、马敏的《马希曼、拉沙与早期的圣经中译》、赵晓阳的《美国传教士与圣经汉译》和《太平天国刊印圣经底本源流考析》、毛发

22 游斌：《王韬与中文圣经翻译》，《金陵神学志》，（2006 年 3 月），第 124-125 页。
23 张西平：《明清之际圣经中译朔源研究》，未刊稿。

生的《马礼逊与圣经汉译》、任东升的著作《圣经汉译文化研究》和论文《圣经中文译本考》、王悦晨的《一场由翻译触发的社会运动：从马礼逊的圣经翻译到太平天国》等等。

可以看到，通史性研究的作者多为教会内部人士，而专题性研究的作者则来自不同领域，有宗教界、哲学界、历史界、翻译界和西方汉学界，他们的研究视角不同，旨趣不同，但研究往往更为深入。

5、作为中国基督教史一环的圣经汉译研究

除了上述"断代史"、通史和专题性研究之外，新教传教士早期圣经汉译的研究往往作为中国基督教史研究的一个环节出现在各种专著之中。

1842 年，英国公理会牧师威廉·莫斯理（William Moseley）的著作《新教在中国传教的开端以及首个圣经汉译本的完成》（*The Origin of the First Protestant Mission to China, and History of the Events Which Induced the Attempt, and Succeeded in the Accomplish of a Translation of the Holy Scriptures into the Chinese Language*）叙述了伦敦会派遣马礼逊到中国开教的历史，对马礼逊翻译圣经也有简要介绍。1929 年，美国著名传教史家、曾在中国担任教会教育事工的耶鲁大学教授赖德烈（Kenneth Scott Latourette）出版了其鸿篇巨制《基督教在华传教史》（*A History of Christian Missions in China*）。作者在第 13 和 14 章分别简要论述了马礼逊/米怜译本和 1843 年开始的联合译经工作，并积极评价了联合译经工作和"委办本"，认为"联合译经虽不能说是完全意义上的成功，但至少减少了以后对圣经进行漫无止境的反复重译，'委办本'新约在文体风格上超越了以前的所有翻译，直到今天（19 世纪 20 年代）仍在使用"[24]。1940 年时任福建协和大学教授的王治心出版了《中国基督教史纲》，这是一本基督教在华传播的通史，对汉语圣经的历史有简要论述。1968 年，杨森富的《中国基督教史》在台湾商务印书馆出版，书中第 18 章"中华圣经翻译史"简要论述了新教传教士早期的译经活动。1981 年，顾长声的《传教士与近代中国》一书的第 16 章"圣经在中国的翻译与传播"对中国圣经翻译活动进行了宏观梳理，对传教士在近代中国所翻译的主要译本和"译名之争"都有简要介绍。1985 年李志刚牧师的《基督教早期在华传教史》由台湾商务印书馆出版。这部著作以第一次鸦片战争前后新教传教士的在华活动为

---

24 Kenerth Scott Latourette, *A History of Christian Missions in China*, New York: The Macmillan Company, 1929, p.263

研究对象，对近代早期的圣经汉译也做了专门论述，但可能是作者牧师身份的缘故，书中对"委办本"联合译经的分裂未作讨论。类似的研究还有安奈特·里奇蒙德（Annette B. Richmond）1907 年的《美国圣公会在中国》（*The American Episcopal church in China*）、加州大学洛杉矶分校培奎特（Paquette Jean）1987 年的博士论文 《伦敦会在中国：1807-1860》（*An Uncompromising Land; the London Missionary Society in China, 1807-1860*）、上海牧师姚民权和罗伟虹 2000 年的著作《中国基督教简史》等。

这些研究共同的特点是更加关注新教在中国传播的历史过程，圣经汉译的论述往往作为某一章节出现在上述著作之中，所占篇幅大多不长，叙述多是直接点出译本的名称、译者、问世时间和接受情况，较少涉及具体翻译问题，不过这些论述却为新教早期的圣经汉译活动研究提供了大的时代背景。

6、有关译经活动的差会史研究和人物传记研究

另外，在目前研究中还有不少从传教和中西文化交流的角度对参与早期译经活动的外国传教差会和传教士译者所做的会史研究和人物传记研究，作者多为西方宗教界和学术界人士。

会史类著作主要有：威廉·埃利斯（William Ellis）1844 年的《伦敦会历史》（*The History of the London Missionary Society*）、乔治·布朗（George Brown）1854 年的《英国及海外圣经公会史，1804-1854》（*The History of the British and Foreign Bible Society, from Its Institution in 1804 to the Close of Its Jubilee in 1854* ）、理查·拉夫特（Richard Lovett）1899 年的《伦敦会百年史》（*The History of London Missionary Society 1795-1895*）、威廉·坎通（William Canton）1904 年的《英国及海外圣经公会史》（*The Story of the Bible Society* ）和亨利·奥蒂斯·顿特（Henry Otis Dwight）1916 年的《美国圣经公会百年史》（*The Centennial History of American Bible Society*）等。

人物传记研究主要有：马礼逊遗孀（Eliza A. Morrison）1839 年整理编写的《马礼逊回忆录》（*Memoirs of the Life and Labors of Robert Morrison*）、罗伯特.菲利普（Robert Philip）1840 年的《米怜评传》（*The Life and Opinions of the Rev. William Milne*）、裨治文夫人（Eliza J. Giliett Bridgman）1865 年编写的《美国在华传教先驱裨治文的生平和事业》（*The Pioneer of American Mission to*

China, The life and Labor of Elijah Coleman Bridgman）、汤森（William John Townsend）1897 年的《马礼逊——在华传教士的先驱》（Robert Morrison, the Pioneer of Chinese Mission）、沃特·娄礼华（Walter Lowrie）1850 年的《娄礼华传纪》（Memoirs of the Rev. Walter M. Lowrie, Missionary to China）、卫斐列（Frederick Wells Williams）1889 年的《卫三畏生平及书信》（The Life and Letters of Samuel Wells Williams）、海伦·蔼蒂丝·理雅各（Helen Edith Legge）1905 年的《理雅各：传教士和学者》（James Legge, Missionary and Scholar）和海恩波（Marshall Broomhall）1924 年的《传教伟人马礼逊》（Robert Morrison, a Master Builder）等。这些著作的作者基本上是教会人士或译经人员的亲人，因此他们的叙述多怀有思念和赞美的目的，称不上严格意义的学术研究，但却具有重要的史料价值。较为严肃的学术研究有：玛格丽塔·考福林（Margaret Morgan Coughlin）1972 年的《最早的美国浸礼会来华传教士：叔未士与罗孝全》（Strangers in the House: J. Lewis Shuck and Issacher Roberts, First American Baptist Missionaries to China）、雷孜智（Michael C. Lazich）2000 年的《裨治文：美国第一位来华传教士》（E.C. Bridgman, America's First Missionary to China）、2002 年吉瑞德（Norman J. Girardot）的《朝觐东方：理雅各评传》（The Victorian Translation of China, James Legge's Oriental Pilgrimage）、苏精：2005《中国，开门！马礼逊及相关人物研究》、赵维本博士 2007 年的《佳踪重寻：圣经先锋列传》、顾长声的《从马礼逊到司徒雷登》和谭树林的《马礼逊与中西文化交流》等。可以看到，由于史料获取的难易和学术旨趣的不同，这一类研究的作者大部分是外国人士，他们的研究大多侧重某一团体或某一传教士所进行的圣经翻译出版活动，也有少数研究涉及到翻译语体、翻译原则和"译名之争"等较为深入的问题。

通过以上对学术史的梳理，不难发现，前人对近代新教传教士早期的圣经汉译活动进行的研究已经在某些方面取得了一些进展，主要体现在一些高质量的专题性论文。研究存在的主要问题是未能有意识地对长达一个多世纪的新教传教士译经活动进行分期的"断代"研究，未能由点及面，缺乏对译经活动的整体把握。对这一阶段译经活动进行专门的"断代史"研究中，吴义雄教授和尤思德博士已做了初步的探索，但仍留下不小的研究空间，具体而言，主要有以下几点：

1、要对新教传教士译经活动的"译场"进行深入研究，特别是新教传入中国后与中国本土的政治、社会和文化的碰撞，以及这些碰撞对译经活动产生的影响。

2、就译经活动和赞助机构的关系而言，除了考察伦敦会、英国及海外圣经公会、美国美部会、美国圣经公会对译经活动的具体赞助情况外，还需重点把握上述四个传教团体和传教士译者之间的互动，以及对译经活动产生的推动和制约。

3、就具体的译经活动而言，需要着重考察这一时期四个译本之间在翻译组织模式、翻译语体、翻译原则和术语翻译等诸多方面的传承和变化。同时，还需就传教士自身的神学观念和对中国宗教文化的认识进行考察，并弄清这些观念、认识和具体译经活动之间的内在联系。

4、在讨论"译名之争"和因此导致的译经团体分裂时，既要考察传教士围绕"God"一词译名进行争论的具体过程，也要关注到传教士译者在神学观点、中国宗教文化认识、国籍和宗派等诸多方面存在的差异，以揭示出"译名之争"的真正原因，勾勒出新教传教士早期"译名之争"的整体历史面貌。

第一章　近代圣经汉译的开端

　　宗教典籍的翻译与宗教的传播一般来说总是密不可分的。圣经被翻译成各种语言文字的过程紧密伴随着基督教在全世界的传播。相较天主教和东正教而言，新教更重视圣经，也更重视圣经的传播与翻译。新教传入中国伊始就十分重视圣经汉译的工作。1807 年 9 月马礼逊到达广州后不久便着手开始圣经汉译工作，并由此开启了近代新教长达百余年的圣经汉译事业。然而，圣经汉译工作并非一帆风顺。作为近代来华的第一批新教传教士，马礼逊和米怜抵达中国后，便处于一个异常特殊的"译场"，他们的翻译活动受到诸多方面的制约和束缚，译经工作可谓困难重重。

第一节　特殊"译场"

　　"翻译不是在真空里进行的。"[1]圣经在中国的翻译与基督教在中国的传播密切相关。无论是最早进入中国的聂斯脱利派传教士还是明末清初的耶稣会士以及近代来华的新教传教士，都或多或少地参与到了把圣经翻译成汉语的工作。但由于新教认为圣经具有最高的权威，对圣经汉译最为热衷和重视，圣经汉译一直是各新教传教团体的重要事工之一。可以说，新教的神学体系及其传入中国的历史背景构成了十九世纪初圣经"译场"的一个维度。另外，马礼逊和米怜的译经工作主要是在中国进行，他们的翻译活动不可避免的要

---

1 Andre Lefevere, *Translation, Rewriting and the Manipulation of Literary Frame*, London &New York：Routledge, 1992, p. 14.

受到当时中国政治、社会和文化的影响，这正好构成了"译场"的另一个历史维度。深入考察这一"译场"对于理解新教传教士译经事业的渊源流变不可或缺。

一、新教传入中国

1、英国海外传教的兴起

对于新教传入中国的这一历史事件，国内外学者的研究已较为充分，在此仅就近代圣经汉译事业缘起这一角度做简要概述。随着十六至十七世纪宗教改革运动的兴起和资本主义工商业的蓬勃发展，欧洲社会出现巨大变化。工业革命为新兴资产阶级制造了惊人的财富，同时也使社会分配出现两级分化。社会下层的劳动群众，特别是产业工人贫困潦倒，宗教信仰态度冷漠。而新兴的富人只顾聚敛财富，对宗教持世俗主义态度。"在这种情况下，一批基督教新教教会人士认为宗教出了问题，在他们看来，经院主义的天主教和理性主义的新教都过于抽象，缺乏虔诚，没有感情，不能吸引群众，于社会无益。他们强调阅读圣经，提倡个人节制，开办国内外差会、主日学校，提高医院和监狱的条件等，试图以复兴宗教来达到社会改良的目的。因这些人倡导宣讲福音，特别注重在下层群众中宣讲福音，故称'福音派'（Evangelical）。"[2] 他们所发起的宗教复兴运动被称为"福音奋兴运动"。这次运动最初源于十七、十八世纪德国的虔敬派，强调虔诚和个人情感的宗教生活。到了十八世纪的后半叶和十九世纪早期，随着英国的乔治·怀特菲尔德（George Whitefield）、约翰·卫斯理（John Wesley）和北美的乔纳森·爱德华兹（Jonathan Edwards）等人的宣传和倡导，英国和北美的福音运动取得了巨大进展。这场运动在欧洲一般被称为"福音奋兴运动"（Evangelical Revival），在美国则被称为"大觉醒"（Great Awakening）。"这场福音奋兴运动的最重要成果之一是近代新教传教事业的兴起"[3]，促成了十九世纪的新教海外传教活动和各种传教团体的诞生。

另外，当时的英国由于工业革命，经济飞速发展，累积了巨额财富，在世界各地拥有广袤的殖民地，已经具备大规模海外传教的物质基础。而随着

---

2 任继愈主编，王美秀，段琦等著《基督教史》，江苏人民出版社，2006年，第224页。
3 威利斯顿·沃尔克著，孙善玲等译《基督教会史》，中国社会科学出版社，1991年，第595页。

英国海权的不断扩张，海外传教运动在十八世纪末十九世纪初真正开始。1768 年，英国政府委任库克船长航行太平洋，发现了许多新的地区。他回来后，将航行的经历写成了一本《库克船长的最后旅程》。[4] 这本书引起了许多人的兴趣，其中一位就是威廉·卡瑞（William Carey）。阅读此书后，他意识到世界上还有许多从未听过福音的民族，并逐渐萌发了一个强烈的信念，要把福音传遍全世界。1792 年，他出版了一部名为《宣教义务暨实务咨议》（*Enquiry into the Obligation of Christians to Use Means for the Conversion of the Heathens*）的小册了，针对海外传教的责任、历史、现状与前景提出详尽的讨论。这本小册子影响很大，被公认为推动传教工作的经典作品。在其宣传和推动下，该年十月，英国第一个海外传教团体，即"浸礼传教会"（Baptist Missionary Society）成立。[5] 威廉·卡瑞成为该会第一个传教士，第二年前往印度传教。他在印度传教四十年，并传回英国大量传教记录，大大"激发了广大英国民众的信念，认为远赴海外对异教徒传教，乃是基督徒的天职，因而在十八世纪结束之前，类似的传教团体纷纷出现"[6]。这些团体大概可以分为两类，一类直接派遣传教士前往世界各地工作，例如伦敦会（London Missionary Society）、苏格兰传道会（The Scottish and Glasgow Missionary Societies）和圣公会传道会（The Church Missionary Society）等。另一类以提供传教书刊或印刷经费取代派遣传教士的方式运作，例如基督教知识促进会（Society for Promoting Christian Knowledge）、伦敦圣教书会（Religious Tract Society）和英国及海外圣经公会（British and Foreign Bible Society）等。"这两类团体的功能和传教方式不同而互补，都以将福音传遍全世界为目的。"[7]

2、近代圣经汉译的缘起

随着新教海外传教运动的兴起，一些传教团体和人士开始关注到中国传教和圣经汉译，最早热衷于此的是一位名叫威廉·莫斯理（William Moseley）的公理会（Congregational Church）牧师。他意识到世界上有很多地区仍然对

---

4 William Ellis, *The History of the London Missionary Society,* John Snow& Paternoster Row, 1844, p. 6.
5 Ibid., p. 9.
6 苏精：《中国，开门！马礼逊及相关人物研究》，香港基督教中国宗教文化研究社，2005 年，第 4 页。
7 同上。

传教士关闭，尤其像中国这样实行闭关锁国的国家，传教士的进入更为困难，但是他相信"圣经可以渗透到那些传教士不能去的地方"[8]。于是，莫斯理于1798年3月7日发布了一个公告（Circular），要求"建立一个专门的组织，把圣经翻译成人口最多的东方国家（中国）的语言"[9]。这份通告引起了英国宗教界人士的一些关注，但大部分人士均认为要把圣经翻译成汉语是不可能的。"他们认为中国的文字不能表达圣经的涵义，因此最好的方法是把重要的圣经教义和圣经故事编成书籍，以代圣经之用。"[10] 当时较为熟悉亚洲事务的英国东印度公司董事查理·格兰特（Charles Grant）甚至向莫斯理断言："根据我对汉语的了解，以汉语翻译圣经绝无可能。"[11]

这个观点当然是错误的，但在当时，格兰特的看法却相当普遍。不过莫斯理并未放弃自己的想法，为了证明自己计划的可行性，他开始走访英国的各大图书馆，阅读相关文献资料，研究中国问题。功夫不负有心人，莫斯理最终在大英博物馆发现了一部汉语圣经新约手抄本译稿。此部译稿即著名的《四史攸编耶稣基利斯督福音之汇编》。莫斯理发现此部译稿后，欣喜若狂，因为它的存在证明了用汉语翻译圣经是完全可能的。莫斯理立即撰写了一本小册子《译印汉语圣经之重要性与可行性研究》（*A Memoir on the Importance and Practicability of Translating and Printing the Holy Scriptures in the Chinese Languages*, 1800）[12]，透露了《四史攸编耶稣基利斯督福音之汇编》的信息。他自费印刷了100本，并在伦敦大主教波特斯（Dr. Porteus）的推荐下，把此部小册子呈送给英国所有的主教和一些重要的宗教界人士，其中就包括高斯波特学院的博格博士（Bouge）。[13] 这部小册子首先引起了刚刚成立的"非洲

8　W.W. Moseley, *The Origin of the First Protestant Mission to China, and History of the Events Which Induced the Attempt, and Succeeded in the Accomplish of a Translation of the Holy Scriptures into the Chinese Language.* London: Simpkin and Marshall, Stationers' Hall Court, 1842, p. 10.

9　此公告收录于 W.W. Moseley, *The Origin of the First Protestant Mission to China*, pp. 9-18.

10　贾立言著，冯雪冰译《汉文圣经译本小史》，广学会，1934年，第1页。

11　W.W. Moseley, *The Origin of the First Protestant Mission to China*, p. 20 另见贾立言著，冯雪冰译《汉文圣经译本小史》，第2页。

12　莫斯理在其 *The Origin of the First Protestant Mission to China* 一书的附录中收录有此小册子，见 W.W. Moseley, *The Origin of the first protestant mission to China*, pp. 96-116.

13　W.W. Moseley, *The Origin of the First Protestant Mission to China,* London: Simpkin and Marshall, Stationers' Hall Court, 1842, pp. 25-26.

与东方传教会"（The Society for Missions to Africa and the East）的注意。该会在该年年报中部分刊载了莫斯理的小册子，但考虑到资金问题、汉语的印刷困难、欧洲人对汉语的一窍不通和其他难以克服的麻烦，该会最终没有印刷此部新约译稿。[14] 之后，"基督教知识促进会"也注意到此部小册子，并咨询了精通汉语的斯当东（George Thomas Staunton），是否可以印刷此部译稿。但是，斯当东在看了部分译稿之后否定了该译稿。[15] 斯当东给莫斯理的解释是，译稿的忠实性存在一定问题。[16] "基督教知识促进会"主席杜拉姆主教（Bishop of Durham）对莫斯理的观点同样持有异议，认为："用汉语翻译圣经有两个难以克服的困难：其一，经费开支巨大；其二，如果要在中国介绍和传播此译本，需假手天主教传教士，但很显然他们不会同意散发一部新教教会推荐的译本。"[17] 之后，英国及海外圣经公会也关注到该译稿，而且莫斯理本人后来也成为该会编辑委员会（Editorial Sub-committee）的成员。但该会同样放弃了印刷此部译稿，给出的解释是：第一，还需要更多的证据来验证译稿的忠实性；第二，印刷此部译稿的开销虽然尚无法估量，但无疑是巨大的；第三，更为理想的情况是有一位在中国居住的英国人，此人既懂汉语又热心传播圣经，还需和本会保持紧密的通信联系。[18]

莫斯理的建议连续遭到挫折，他转而向伦敦会求助。伦敦会虽然没有答应印刷那部新约译稿，但却决定派遣自己的传教士前往中国传教，并把圣经翻译成汉语。该会在1804年7月的一次理事会议中计划派遣传教士前往中国、槟榔屿或澳门，并要求负责传教学院的博格博士引导刚刚入学的马礼逊或其他学生以此为目标。[19] 于是莫斯理最初的译经构想，经过六年的努力后终于以另外一种形式被伦敦会接受。应该说，莫斯理实乃新教发起圣经汉译的第一人，而即将肩负翻译使命的则是马礼逊。

---

14 Ibid., pp. 36-38.

15 Ibid., p. 54.

16 Sir George Staunton's reply to the Rev. W. Moseley, Devonshire Street, April 25th, 1804, W.W. Moseley, *The Origin of the first protestant mission to China*, p. 62.

17 Letter from the Bishop of Durham to the Rev. W. Moseley, Cavendish Square, April 30th, 1804, W.W. Moseley, *The Origin of the first protestant mission to China*, p. 66.

18 To the Rev. W. W. Moseley, Battersea, July 23rd, 1804, W.W. Moseley, *The Origin of the first protestant mission to China*, p.76.

19 William Ellis, *The History of the London Missionary Society*, Vol. 1, London: John Snow, Paternoster Row, 1844, p. 456.

3、马礼逊和米怜前往中国

马礼逊于 1782 年出生于苏格兰诺森伯兰（Northumber）的一个叫莫培斯（Morpeth）的小镇。父亲是家乡长老会（Presbyterian Church）的长老，具有虔诚的基督教信仰。马礼逊于 1803 年 1 月开始其在霍克斯顿神学院（Hoxton Academy）的学习。[20] 大约一年半后，马礼逊向伦敦会报名，自愿当一名海外传教士，第二天即获批准。[21] 之后，伦敦会安排其前往高斯波特传教学院（Gosport Missionary Academy），并在博格博士的指导下进行学习。1804 年 9 月，伦敦会理事会做出决议，计划派遣马礼逊前往中国传教。但由于清廷的禁教政策，对于是到中国本土还是先到中国境外附近的岛屿开教，理事会暂时没有决定。[22]

在伦敦会的理事中，支持马礼逊前往中国开教的主要是约瑟·哈德凯斯尔（Joseph Hardcastle）和约瑟·雷纳（Joseph Reyner）二人，前者是该会司库，后者是英国宗教印刷品协会（Religious Tract Society）的司库。马礼逊赴华传教一事是在这两人的建议下进行表决，并由该会理事会一致通过。[23] 马礼逊在 1807 年 1 月前往中国之际，伦敦会理事会给了马礼逊一份"书面指示"（Letter of General Instructions）和一份"基督徒告诫书"（Letter of Christian Counsel）。其中，"书面指示"和马礼逊日后的译经事业密切相关，现摘录部分如下：

> *亲爱的朋友：*
>
> 伦敦会的理事们对你勤学汉语所获得的进步表示非常满意……
> 理事们对你将来能够立足的地方无法确定，因此要用明确的指示来
> 规定你的工作是不明智的。我们授予你全权，可凭你的智慧和判断
> 方便行事。我们相信你能设法留在广州，直到完全掌握汉语。然后
> 你可凭借你的汉语知识从事其他有意义的工作：第一，你可以编撰
> 一部汉语字典，质量要超过以前的所有同类字典；第二，你可以把
> 圣经翻译成汉语，使世界三分之一的人口能够直接阅读圣经。[24]

---

20 Eliza A. Morrison, *Memoirs of the Life and Labors of Robert Morrison*, Vol. 1, London, 1839, p. 31.

21 马礼逊于 1804 年 5 月 27 日致函伦敦会考察委员会主席 Rev. Alexander Waugh，申请为该会传教士，见 *Memoirs of the Life and Labors of Robert Morrison*, Vol. 1, pp. 52-55.

22 Eliza A. Morrison, *Memoirs of the Life and Labors of Robert Morrison*, Vol. 1, p. 65.

23 Ibid., pp. 67-68.

24 "Letter of General Instructions", *Memoirs of the Life and Labors of Robert Morrison*, Vol. 1, London, 1839, pp. 94-95

应该说，伦敦会要求马礼逊把学习汉语、编撰字典和翻译圣经而非直接发展信徒作为优先的传教任务，是较为现实和明智的。对于在极其陌生的中国传教，伦敦会一开始就走了一条间接的文字布道之路，这条道路为日后新教长达一个多世纪的译经事业埋下了伏笔。

伦敦会派遣赴华传教的第二位传教士是威廉·米怜（William Milne），此人日后成为马礼逊的译经助手。米怜于 1785 年出生于苏格兰，1804 年加入当地公理会，1809 年申请加入伦敦会获得批准，并被送入高斯波特传教学院学习，1812 年 7 月被按立为牧师。由于当时孤身在华的马礼逊一再写信给伦敦会理事会，要求增派传教士到中国，米怜在其老师博格博士的推荐下，被派往中国协助马礼逊传教。经过十个月的海上漂泊，米怜携夫人于 1813 年 7 月 4 日到达澳门。[25] 但是澳门葡萄牙殖民政府相当敌视他们的到来，限令他们十八日内必须离开澳门。[26] 米怜夫妇无奈之下遂离开澳门，到达广州，在广州逗留了六个月，其间在马礼逊的建议和指导下开始学习汉语。后因当时清廷的禁教政策，米怜不久被迫离开中国前往东南亚的华人聚居区传教。他在当地建立了伦敦会的传教站和印刷所，并积极编写、出版和传播传教小册子，先后创办了中文杂志《察世俗每月统记传》和英文季刊《印支搜寻》（*Indo-Chinese Gleaner*）。米怜曾多次往返于东南亚和中国之间，与马礼逊商讨传教事务，协助马礼逊翻译和修订圣经。

二、译经障碍

1、禁教政策

十九世纪初期的欧洲新教差会和传教士对到中国传教和圣经汉译工作刚开始是抱有很大希望的，对困难的估计明显不足。即将踏上中国土地的新教传教士将很快发现，由于他们前辈——天主教传教士——的传教策略所引发的禁教政策，他们的译经工作将很快遭遇重重困境。

---

25 Eliza A. Morrison, *Memoirs of the Life and Labors of Robert Morrison*, Vol. 1, p. 383.

26 葡萄牙为天主教国家，1553 年葡萄牙人窃取了澳门，教宗丁 1576 年宣布成立澳门教区，管理包括中国在内的整个远东教务，构成了葡萄牙的整个远东"保教权"。受澳门天主教势力的影响，葡萄牙当局不允许身为新教传教士的米怜在澳门居住和传教。

明末清初，由于利玛窦从中国的实际情况出发，将天主教教义儒学化，采取"调适"的传教策略，天主教在华传教一度取得了极其有利的局面。但好景不长，利玛窦去世后，其传教策略在天主教不同修会之间引发了激烈的争论，集中于是否允许中国教徒祭祖祀孔。后来，罗马教廷和清朝政府也卷入其中，导致"礼仪之争"的全面爆发。1704 年，教宗克莱蒙特十一世发布"禁约"，禁止中国教徒祭祖祀孔的传统习俗，最终导致康熙皇帝开始逐步采取禁教政策。1707 年，康熙在其谕令中说："自今以后，若不遵利玛窦的规矩，断不准在中国住，必逐回去"[27]。之后随着争端的不断升级，康熙采取的措施愈加严厉。到 1720 年，康熙皇帝被罗马教廷使者带来的强硬无礼的禁约文书所激怒，终于批示："以后不必西洋人在中国行教，禁止可也，免得多事。"[28]之后的雍正、乾隆和嘉庆对天主教更无好感，均采取坚定的禁教政策，基督教在中国的传播由此失去合法地位，成为清政府取缔和严厉打击的对象。1807 年 9 月马礼逊踏上中国大地伊始，便发现这种来自清廷官方的制约给他的译经工作带来巨大挑战。

2、汉语学习环境

马礼逊所面临的第一个挑战就是极端不利的汉语学习环境。在当时的中国，清廷严禁中国人教习外国人汉语，否则动辄处以严刑。1759 年洪任辉（James Flint）事件后，时任两广总督李侍尧在所谓"防范外夷规条"奏文中将事件的原因归结如下：

> 细查根源，总由内地奸民教唆引诱，行商通事不加管束稽查所至。查夷人远处海外，本与中国语言不同，向之来广贸贩，惟藉谙晓夷语之行商通事为之交易，近如夷商洪任辉于内地土音官话，无不通晓，甚至汉文字义，亦能明晰，此夷商中如洪任辉之通晓语文言义者，亦尚有数人，设非汉奸潜滋教诱，何能熟悉？如奸民刘亚扁始则教授夷人读书，图谋财物，继则主谋唆讼，代作控辞，由此类推，将无在不可以勾结教诱，实于地方大有关系。[29]

从此奏可以看出，夷人通晓汉语是中国人教授所致，因此清廷严禁外国人雇佣中国人，并把这类人视为汉奸，这位教授外国人学习汉语的老师，被

---

27 陈垣辑录：《康熙与罗马教皇使节关系文书》（二），故宫博物院 1932 年影印本。
28 陈垣辑录：《康熙与罗马教皇使节关系文书》（十四），故宫博物院 1932 年影印本。
29 故宫博物院文献馆，《史料旬刊》，第 9 期，1930 年，天字第 307 页。

清廷"即行正法，洪任辉在澳门圈禁三年，满日逐回本国，俾奸徒知所惊惧，外夷共仰德威"[30]。后长麟任两广总督期间，英国商行大班布朗（Henry Brown）曾提出 11 条贸易请求，其中第 9 条便涉及汉语学习："英吉利国人爱学中国话，若许广东人教我们买卖人会说话，就能够通中国法律了。"[31] 对布朗的请求，长麟以有定例而加以拒绝："查夷人来广贸易，除设通事贸易外，原不许多雇内地民人，听其指示服役，久经奏明在案，现今通事买办，即系内地民人，尽可学话，不必另雇内地人教话，致与定例有违。"[32] 长麟曾接待过马嘎尔尼使团，以通夷务著称，他对布朗的其他 10 条请求加以修改后予以同意，惟独对第 9 条予以拒绝，可见当时清廷对外国人学习汉语限制之严，疑惧之深。马礼逊到达澳门后给伦敦会司库的第一封信也证实了这一问题的严重性，他在澳门偶遇了东印度公司的斯当东和查墨斯（Chalmers），马上便被告知："欧洲人根本不知道要住在中国并请中国老师教授汉语有多么大的困难，中国人是被禁止教授西人汉语的，否则要判处死刑。"[33]

　　在这种情况下，聘请中国老师无疑是十分困难的，即使有个别中国人接受聘请，也是提心吊胆，惟恐为官府所知。马礼逊曾在给东印度公司广州英国商行大班益花臣（T.J. Elphinstone）的信件中写道："由于有生命危险，中国老师是不敢贸然进出英国商行的，所以必须提供食宿，并要有合理的、特殊的应变办法以在必要时帮助他们逃脱。"[34] 马礼逊在给伦敦会的信函中也曾抱怨道："我们不得不秘密学习汉语，常常不得不把书籍隐藏起来。由于担惊受怕，我的中国助手相继逃离……中国人不允许我们学习他们的语言。"[35] 美国传教士卫三畏（Samuel Wells Williams）在谈到自己学习汉语时也说："最大的困难就是聘请合适的中国教师。我找到了一位学养颇为深厚的老师，为了防止被人告发，他采取了特别的预防措施。每次来时他总带着一只外国女人的鞋，并将其放在桌上，这样如果一旦有他害怕或不认识的人进来，他就可以假装自己是一个给外国人修鞋的中国师傅。"[36]

30　同上，天字第 307 页。

31　梁嘉彬：《广东十三行考》，商务印书馆，1937 年，第 144 页。

32　同上，第 146 页。

33　Ellza A. Morrison, *Memoirs of the life and labors of Robert Morrison*, Vol.1, p. 153.

34　Ibid., pp 396-397.

35　Ibid., pp 288-289.

36　卫斐列著，顾钧、江莉译《卫三畏生平及书信》，广西师范大学出版社，2004 年，第 20 页。

除此之外，购买汉语书籍也十分困难。要想学好一种语言，语言学习资料不可或缺。但清廷严厉禁止外国人购买汉语书籍，下令"内地书籍不准出洋"[37]，因此外国人一般只能请中国人代为私下购买。马礼逊在日记中曾表示："一个帮他买书的人串通他的男仆诈骗了他 30 元。"[38] 马礼逊明知被骗，但是为了买到汉语书籍，也只好忍受。

另一个不利于马礼逊学习汉语的因素就是清廷对外国人居留广州限制颇为严格。1759 年，时任两广总督李侍尧制订的《防范外夷规条》第一款即规定：

> 且省会重地，亦不便听任外夷久居窥伺，应请嗣后各夷商到粤，饬令行商将伊带来货物速行销售，归还原本，不得已居住粤省者，亦令该夷商往澳门居住。将货交与行商，代为变售清楚，归还银价，下年务令顺搭该国洋船归。如洋船已去之后，仍复任听夷商居住省会，及侵吞货价，致累远夷守候者，即将行商通事，分别严行究拟查追，地方官不行查察，及实力追还，严参议处。[39]

1809 年，时任两广总督百龄再奏《酌筹民夷交易章程》，增加了对外国人居留澳门的限制："各夷商销货归本后，令其依期随同原船归国，不得在澳逗留，即有行欠未清，止准酌留司事者一二名，在澳住冬清理，责令夷目及洋行商人将名造册申报，次年即令回国，如敢任意就留，或人数增多，查明驱逐。"[40] 此外，即便在广州有限的逗留时间内，外国人的社交活动也受到严格约束。1816 年，两广总督蒋攸铦下令："兹酌定每月初八、十八、二十八日三次，每次十名，人数无多，随带通事，易于约束……准其前赴海幢寺花地闲游散解……限于日落时，仍赴各口报名回馆；如不照所定日期名数，或私行给予酒食，一经查出，定将行商通事从重究治，夷人即不准再去闲游。"[41]

---

37 1830 年，英国东印度公司驻广州的大班盼师（William Baynes）和几个外国妇女在广州逛街，最终演变成一场中英外交风波，围绕这一事件，工科掌印给事中部正筠，给皇帝上了个"广东贸易夷人日增桀骜，请饬严定章程，以彰国威而戢夷志"的折子。列举了夷人违例 8 条，其中第 4 条"内地书籍不准出洋，近则汉奸多为购买，并有汉奸在夷人处课其子弟。"见《史料旬刊》，第 9 期，天字第 363 页。
38 Eliza A. Morrison, *Memoirs of the Life and Labors of Robert Morrison*, Vol.1, p. 162.
39 《史料旬刊》第 9 期，天字第 307-308 页。
40 《史料旬刊》第 3 期，天字第 104-105 页。
41 梁嘉彬：《广东十三行考》，商务印书馆，1937 年，第 166 页。

除了来自清廷官方的限制，马礼逊来华初期还受到英国东印度公司的敌视，一度不敢暴露英国人的身份。当时的东印度公司顾及其在中国的生意，不敢冒犯清廷，禁止除商人以外的任何英国人在澳门和广州居住。[42] 马礼逊无奈之下不得不冒充美国人，并在美国领事卡灵顿的帮助下，才得以居留广州。[43] 同时，马礼逊也遭到澳门罗马天主教主教的仇视和嫉妒，处境愈发艰难。[44] 实际上，由于在广州和澳门受到重重限制，马礼逊来华一年多，汉语学习和圣经翻译举步维艰，常感到郁闷泄气，一度曾计划离开中国，企图到东南亚马六甲一带学习汉语，并在当地华人社区传教。[45]

3、异质文化的挑战

另一个影响马礼逊译经活动的因素是西方基督教文化与中国传统社会文化的碰撞。当时的新教传教士普遍热衷去非洲传教，不愿前往中国。一个重要的原因是，他们从前辈天主教传教士的教训中知道，"中国这个古老的东方大国与和非洲和美洲的原始部落不同，有比较发达、一度领先世界的物质和精神文明，这种东方文明与传教士熟悉的西方文明截然有别，而普通民众和官绅、士人一样，对自己的文明有独特的自豪感"[46]。而这种发达的文化和自豪的人民往往会构成传教障碍，并最终影响到译经和传教工作。马礼逊在高斯波特传教学院学习时也曾希望赴西非传教而非中国，他认为"在中国传教无疑是最困难的，在所有的民族中，中国人是最难征服的。"[47] 二十年后，马礼逊对中国有了更深的认识，他于1824年在英国的一次公开演讲中这样说道：

> 中国人具有许多实用的知识，足以供应他们日常生活所有的必需品和大部分的奢侈品，就此而论，他们不需要欧洲的任何东西。中国人还拥有大量的古代和现代出版物，他们的私人印刷所可以印刷廉价的图书。他们有诗词、音乐和其他高雅的艺术品；有各种古代典籍和异常丰富的历史书籍；有文物、方志、戏剧和小说；其历史也不乏战争、杀戮和阴谋诡计；还有大量各种神话传奇之类的迷

---

42 Eliza A. Morrison, *Memoirs of the Life and Labors of Robert Morrison*, Vol. 1, p. 153.

43 Ibid..

44 Ibid..

45 Ibid., p. 245.

46 吴义雄：《在宗教与世俗之间——基督教新教传教士在华南沿海的早期活动研究》，广东教育出版社，2000年，第518页。

47 Eliza A. Morrison, *Memoirs of the Life and Labors of Robert Morrison*, Vol.1, p. 65.

信读物。中国人对自然的认识、对各种产品和作物的描述、对药物的鉴定都不缺乏，中医有长期的历史和实践……总之，他们不需要欧洲的文学作品，不需要普通的教育，也不需要欧洲一些慈善家喋喋不休、反复鼓吹的文明。[48]

另一位参与过译经活动的著名传教士理雅各也有类似的感受："这个国家历史悠久，人口众多，注重礼仪，在文明上优越于其他东方民族。"[49]

实际上，在马礼逊等传教士日后的译经活动中，中国悠久的传统文化的确给传教士译者带来许多困扰，最为明显的当属围绕"God"一词汉语译名所产生的"译名之争"，而类似的激烈争论在其他国家地区则甚少发生。[50] 把圣经翻译成汉语绝非简单的两种语言之间的转换，更多的是两种文化传统的碰撞和交流，传教士译者需要思考如何在汉语文化语境下对基督教神学体系进行诠释乃至再创造。但是中国传统文化的发达往往导致不同的传教士译者在翻译和诠释过程中给出不同的答案，所以当他们在面对"神"和"上帝"等诸多汉语译名之时，争吵不休而无法达成一致也就不足为怪了。另外，还有一个例子也能说明这一问题，那就是传教士译者对汉语语体的认识和选择。由于中国存在书面语言和口头语言两种不同语体，传教士译者在译经工作中便面临不同语体的选择，而这种选择同样让传教士感到纠结不已。于是，在近代一百多年的由新教传教士主导的圣经汉译历史中，传教士译者创造性地"发明"了"深文理"、"浅文理"和"官话"三种不同的译文语体。最后，就汉语圣经在中国传统封建社会的接受情况而言，也是难言乐观。十九世纪初期的中国社会，无论上层士人还是底层老百姓，深受封建传统文化和清廷百余年闭关锁国政策的影响，充满文化自信。对于马礼逊这样一个来自异邦的"蛮夷"，而且是妄图改变中国文化的"蛮夷"，无论如何不会表现出太多的热情和接纳，这无疑会给马礼逊的译经活动带来不利影响。

面对陌生而异质的中国，伦敦会最初的中国传教和译经计划在人员派遣上便曾遭遇困难。该会原打算派遣传教经验丰富的资深传教士陪同马礼逊共

---

48 Eliza A. Morrison, *Memoirs of the Life and Labors of Robert Morrison*, Vol. 2, p. 272.

49 James Legge, *The Notions of the Chinese concerning God and spirits: with an examination of the defense of an essay on the proper rendering of the words Elohim and Theos into the Chinese language by William J. Boone*, Hongkong: Hongkong Register office, 1852, p. 59.

50 有关"译名之争"的问题，本书第四章有专门论述。

同前往中国，但那些经验丰富的传教士纷纷表示拒绝。伦敦会最初计划派遣三到四位传教士一同前往中国开教、译经，但除马礼逊外，只招募到一位名叫威廉·布朗（William Brown）的传教士，不过此人最终还是拒绝前往中国。后来该会又指派在非洲传教取得成功的文德甘牧师（Vanderkemp）离开非洲前往中国，出任中国教区主教，希望利用他的经验指导包括马礼逊在内的年轻传教士，但文德甘却不肯从命，之后，伦敦会还想征召前往中国的传教士，终是无人申请。[51] 可见，伦敦会不是不愿多派人手与马礼逊同去中国，而是无法物色到合适的人选，无奈之下只能派遣马礼逊单枪匹马前往中国传教。应该说，当时的新教传教士对前往中国传教、译经存在普遍的畏难情绪。

总的来说，清廷的禁教和闭关锁国政策、中国深厚的传统社会文化和当时欧洲基督新教狂热的传教热情构成了此次圣经汉译的"译场"。身处这样一个特殊而紧张的"译场"，马礼逊和米怜二人的译经活动早早便蒙上了一层浓厚的阴影。他们进入中国后的译经工作一开始便只能秘密进行，而这无疑为译经活动带来很多消极的影响，并最终影响到译本的质量和传播。

第二节　赞助机构

根据著名翻译理论家利弗威尔（Andre Lefevere）的定义，"赞助人"（patron）是指那些"足以促进或窒碍文学的阅读、书写或重写的力量（包括人和机构）"[52]。他们可以是一些人、宗教团体、政府机构、商业机构、政党、朝廷、出版商等等。著名的英文钦定本圣经便是在英国国王詹姆斯一世的赞助下，由英国国教会四十余名神职人员翻译完成。纵观圣经在世界范围的翻译历史可以发现，由于圣经翻译的复杂性，个人出于学术目的或兴趣翻译圣经的情况较少，即便出现，译本也往往难以被接受或大量出版发行。马礼逊和米怜作为第一批来到中国的新教传教士，面临完全陌生的环境，赞助人的支持显得更为重要。实际上，马礼逊在译经过程中和译经赞助人逐步建立起紧密的合作关系，这种关系在其死后又延续到新的译本，对新教传教士的译经活动产生了很大的影响。赞助马礼逊译经工作的主要是伦敦会、英国及海外圣经公会以及当时在广州的外国商业机构。

---

51 Eliza A. Morrison, *Memoirs of the Life and Labors of Robert Morrison*, Vol.1, pp. 68-69.

52 Andre Lefevere, *Translation, Rewriting and Manipulation of Literary Frame*, London & New York: Routledge, 1992, p. 13.

一、伦敦传道会

在十八世纪下半叶，新教的传教事业开始兴起，而英国则属最为积极的国家，并逐渐"显示出有利于大规模海外传教的物质与心理因素"[53]。当时的英国国力强盛，海上贸易发达，而十八世纪中叶的"福音奋兴运动"也将英国民众的视线从国内延伸至海外，积极鼓吹在异教徒中传播福音。

1794 年，曾在非洲的英国殖民地塞拉利昂（Sierra Leone）传教的牧师洪恩（Melville Horne）出版了《致英国教会牧师的传教书简》（*Letters and Missions, addressed to the Protestant Ministers of the British Churches*）一书，倡议不同宗派联合起来进行海外传教。[54] 一些牧师受到此书的影响，开始讨论具体实施的可能性。同年，威廉·卡瑞的第一份印度传教报告寄回英国，著名的博格牧师阅读后大为感动，便在很有影响力的《传教杂志》（*The Evangelical Magazine*）撰文，呼吁基督徒不分宗派，共同携手推动海外传教工作，在英国引起极大反响。[55] 上述各种讨论逐渐形成一种共识，即建立一个大规模的跨宗派的传教团体。于是在 1795 年 9 月 21 日至 25 日，英国国教会、公理会和长老会等不同宗派的一些牧师经过相关会议之后，正式宣布成立伦敦会。[56]

伦敦传道会成立之初的名称是"传道会"（The Missionary Society），后来因为其他传教团体的接连出现，"传道会"一名便显得不合时宜，也难以区分，故从 1818 年起在会名前加以"伦敦"字样（London Missionary Society）。[57] 依据伦敦会章程（Plan），该会唯一目的是"在异教徒与其他未开化民族中传播基督教知识"[58]。根据章程，一般平信徒每年捐资 1 基尼金币（21 先令），或者一次性捐资 10 英镑便可以成为该会会员，牧师每年捐资 5 英镑则可成为会员。[59] 可以看出，与天主教会经常从欧洲各国君主得到经费的情况不同，伦敦会诉诸一般基督徒公众的普遍参与。为了筹措海外工作的

---

53 苏精：《中国，开门！马礼逊及相关人物研究》，香港基督教中国宗教文化研究社，2005 年，第 2 页。

54 William Ellis, *The History of the London Missionary Society*, John Snow& Paternoster Row, 1844, pp. 12-13.

55 Ibid., p.16.

56 Ibid., p. 23.

57 Ibid., p. 26.

58 Ibid..

59 Ibid., p.26.

大笔经费，伦敦会经常向民众宣扬传教的成果与美好的前景，激励公众踊跃捐款，而民众也通过捐助展现对传播福音的支持。

伦敦会职员包括司库（treasurer）、理事（directors）和秘书（secretary）等，秘书有薪水可领，而司库和理事则无。[60] 伦敦会全体理事名额的三分之二为各宗派牧师，三分之一是平信徒。理事会以下再分设委员会，处理财务、传教士选拔及各传教地区等事务，委员会的决议事项需理事会通过才能生效。该会凡一百镑以上的经费支出需征询全体理事，达到五百镑以上则需会员年会通过。[61] 伦敦会在英国各地还有地方辅助性组织，由各地神职人员与平信徒组成，主要任务是宣传与发动捐助。这些地方辅助性组织与伦敦会并无隶属关系，但却是伦敦会得以发展的重要基础，特别是在经费筹集方面。

1807 年伦敦会理事会在马礼逊即将前往中国之际发给马礼逊一份"书面指示"和一份"基督徒告诫书"。这两份由该会司库和秘书签署的正式文件明确告知了马礼逊的首要任务：学习汉语、编撰字典和翻译圣经。1813 年，当米怜前往中国时，伦敦会给他的指示仍然是学习汉语，并协助马礼逊翻译圣经。这些文件和指示均未把直接发展信徒和建立教会作为优先任务，显示出和大主教不同的传教策略。就近代圣经汉译而言，上述两份文件意义重大，可以说是直接引发了近代新教传教士一百余年的圣经汉译事业。

实际上，伦敦会不仅是马礼逊和米怜圣经汉译活动的赞助人，也是开展圣经汉译事业的第一个新教团体。基于在中国传教以及圣经汉译方面经验的缺乏，该会很少直接插手马礼逊和米怜的翻译活动。对于马礼逊和米怜的翻译原则和翻译策略等也没有横加干涉，基本上采取了无条件支持的态度。这一时期的伦敦会总的来说还只是隐身于幕后，给传教士译者提供经济支持。除了负责二人的薪水之外，该会还斥资在雅加达设立了专门的印刷机构来印刷和发行汉语圣经。但需指出的是，译经工作只是传教活动的一个重要环节，并非伦敦会的长远目标。伦敦会固然十分重视马礼逊和米怜的译经活动，但总的来说，译经活动基本被视为传教的一个手段，这一点和英国及海外圣经公会对译经工作的赞助存在显著的不同。

60　Ibid., p. 27.
61　Ibid..

二、英国及海外圣经公会[62]

最早的圣经公会（Bible societies）是基督教专门从事圣经出版和发行的组织机构，由德国人康斯泰于1712年创立。后随着"福音奋兴运动"和英国海外传教运动的兴起，特别是伦敦会的成立，一批英国神职人员在伦敦于1804年3月7日成立了英国及海外圣经公会。[63] 该机构的唯一宗旨是"扩大圣经出版的范围，出版和发行不带评论或注释的圣经"[64]。作为一个跨宗派的"慈善"组织，该会圣经出版的经费一直都是依靠信徒和教会的捐款，以及会员的年费。为了让一般信徒能以较为低廉的价格购买圣经，该会销售圣经的一般原则是以接近成本有时甚至是低于成本的价格销售圣经。

藏于大英博物馆的新约译稿的发现使得该会成立伊始便十分关注汉语圣经的翻译和出版。虽然后来该译稿被认为不适合出版发行，但为了将来汉语圣经的出版发行，该会仍然为此专门成立一个编辑委员会（Editorial Sub-committee），后来该委员会扩大为东方委员会（Oriental Sub-committee），专门负责管理圣经在东方的翻译和传播。[65] 之后，该会开始逐渐关注到圣经在中国的翻译和出版问题，但由于该会只是负责圣经的出版和发行，类似于现在的出版社，并不直接负责具体的译经工作。在马礼逊译经以前，该会实际上在中国并无具体事务。[66]

英国及海外圣经公会对马礼逊译经活动的赞助始于1812年。是年，在知晓马礼逊在广州的译经活动后，该会立即决定提供500英镑赞助。[67] 1814年马礼逊完成新约的翻译后，该会又赞助1000英镑，并很快再追加1000英镑作为新约译本的印刷费用。[68] 到1829年，该会对马礼逊/米怜译本的赞助

---

62 这一机构的中文译名还有"英国圣经公会"、"英国圣经会"、"大英圣书会"和"英国及海外圣经公会"等，为了更加准确表达这一结构的功能，本书采用"英国及海外圣经公会"这一译名。

63 George Brown, *The History of British and Foreign Bible society*, London, 1859, p. 9. 莫斯理对该会的成立十分得意，因为在他看来，他的那一个通告直接催生了该会的成立，参见 *The Origin of the First Protestant Mission to China*, p. 91.

64 George Brown, *The History of British and Foreign Bible society*, p. 16.

65 Ibid., p. 289.

66 但该会在获悉英国浸礼会传教士马士曼在印度进行圣经汉译活动后，一直提供资金支持。

67 George Brown, *The History of British and Foreign Bible society*, p. 195. 另见 Eliza A. Morrison, *Memoirs of the Life and Labors of Robert Morrison*, Vol.1, p. 351.

68 Eliza A. Morrison, *Memoirs of the Life and Labors of Robert Morrison*, Vol.1, pp. 195-197.

金额已经达到 6600 英镑。[69] 这些资金对马礼逊的译经工作产生了积极的影响。圣经翻译不同于一般学术性和商业性翻译，具有其自身特殊的目的，即通过翻译在最大范围内传播圣经，故翻译之后的出版印刷工作同样重要。但是翻译出版需要大量资金，个人的力量无疑是杯水车薪，应该说，英国及海外圣经公会所提供的赞助资金极大减轻了马礼逊和米怜译经工作的后顾之忧。

通过资金上的慷慨支持，英国及海外圣经公会逐渐和马礼逊建立起亲密的合作关系，这种合作关系基本上也是平等的。英国及海外圣经公会虽拥有资金优势，却无人员专门从事译经工作，而当时的中国也无任何汉语圣经，马礼逊的译本自然是该会的唯一选择；另外，这一时期，该会尚未在中国设立圣经出版发行机构，所以在汉语圣经的具体印刷和发行工作上，该会同样需要仰仗传教士。有鉴于此，英国及海外圣经公会对马礼逊的译经工作基本上是无条件支持，无论是在翻译原则还是在神学术语译名等诸多方面都无法影响和限制到马礼逊。在这种较为平等关系基础之上，英国及海外圣经公会和马礼逊的合作较为融洽也就不足为奇。英国及海外圣经公会后来在中国的代理人文显理（G.H. Bondfield）在论及圣经公会与译经工作的关系时，曾言简意赅地说："西国译士之翻译上述诸书也，皆有中国学士为之襄理，而悉为圣书公会刊发，缘其职司，为专事发刊所译之圣书也"[70]。

但随着新教译经活动的发展和马礼逊的逝世，该会和新的传教士译者之间的的关系发生了微妙的变化。随着新译本的产生，英国及海外圣经公会在面临赞助哪一个译本的问题时开始有了更多的选择，而选择的结果往往会决定译本的成败。随之而来的便是，该会对新教传教士的译经工作开始拥有更多的发言权，在译经人员组织、翻译原则、原本选择和译文语体等方面给译经活动带来了不小的影响和限制。这种影响在之后的"四人小组"译本和"委办本"联合译经活动中都可以明显看到。

马礼逊死后两年，英国及海外圣经公会开始尝试直接在中国设立机构从事汉语圣经的出版发行工作。实际上，马礼逊早在 1824 年就强烈建议该会设立在华代理人，以更好地管理圣经在中国的发行，但直到 1836 年，该会才派

---

69 E.C. Bridgman, "Chinese Version of Bible", *The Chinese Repository*, Vol. 4, 1835, p. 261.

70 《中华圣书译本及发行考》，载《中华基督教会年鉴》，第一册，1914 年，第 110 页。

遣其首任驻华代理人李太郭（George Tradescant Lay）来到澳门，但他未能成功进入中国内地，后来主要负责东南亚华人地区的圣经发行工作。[71] 鸦片战争后，该会方得以直接在中国本土工作。1849 年，为了资助"委办本"圣经的印刷发行，该会在上海设立机构，以后陆续在香港（1854）、广州（1855）、天津和北京（1861）设立了由本地传教士组成的发行委员会。1863 年，伟烈亚力（Alexander Wylie）出任该会中国总代理人，在有传教士驻留的省份设立发行代理处，推动圣经的发行工作。1877 年，伟烈亚力因眼疾辞职后，由戴尔（S. Dyer）接任。1895 年，伦敦会传教士文显理接任第四任驻华总代理人。到十九世纪末期，英国及海外圣经公会出版了文言文、浅文理、官话、各省方言及少数民族语言的各式圣经译本，并在多个省份设立圣经销售处，派遣售书员到各城各乡分发圣经。

英国及海外圣经公会运作模式的成功，刺激了类似的组织机构在其他国家地区的相继成立。[72] 就圣经汉译来说，英国及海外圣经公会、美国圣经公会（American Bible Society）和苏格兰圣经公会（National Bible Society of Scotland）[73]对新教传教士的汉语圣经翻译活动影响较大。

三、英国东印度公司

1760 年，英国东印度公司开始与中国开展贸易，并在广州郊外设立英国商馆。[74] "礼仪之争"后，历代清政府厉行禁教政策，东印度公司为了保持其在中国正常的商业利益，不愿与传教士有牵连，对传教士在华传教一向持冷淡甚至阻挠的态度。在对待马礼逊的问题上，东印度公司的态度经历了从"阻挠者"到"间接赞助者"的转变。

---

71 Alexander Wylie, *Chinese Researches*, Shanghai, 1897, p. 106. 李太郭系英国人，中国海关第一任总税务司李泰国（Horatio Nelson Lay, 1832-1898）之父，1843 年被派为英国驻广州首任领事。

72 由于发展的需要，世界性的"联合圣经公会"亦于 1946 年建立，该组织目前在香港设有分支机构。

73 该会成立较晚，于 1869 年进入中国，对近代新教圣经汉译事业早期阶段未产生影响，故本书不做讨论。

74 到了十九世纪初，随着新兴工商资本的迅速发展要，东印度公司作用逐步下降，其贸易特权相继被取消。1834 年英国政府取消东印度公司的对华贸易垄断权，直接由英国政府派遣驻华商务监督。

　　早在马礼逊来华之前，伦敦会曾经向东印度公司提出申请，希望马礼逊能搭乘东印度公司的船只前往中国，结果遭到拒绝。无奈之下，马礼逊只能绕道美国，从美国再搭船前往中国。到达广州之初，由于东印度公司禁止商人以外的英国人在广州逗留，马礼逊只能冒充美国人，暂居美国商行，后又搬到法国商行居住。[75] 可以看出，英国东印度公司在马礼逊来华初期基本上持冷漠和敌视的态度。

　　马礼逊与东印度公司关系的转机还要谈到马礼逊与斯当东[76]的交往以及他的第一段婚姻。马礼逊离开英国前，伦敦会秘书伯德（George Burder）请求英国皇家学会会长班克斯（Joseph Banks）将马礼逊介绍给在东印度公司工作的斯当东，请他给马礼逊以方便和帮助。[77] 马礼逊到中国后不久便与斯当东取得了联系。斯当东作为当时东印度公司驻广州商行的高级职员，非但没有仇视马礼逊，还介绍马礼逊认识了很多在广州、澳门的英美商人。[78] 这其中最为重要的无疑是东印度公司广州商馆大班剌佛（J.W. Roberts），马礼逊与其建立了良好的个人关系，减轻了东印度公司驻广州商馆的敌视。后来马礼逊在澳门又结识了东印度公司的高级职员莫顿（Morton），并获得了其女儿的青睐。后来在马礼逊的婚礼上，剌佛当场宣布东印度公司决定聘请他为汉语译员，年薪 500 英镑。[79] 马礼逊能获得这一工作固然有赖于其汉语能力，但无

---

75 美国宗教界乃至美国政府给予了马礼逊相当的帮助，从马礼逊初到广州的情形来看，如果没有美国政府的帮助，马礼逊甚至可能无法在中国立足。马礼逊借道美国时，受到了美国社会的热烈欢迎，当时的美国国务卿麦迪生在给美国驻广州领事卡林顿的一封介绍信中要求卡林顿在符合美国利益的原则上，尽力给予马礼逊协助。见 Eliza A. Morrison, *Memoirs of the Life and Labors of Robert Morrison*, Vol.1, pp. 133-132, p. 153.

76 斯当东 11 岁时就曾跟随其父亲参与了著名的马葛尔尼使团，1800 年，斯当东被英国东印度公司驻广州商馆聘为书记员，再次来到中国。1801 年，其父亲老斯当东去世，斯当东承袭了父亲的爵位。1814 年，斯当东当选为东印度公司驻广州商行的管理机构特选委员会的成员。1815 年，他又被选为特选委员会主席，全面负责东印度公司对华贸易事宜。有关他和马礼逊的关系，可参见苏精《中国，开门！马礼逊及相关人物研究》第 5 章。

77 William Milne, *A Retrospect of the First Ten Years of the Protestant Mission to China*, Malacca, printed at the Anglo-Chinese press, 1820, p. 71.

78 斯当东和其他英国商人不同，其父亲曾是 1879 年马格尔尼使团的翻译，他本人据说是当时英国唯一能说汉语的英国人。他的这种背景可能导致了他与其他商人对马礼逊的不同态度。

79 Eliza A. Morrison, *Memoirs of the Life and Labors of Robert Morrison*, Vol.1, p. 245.

须讳言，其与斯当东、刺佛的良好关系以及他与莫顿女儿的婚姻无疑起了更大的作用。[80]

　　获得东印度公司汉语译员的职务对马礼逊在华传教和翻译圣经大有裨益。首先，由于广州物价较高，马礼逊生活相当拮据，东印度公司提供的丰厚年薪极大地改善了马礼逊在广州的生活和学习条件。其次，该职位也可以增进马礼逊的汉语能力，有利于其中文不断进步。更为重要的是，马礼逊拥有了在澳门和广州逗留的合法身份，在很大程度上避免了被迫离开中国的窘境。[81] 从某种程度上说，马礼逊的这次婚姻和东印度公司为其提供的职务挽救了其传教译经事业，"构成了其人生的一个转折点"[82]。

　　之后，随着和马礼逊关系日益密切，该司还大力资助其学习中国语言文化。马礼逊在担任东印度公司译员后不久，东印度公司便承担了马礼逊聘请汉语老师的部分费用。[83] 更为重要的是，该司还在资金、人力和设备上大力支持马礼逊编撰和出版各类有关中国的书籍，特别是汉语学习的工具书。1808年，马礼逊《华英字典》编撰伊始，澳门东印度公司大班刺佛就资助了 150英镑。[84] 1814 年当马礼逊准备出版字典第一卷时，便意识到出版费用绝非他本人可以承担，也非伦敦会能够募集。[85] 最后东印度公司决定承担全部出版费用，前前后后一共支出了 12000 英镑，包含印刷费和技师、刻版工人的工资等全部费用。[86] 东印度公司如此慷慨解囊，其目的当然不全是出于对中国

80　该决定后由益花臣、斯当东和刺佛组成的特选委员会呈报给东印度公司伦敦总部，三人一致认为马礼逊完全胜任此项工作。见 Eliza A. Morrison, *Memoirs of the Life and Labors of Robert Morrison*, Vol.1, p. 313.

81　作为伦敦会的传教士，理论是不能接受世俗职务的，为此马礼逊特地向伦敦会解释了他接受该职务的三条原因：第一，这项任命可以使我居留在中国；其次可以增进我使用中文的能力，有助于我中文的进步；第三，东印度公司付给我的年薪，可以减少英国教会对我的经济负担，还可以使这里东印度公司的大班们，因我已准备为公司的利益服务，而解除对传教士们的厌恶。见 Eliza A. Morrison, *Memoirs of the Life and Labors of Robert Morrison*, Vol.1, p. 270.

82　Richard Lovett, *The History of London Missionary Society 1795-1895*, London: Henry Frowde, 1899, p. 407.

83　Eliza A. Morrison, *Memoirs of the Life and Labors of Robert Morrison*, Vol.1, p. 270.

84　Ibid., p. 222.

85　Ibid., p. 382.

86　Marshall Broomhall, *The Bible in China*, London, 1934, p. 54. 另据苏精《中国，开门！马礼逊及相关人物研究》一书第 119 页，东印度公司为出版华英字典先后花费 10440 英镑。

语言文化的学术兴趣,更多的还是通过对马礼逊中国语言文化研究的支持，更好地了解中国，为其对华贸易和在华经济利益服务。

东印度公司对马礼逊的中国语言文化研究所提供的资助虽然看似和马礼逊的译经工作无直接关系，但却使马礼逊的圣经汉译工作受益良多。其一，东印度公司的资助可以使马礼逊和伦敦会节约出更多的资金投入到译经工作和之后的出版发行工作。其二，马礼逊通过编撰《华英字典》以及其他汉语作品，极大提高了自己的汉语造诣，从而能更好服务于圣经汉译。而且，随着马礼逊和东印度公司关系日益密切，东印度公司内部一些人士出于友情和对传教的认同，开始直接资助其译经工作。1814 年底，东印度公司英国商行的一位商人帕里（W. Parry）捐赠 1000 西班牙元银币给马礼逊，作为其在华传教费用，这些费用大部分用来出版印刷马礼逊所翻译的汉语圣经。[87]

不过，东印度公司对马礼逊中国语言文化研究和译经活动的资助是小心翼翼和秘而不宣的。因为如果清廷一旦得知马礼逊的真实身份和传教活动，就势必危及东印度公司的对华贸易。所以，这种资助是有前提的，即不能危及东印度公司的对华贸易。一旦违背这个前提，东印度公司就会采取行动加以限制。1814 年马礼逊被东印度公司解聘就充分反映了这种"限制"。1813年，马礼逊翻译完新约，伦敦会极为振奋。为了宣传其在中国传教活动的成绩，并取得英国社会各界人士的支持和募集资金，该会在当年的年度报告中对马礼逊的译经活动大加宣扬，称马礼逊"不顾中国皇帝的禁令，仍在中国坚持翻译和散发圣经"[88]。更为严重的是，该会一名工作人员还将马礼逊翻译的圣经新约全书等中文印刷品送给了东印度公司图书馆主任。东印度公司伦敦总部很快注意到这一情况。考虑到马礼逊是公司的正式职员，东印度公司伦敦总部深恐"中国政府将以此为借口而阻止公司的营业"，于 1814 年秋，决议解除马礼逊的译员职务，并将其从公司的注册簿除名，这一决议由该公司的商船带到广州，要求商馆的大班宣布执行，公司还将他们的决定通知了伦敦会。[89] 不过，广州商馆的特选委员会虽然通知了马礼逊这一决定，但由于希望继续利用他的汉语语言知识为公司服务，并未将其开除。在此后的 20多年里，马礼逊继续充当广州英国商馆的翻译，支取数量相同的年薪，唯一的代价是马礼逊失去了东印度公司的正式身份。

---

87 Eliza A. Morrison, *Memoirs of the Life and Labors of Robert Morrison*, Vol.1, p. 382.
88 Ibid., p. 418.
89 Ibid., p. 419.

　　总的来看，英国东印度公司对马礼逊的资助是有原则的。这种原则就是看资助是否对东印度公司的在华商业利益有无帮助。对于马礼逊的中国语言文化研究，东印度公司大力资助，因为了解中国语言文化可以更好地在中国开展商业活动。而对马礼逊的传教工作和译经活动，东印度公司的官方态度自然是反对，不过只要清廷不知，东印度公司也就不予追究，但一旦为清廷所察，并危害到公司利益，他们就会采取行动来加以限制。无论如何，东印度公司对马礼逊中国语言文化研究的资助仍然客观上极大地支持了马礼逊的译经工作。从这个角度上说，东印度公司完全可以被认为是一个间接的译经"赞助者"。卫三畏对此曾有过评论："如果没有东印度公司的支持和赞助，马礼逊的《华英字典》就得不到印行，而他的圣经汉译工作也不会如此成功。"[90] 不过，随着 1834 年 4 月东印度公司对华贸易垄断特权被英国政府取消，其在中国的贸易和影响也告终结。4 个月后，马礼逊也在广州逝世。

　　通过对马礼逊的支持，伦敦会和英国及海外圣经公会开始逐渐深入到新教传教士的译经活动，并有了初步明确的分工合作，即伦敦会出人出设备，英国及海外圣经公会出钱。伦敦会派遣的传教士负责具体的译经、印刷和发行工作，而英国及海外圣经公会则提供汉语圣经的出版印刷资金。在马礼逊时代，两会基本上只是幕后的译经赞助者，并未直接插手译经工作，这种局面直到马礼逊逝世后才逐渐改变。

第三节　译经准备

　　翻译非易事，翻译圣经更是难上加难，对译者素质的要求极高。一名圣经译者除了要具备深厚的基督教神学造诣外，还需至少精通译出语和译入语两种语言文化。新教传教士在来华之前一般都在神学院经过专门的神学训练，对希伯来语、希腊语、拉丁语都有一定的学习，对自身母语的熟练更不用说，所以熟练掌握汉语就成为了来华传教士从事圣经汉译工作最大的挑战。在十九世纪初期的欧洲，懂得汉语的人士可谓凤毛麟角，汉语书籍资料也极为稀有。新教传教士来到中国后，他们发现即便在中国学习汉语同样面临巨大困难。当时的清廷严厉禁教，且不允许国人教习外国人汉语，并禁止向外国人

90　Samuel Wells Williams, *The Middle Kingdom*, Vol. 2, New York & London, Wiley and Putnam, 1848, p. 326.

出售汉语书籍。不过，在这样艰辛的汉语学习环境之中，马礼逊和米怜还是千方百计，通过各种渠道努力学习汉语，为译经工作做好准备。

一、马礼逊的汉语学习

马礼逊在获知其可能被派遣前往中国传教后，就开始注意学习汉语，希望有朝一日能精通汉语，把圣经翻译成汉语。马礼逊的汉语学习大概可以分为去中国前和到中国后两个阶段。

1805 年 8 月，马礼逊完成在高斯波特传教学院的学习后回到伦敦。伦敦会立即着手为马礼逊物色汉语老师。在当时的英国，据马礼逊说懂得汉语的英国人只有一个，就是时任东印度公司汉语翻译的史东当，但他不住在英国，大部分时间都在中国的澳门和广州。[91] 由于一时难以找到合适的汉语老师，该会甚至公开刊登广告，希望读者能够帮助寻找。一直关心圣经汉译的莫斯理阅读到此则消息后，立即前往伦敦帮助寻找。幸运的是，莫斯理到达伦敦后的第二天，便在街上偶遇一位中国老人。他立即和他攀谈一番，从他的口中得知了一位正在当地寄宿学校学习英语的中国广东人。莫斯理立即把这一消息告知伦敦会，并在伦敦会的请求下，携带马礼逊一起拜会了这位中国人，这位中国人的名字便是容三德。后来伦敦会把马礼逊和容三德安排在同一所房子里，以方便马礼逊学习汉语。[92]

马礼逊在其日记和信函中常常提到这位汉语启蒙老师。赴华传教之前，马礼逊在容三德指导下，首先学会了不少汉字。之后，马礼逊和容三德到伦敦大英博物馆找到了莫斯理发现的新约汉语译稿，并在后者的帮助下誊写了全部译稿，并在容三德的指导下学习此部译稿。另外马礼逊还到英国皇家学会借到了一本《拉丁文中文词典》，并誊写了此书。马礼逊在伦敦的汉语学习一直持续到 1807 年 1 月动身前往中国。在这段时期，马礼逊在给家人的信件和自己的日记中多次提到其耗费大量时间和精力学习汉语。

1807 年 8 月，马礼逊到达广州后继续努力学习汉语。他曾说："我到中国勤于学习汉语，不敢放过任何提升汉语能力的机会，学习对象不局限于我的汉语老师，还包括很多店铺老板和我的仆人，在中国的前两个月，我主要是以自己的童仆为师，随时向他们请教各种汉语问题。"[93] 为了更好地学习汉语，

---

91 Eliza A. Morrison, *Memoirs of the Life and Labors of Robert Morrison*, Vol. 1, p. 67.
92 W.W. Moseley, *The Origin of the first protestant mission to China*, pp. 82-85.
93 Eliza A. Morrison, *Memoirs of the Life and Labors of Robert Morrison*, Vol. 1, p. 163.

马礼逊先后聘请过好几位中国老师。这些老师背景不同，水平各异，有的教授书面文言，有的教授官话口语，还有的教粤语。在马礼逊留下的各种文献中，他有时称这些中国老师为"teacher"或"master"，有时则称为"assistant"（助手），让人感到难以辨别区分，现选择几位重要的汉语老师略作介绍。

马礼逊在广州聘请的第一位汉语老师是斯当东介绍的。斯当东告诉马礼逊，掌握汉语应该是当务之急，并帮他聘请了一位从北京来的天主教徒容阿沛（Abel Yun）。此人正式名字应为容关明（Yun Kwuang-ming），三十岁，能说英语和拉丁语。[94] 但马礼逊对这位老师并不满意，因为此人虽懂英语和拉丁语，却不识汉字，是个文盲，对中国典籍更是一窍不通，只能教马礼逊官话的发音。[95] 数月后，容关明要求增加两倍工资，从月工资 10 元增加到 30 元，在遭到马礼逊拒绝后，1808 年 2 月容关明表示不再教他。[96]

之后，马礼逊又聘请了一位姓李的老师，主要教他官话。这位李先生（Li Seensang）也是一个天主教徒，九岁时被送到葡萄牙耶稣会的修道院学习，十二年后回到中国。回国后，他脱离教会并娶妻生子，一度成为行商，后因当地官员迫害生意失败，十分潦倒。他的儿子李十公（Li Shap-kung）后来也被马礼逊聘请教授汉语，此人就是马礼逊译经版画上的那个年轻人。李十公是个秀才，懂官话和粤语，马礼逊十分满意。版画中另一个年龄较大的老人是陈老宜（Chan Lo-i），主要负责教马礼逊粤语。[97] 值得一提的是，马礼逊的汉语启蒙老师容三德也在 1807 年回到中国，并和马礼逊取得联系，有时也会帮助马礼逊学习汉语。[98] 1809 年年初，马礼逊还聘请了一位老师专门教其学习儒家经典，每年需支付 250 元和额外的食宿费。[99] 这位老师姓高，马礼逊称其为高先生（Ko Seen-sang）。根据马礼逊的日记描述，此人做过私塾教师，大约四十五岁，身体健康，性情温和，学识渊博，且具有主动的教学意愿，

---

94 一些学者译为"袁光明"、"云光明"，而李志刚则认为应是"殷坤明"。由于马礼逊的音译方式前后并不一致，再加上很难确定其音译是以广东话或官话发音为基础，难以准确确定其汉语名字。Eliza A. Morrison, *Memoirs of the Life and Labors of Robert Morrison*, Vol. 1, p. 168；另见李志刚《基督教早期在华传教史》，1989 年，第 42 页。

95 Eliza A. Morrison, *Memoirs of the Life and Labors of Robert Morrison*, Vol. 1, p. 163.

96 Ibid., p. 209.

97 Ibid., p. 163.

98 Ibid., p. 264.

99 Ibid., p. 274.

马礼逊相当满意。[100] 这位高先生指导马礼逊汉语学习时间最长，从 1808 年 9 月一直到 1817 年 3 月，长达八年。从 1809 年起，马礼逊在这位高老师的指导下开始学习儒家经典。在读完《大学》和《中庸》后，马礼逊还将部分内容译为英文。[101] 除了指导马礼逊学习儒家经典，这位高老师还协助编撰字典和编译各类中文作品。1815 年马礼逊在日记中提到其翻译的《养心神诗》30 首。马礼逊先将部分圣经英文《诗篇》与一些赞美诗意译成散文体汉语，再由高先生修改和添加韵律。[102] 马礼逊在完成第一本汉语著作《汉语文法》（*A Grammar of the Chinese Language*）后，特别声明，书中的几百个汉语例句，除了少数取材于其他书籍，大部分都是高先生的杰作。[103] 上述几位老师对马礼逊的汉语学习帮助很大，马礼逊在其日记和给伦敦会的报告中时常提及他们。他们不仅长时间教授马礼逊汉语，而且最终还成为马礼逊的译经助手。[104]

马礼逊的汉语进步很快。1808 年底，马礼逊写信给伦敦会，报告了过去一年他在中国的状况，信中写到"我的汉语学习取得了很大的进步，达到掌握汉语的时间应该比我原来想象的要快"[105]。1809 年 1 月 9 日，伦敦会理事会给马礼逊回信："我们完全理解你学习汉语所面临的困难，尤其是要达到能够将圣经翻译成汉语的水平。我们对你坚忍不拔、苦学汉语的精神表示满意。我们祝福你早日学成汉语……关于将圣经译成汉语之事，理事会仍然认为，这是现在最紧迫、且必须完成的一件大事。"[106] 1809 年 12 月 4 日马礼逊在广州给伦敦会的信中写道：

> 我在英国就已开始学习中国语言和文学，到中国后我继续学习，积累汉语词汇。在过去的两年内，我夜以继日、孜孜不倦地阅读汉语作品，如今已可使用汉语书写公文给两广总督，能够和中国官员们用汉语交谈。我已经用汉语翻译了相当多的英文公函，也把孔夫

---

100 Ibid., p. 349.
101 Ibid., p. 281.
102 Ibid., p. 407.
103 Robert Morrison, *A Grammar of the Chinese language*, Semaphore, 1815, p. 280.
104 Eliza A. Morrison, *Memoirs of the Life and Labors of Robert Morrison*, Vol. 1, p. 353.
105 马礼逊在 1808 年底给伦敦会的信函，见 *Memoirs of the Life and Labors of Robert Morrison*, Vol. 1, p. 239.
106 伦敦理事会于 1809 年 1 月 9 日给马礼逊的信，见 Memoirs of the Life and Labors of Robert Morrison, Vol. 1,pp. 260-261.

子的《大学》、《中庸》和《论语》的部份内容翻译成英文。但是我对中国文学还没有真正入门，对中国的经典文学作品仍然知之甚少。[107]

马礼逊在 1810 年给他以前的同学克罗尼（J. Clunie）的信中对他的汉语能力有这样的描述：

> 每个人感到惊讶，我在短短的两年内竟然能够书写汉语，能用官话和方言与中国官员谈判。现在有三个在英国商行供职的英国人决定要跟我学汉语，所以今年夏天我便成了他们正式的汉语老师。除此之外，还有一个已在中国供职二十多年的英国人也在跟我学习汉语，每天要学习两小时。另有一个荷兰青年也在跟随我学汉语。[108]

经过多年的汉语学习，马礼逊逐渐摸索出一套学习汉语的经验。1814 年，马礼逊由于译经工作被伦敦东印度公司总部除名后，在给时任东印度公司广州商馆大班益花臣的信函中就培养汉语译员这样写道：

> 学习汉语的首要困难是中国语言文字的与众不同；其次是中国老师大都不懂外语，难以和外国学生有效交流；第三个困难是中国人对外国人的疑惧心。你知道，清政府是绝对禁止任何中国人教授外国人汉语的，而中国人出于恐惧和偏见很少原意同外国人来往……由于有生命危险，中国老师是不敢贸然进出英国商行的，所以必须提供食宿，并要有合理的、特殊的应变办法以在必要时帮助他们逃脱。如果公司不做出这些安排，就很难找到优秀的中国老师。一个称职的中国老师的年薪应该为 200 至 400 元（dollars），另外还需免费供给食宿。300 元作为平均数是适当的，但要聘请一位受过良好教育的中国人来教授汉语，此数字的年薪是不够的。[109]

应该说，对于中国老师在汉语学习中所发挥的作用，马礼逊是格外重视的。此外，马礼逊还注意收集汉语书籍。到广州后不久，他就设法购买了《康

---

107 马礼逊于 1809 年 12 月 4 日给伦敦理事会的信，见 Memoirs of the Life and Labors of Robert Morrison, Vol.1, p. 268.

108 马礼逊于 1810 年给克罗尼的信，见 *Memoirs of the Life and Labors of Robert Morrison*, Vol. 1, p. 293.

109 马礼逊与 1814 年 3 月 15 日给剌佛的信，见 Memoirs of the Life and Labors of Robert Morrison, Vol. 1, pp. 396-397.

熙字典》，比照他自己从英国带来的《拉丁文中文字典》学习汉字。[110] 在广州和澳门的头两年期间，马礼逊购买了 1229 册汉语书籍，内容涉及中国典籍、天文、地理、律例、历史、宗教、解剖学和中医学等。[111]

二、米怜的汉语学习

米怜抵达广州后不久，便在马礼逊的建议和指导下开始学习汉语。前五个月，米怜主要是抄写马礼逊正在编撰的《华英字典》手稿，逐步掌握汉字的书写方法。他曾在信中提及汉语学习的巨大困难："要想掌握汉语，一个人得有铜打的身躯、钢铸的肺叶、橡木的脑袋、弹簧钢的双手、老鹰的眼睛、十二使徒的心灵、天使的记忆力和玛土撒拉的长寿。"[112] 马礼逊根据自己六年的汉语学习经验，结合传教需要向他提供了四条汉语学习建议。马礼逊首先建议米怜"放弃一切事务，把所有的心思和力量全部投入到汉语学习"[113]。米怜听从了这一建议，基本放弃了神学和圣经研究，从早到晚，一天学习汉语长达八小时。马礼逊的其他三个建议则涉及到具体的汉语学习策略。他认为："第一，应该首先学习口语，只有这样，才能和中国老师对话，而在对话中能学到更多的汉语知识；第二，记忆对汉语学习非常重要，汉语的特点决定了记忆的重要性，中国人喜欢背诵就是证据；第三，要注重汉字的学习，每天都要记汉字，并仔细分析研究。"[114] 对于马礼逊的建议，米怜表示很受用，后来曾多次提及这些建议，认为"前三个建议对于快速掌握汉语和在中国传教大有裨益，最后一个建议则对他日后用汉语撰写传教作品和翻译圣经帮助甚大"[115]。

总的说来，米怜的汉语学习经历有两点值得注意。首先，马礼逊为其提供了巨大的帮助，从"四条建议"到为其提供汉语学习启蒙"教材"——《华

---

110 马礼逊认为这本《拉丁文——中文字典》是以前欧洲根据老的 14 册《康熙字典》编成，而他新买的《康熙字典》是最新编成的，共有 32 册。见马礼逊于 1807 年 11 月 4 日给伦敦会司库哈德·凯斯尔的信，*Memoirs of the Life and Labors of Robert Morrison*, Vol. 1, p. 164

111 马礼逊于 1809 年 12 月 4 日给伦敦会的信，见 Memoirs of the Life and Labors of Robert Morrison, Vol. 1, p. 268.

112 Robert Philip, *The Life and Opinions of the Rev. William Milne*, London: John Snow, 1840, p. 132.

113 Ibid..

114 Ibid..

115 Ibid..

英字典》和《中文对话与断句》。实际上米怜因无法在广州长驻而远赴马六甲颇感沮丧，觉得离开广州"过早地剥夺了他从马礼逊那里获得教诲和友谊的机会"[116]。其次，虽然米怜的汉语学习动机是为了更好地为在华传教事工服务，但其刻苦学习汉语的态度还是值得称赞的，也为他日后参与圣经汉译打下了基础。

三、字典和语法书籍的编撰

马礼逊学习汉语的一个显著特点是把汉语学习和编撰学习资料结合起来。1808 年底，马礼逊完成了《汉语文法》的编撰。[117] 斯当东对此书给予了很高的评价："我今将你所编的《汉语文法》寄还给你，谢谢你能让我细读，我十分高兴并向你祝贺。这部文法书出版以后，汉语学习者就将获得一部极具价值的工具书，希望你能尽快印刷此书……书中例句大部分采自中国书籍、皇帝上谕和政府公文等，我认为这是很好的安排……相信此书出版之后，会得到广泛的使用。"[118] 伦敦会在 1813 年的年报中对马礼逊的汉语学习同样给予了高度的赞扬："马礼逊的汉学水平，可能在欧洲已无人能够企及，他已编完一本《汉语文法》，我们已赠送了一册给孟加拉的英国总督。"[119] 1816 年，马礼逊在澳门出版了八卷本的《中文对话与断句》（*Dialogues and Attached Sentences in the Chinese Language*）。[120]

在马礼逊所编撰的各种汉语学习资料中，最为重要的当属《华英字典》（*A Dictionary of the Chinese Language*）。马礼逊于 1808 年开始编纂《华英字典》，目的是给以后到中国活动的传教士提供方便。《华英字典》共分 3 部分 6 大卷，每卷封面均有中英文书名、编者姓名、出版地点和时间以及出版者的姓名。第 1 部分中文名为"字典"，为汉英字典，以 214 个偏旁部首排列，以"一"开始，"龠"结尾，共 3 卷。第 1 卷有 930 页，于 1815 年出版，第 2 卷 884 页，1822 年出版，第 3 卷 908 页，1823 年出版。每卷封面上还写有"博雅好

---

116 Eliza A. Morrison, *Memoirs of the Life and Labors of Robert Morrison*, Vol. 1, p. 380

117 马礼逊在 1808 年底给伦敦会的信函，见 Memoirs of the Life and Labors of Robert Morrison, Vol. 1, p. 239.

118 史当东于 1811 年 7 月 5 日给马礼逊的信，见 Memoirs of the Life and Labors of Robert Morrison, Vol. 1, pp. 299-300.

119 伦敦会 1813 年年报，见 *Memoirs of the Life and Labors of Robert Morrison*, Vol. 1, p. 358.

120 Alexander Wylie, *Memorials of Protestant Missionaries to the Chinese*, American Presbyterian Mission Press, 1867, p.7.

古之儒有所据以为考究斯亦善读书者之一大助"，并附英文翻译"The scholar who is well read, and a lover of antiquity, having authentic materials supplied him to refer to and investigate;---even this, is a very important assistance to the skilful student"。据马礼逊在该部分字典前言中所述，"就收录的汉字数量和编排顺序而言，《康熙字典》实为该部分编撰之基础，所收录汉字的释义和例子也大多出于其中。"[121] 第 2 部分中文名为"五车韵府"，也是汉英字典，以汉字音韵排列，从"A"开头，到"Yung"结束，共 2 卷。第 1 卷有 1090 页，于 1819 年出版，第 2 卷 483 页，1820 年出版。该部分内容主要是根据一部名为《五车韵府》的中国书籍编撰而成，同时还参考了《康熙字典》、《分韵》、《佩文韵府》、《尔雅》等中国书籍和马礼逊在大英博物馆抄成的那部拉丁文汉语字典。[122] 第 3 部分无中文名，为英汉字典，共 1 卷，有 480 页，于 1822 年出版。该部分字典篇幅较小，主要是为了方便那些对汉语一窍不通的英国初学者。整部字典在 1823 年出齐，共有 6 巨册，合计 4595 页，是中国历史上出现的第一部英汉、汉英字典。

《华英字典》大量介绍了中国的宗教哲学、神话传说、礼仪风俗、历史人物、科举制度、天文地理和音乐戏剧，堪称一部中国文化的"百科全书"，使外国人在学习汉语的过程中，获得了大量关于中国的历史文化知识。例如，字典对"孔"的解释长达 9 页，其中对"孔子"的介绍就达到 5 页，对"孔明"的介绍也长达 3 页，详细记录了他们的生平经历及其生活的历史背景，其中罗列大量相关中文词条，包括"祷于尼丘得孔子"、"困于陈蔡之间"、"吾有十五而志于学"、"三十而立"、"管仲乐毅"、"木牛流马"等等。[123]《华英字典》出版后，受到欧洲各界尤其是汉学界的普遍赞誉，并很快风靡欧洲大陆，为西方人，尤其是来华传教士学习汉语提供了便利。另外，《华英字典》"也开启了十九世纪包括其他传教士在内的西方学者编撰类似辞书的风气，从而为近代的中西文化交流提供了不可缺少的工具"[124]。之后的麦都思和裨治文等

121 Robert Morrison, *A Dictionary of the Chinese Language,* Part 1 Vol. 1, Macao, printed at the honorable East Indian Company Press, 1815, p. ix.

122 Robert Morrison, *A Dictionary of the Chinese Language,* Part 2 Vol. 1, Macao, printed at the honorable East Indian Company Press, 1819, p. vi.

123 Robert Morrison, *A Dictionary of the Chinese Language,* Part 1 Vol. 1, Macao, printed at the honorable East Indian Company Press, 1815, pp. 709-717.

124 吴义雄：《在世俗与宗教之间——基督教新教传教士在华南沿海的早期活动研究》，第 499 页。

参与过翻译圣经的传教士也都编撰出版过各式各样的汉语字典。[125]

第四节 《神天圣书》

马礼逊 1807 年到达中国后不久，便在其暂时居住的法国洋行里单枪匹马开始了圣经汉译工作。但译经工作并非易事，不但面临清廷严厉的禁教政策，还须克服圣经翻译本身的巨大困难。此时的马礼逊年仅 25 岁，学习汉语不过 2 年多，客观而言，尚不具备译经的条件。但马礼逊一边努力学习汉语，一边凭借其在大英博物馆抄录的新约汉语译稿，并在米怜的协助之下最终完成了中国境内第一部汉语圣经全译本。

一、前人遗泽——《四史攸编耶稣基利斯督福音之会编》[126]

在马礼逊和米怜从事圣经汉译很早以前，天主教的圣经汉译活动已有不少，但基本停留在圣经片段的翻译，且多已失传。1800 年，莫斯理在大英博物馆发现了一部汉语圣经手抄本译稿，并撰写了一本小册子《译印汉语圣经之重要性与可行性研究》，透露了此译稿的消息。该译稿为天主教来华传教士翻译，抄成于十八世纪。在这部译稿卷首的扉页上写着："此稿本受霍季逊先生（John Hodgson）之嘱，1737-1738 年抄成于广州。霍季逊先生说，此书乃精心编撰而成，准确无误。"[127] 霍季逊曾在东印度公司广州商馆工作。1739 年 9 月，他将这份译稿带到伦敦赠送给英国皇家学会的汉斯·史隆爵士（Hans Sloane），并由他捐献给大英博物馆收藏。这部译稿汉语题名《四史攸编耶稣

---

125 关于 19 世纪前半期由新教传教士编纂的各类汉语字典，可参见吴义雄《在世俗与宗教之间——基督教新教传教士在华南沿海的早期活动研究》中第 501-502 页的"其他新教传教士所编著的中文词典"一表。

126 关于这一译本的研究可参考曾阳晴的论文《白日升〈四史攸编耶稣基利斯督福音之合编〉之编辑原则研究》；关于这一译本和马礼逊米怜译本《神天圣书》的关系，可参见谭树林的《圣经"二马译本"关系辨析》，载《世界宗教研究》，2000 年第 1 期；苏精的《马礼逊与中文印刷出版》中《基督教传教事业第一次竞争》一章，台湾学生书局有限公司出版，2000 年；赵晓阳的《二马圣经译本和白日升圣经译本关系考辨》，载《近代史研究》2009 年第 4 期和张西平的《明清之际圣经中译朔源研究》。

127 William John Townsend, *Robert Morrison The Pioneer of Chinese Missions*, London : S. W. Partridge, 1888, p. 32. 另见 W.W. Moseley, *The Origin of the First Protestant Mission to China*, p. 109.

基利斯督福音之会编》[128]，并非圣经的完整译本，其中包括《马太福音》、《马可福音》、《路加福音》、《约翰福音》、《使徒行传》和几乎全部的保罗书信，含《罗马书》、《哥林多前书》、《哥林多后书》、《加拉太书》、《以弗所书》、《腓立比书》、《歌罗西书》、《帖撒罗尼迦前书》、《帖撒罗尼迦后书》、《提摩太前书》、《提摩太后书》、《提多书》、《腓利门书》和《希伯来书》第一章，翻译量大概占新约的八成多。[129] 但是这部译稿的四福音书部分并非严格意义上的翻译，基本采取"四福音合参"的方式翻译，将四福音书打散后重新组合成二十八章，两章转接之间注明取材的福音书名与章数。四福音书之后的部分则按照圣经原来的顺序依次翻译。

当时，这部译稿的作者并不为世人所知。之后，经由学者的努力研究，发现此译本很可能出于法国巴黎外方传教会（Mission Etrangeres, Paris）的白日升神父（Jean Basset, 1662-1707）。[130] 白日升于 1662 年生于法国里昂，后作为天主教传教士来到中国，他曾有一位名叫李安德（Andre Ly，1692-1774）的中国学生，此人后来成为神父。李安德从 1747 年到 1763 年坚持用拉丁文写日记，共计 800 多页。在他的日记中他曾写道："（白日升）也将新约由拉丁文翻译成中文，从《玛窦福音》到蒙福的保禄至《希伯来人书》的第一章；然而，由于他的逝世，未能完成这项杰出的工作。"[131] 信函显示的翻译内容正好与"斯隆抄本"符合。

---

128 广东财经大学的曾志辉先生提供了此手稿的打印稿，在此我要向他表达由衷的感激。

129 该手稿所翻译的四福音书的书名分别为"玛窦"、"马耳谷"、"路加"和"若望"，剩余部分的书名分别为《使徒行》、《福保禄宗徒与罗玛辈书》、《福保禄使徒与戈林多辈第一书》、《福保禄使徒与戈林多辈第二书》、《福保禄与雅辣达辈书》、《福保禄使徒与厄弗所辈书》、《福保禄与斐理比辈书》、《福保禄使徒与戈洛所辈书》、《福保禄使徒与特撒罗第一书》、《福保禄使徒与特撒罗第二书》、《福保禄使徒与氏末徒第一书》、《福保禄使徒与氏末徒第二书》、《福保禄使徒与的多书》、《福保禄使徒与斐肋莫书》和《福保禄使徒与赫伯辈书》。

130 Thor Strandenaes, *Principles of Chinese Bible Translation*, Almqvist & Wiksell International, 1987, pp. 22-23. 另外，据伟烈亚力的在《教务杂志》1868 年 11 期发表的文章 "Bible in China"，以及其在《中国研究》（*Chinese Researches*）一书中所述，他在罗马传信部看到过一个 7 卷本的圣经译木，译者为白日升，但他并没有详细考察译本的内容，也不知道该译本是否就是马礼逊所誊写的汉语译稿。

131 李安德的日记 1924 年出版，此信为李安德 1760 年致罗马圣部（Sacred Congregation at Rome）。转引自曾阳晴：《白日升〈四史攸编耶稣基利斯督福音之合编〉之编辑原则研究》，第 2 页。

　　英国及海外圣经公会得知此译稿的消息后，起初十分感兴趣，曾计划借出印行，但经过深入了解最终放弃了此译稿的印行。[132] 马礼逊在得知将被派往中国传教后，为了学习汉语和翻译圣经，便和他的中国老师容三德经常到大英博物馆抄写此译稿，并在容三德教授下学习这部译稿。[133] 一开始，马礼逊自己抄写了大概 30 余页，剩下的便交由容三德抄写，共计 756 页。[134] 马礼逊离开伦敦前往中国时把抄写完毕的译稿带在身边，在他途径美国时，《纽约观察报》的记者西格麦（Sigma）在该报发表了题为《马礼逊博士访美记事》（"Reminiscences of Dr. Morrison"）的文章。西格麦在文中提到马礼逊给他看了耶稣会士（原文如此）所译的一些汉语圣经译稿，并说译稿可以为将来的译经工作提供参考。[135]

　　对于白日升译稿对译经工作的帮助，马礼逊在给英国及海外圣经公会和伦敦会的信件和报告中多次提及。新约翻译完毕后，马礼逊在 1814 年 1 月给英国及海外圣经公会的信中曾写到："四福音书、保罗书信的最后一部分以及《启示录》全部是我自己翻译的，中间一部分参照了大英博物馆所藏的一个不知名译者的译稿，请恕我在必要之处冒昧地做了改动，我十分乐于承认我从他那里得到的帮助。"[136] 1819 年译完全部圣经后，马礼逊在给伦敦会的详细报告中再次提到了白日升译稿，"我曾经多次明确指出，大英博物馆所藏的天主教神父的汉语译稿是我新约翻译工作的基础"[137]。实际上，译经工作完成不久，一些天主教人士曾指责马礼逊抄袭白日升译稿。马礼逊在 1819 年给伦敦会的报告中做出如下解释："如果我有意使译本更像我自己独立翻译的，我可以毫不费力地做更多的修改，但那不是我的目的，相信也不会是伦敦会的目的。实际上，译者是谁并不重要，重要的是能够翻译出版一部最好的圣

132 Annual *Report of the British and Foreign Bible Society*, 1805, pp. 18-19.

133 抄录白日升译稿是由容三德进行的，马礼逊则抄录在皇家学会的那部由天主教传教士编撰的拉丁文汉文词典的主要部分，见 William Milne, *A Retrospect of the First Ten years of the Protestant Mission to China*, pp. 55-56. 又据文章《伦敦会历史》，载于《神学志》1924 年 10 卷 3 号，"马君亲自抄录了三十页，其余便是容君抄录的，直抄到希伯来书止。"

134 John Chalmers, "Review of a Chinese Manuscript New Testament", *The China Review*, 1888, p. 341.

135 Eliza A. Morrison, *Memoirs of the Life and Labors of Robert Morrison*, Vol. 1, p. 134.

136 Eliza A. Morrison, *Memoirs of the Life and Labors of Robert Morrison*, Vol. 1, p.395, 另见 *Annual Report of British and Foreign Bible Society*, 1815, p. 333.

137 Eliza A. Morrison, *Memoirs of the Life and Labors of Robert Morrison*, Vol. 2, p. 3-4

经汉语译本。"[138] 至于白日升译稿对马礼逊的译经工作到底起到了多大作用，现就《约翰福音》第 1 章前 18 节和《使徒行传》第 1 章前 5 节的译文将两个译本以及新标点"和合本"进行简单对比：

《四史攸编耶稣基利斯督福音之会编》（若望篇首）

当始已有言，而言在神怀，且言为神。当始有此于神怀也。万有以之得作，且凡受作者无不以之而作焉。生命在于其内而生命乃人类之光。夫光辉耀于暗而暗弗识之矣。有神攸使之人名若翰者，其来特为证以证指光，俾众以之得信。其非光，惟来以证明光也。已有真光照凡来世之人者。已在世古乃受其作，且弗认之。其临本可而厥人弗之受。凡受之者赐之能为神之子，此即以厥名信之辈也。伊等得生非由血，非由肉慾，非由人欲，乃由神也。若翰证指之号曰，此乃吾素所云，将来于我后者，已得有于我前也，盖先我在。且吾众自其盈满，而已受矣恩以待恩。盖报律以每瑟而授，宠及真以耶稣基利斯督而成也。从来无人得见神，独子在父怀者，乃已述也，且曰其先我已在。[139]

《神天圣书》（《圣若翰传福音之书》）

当始已有言，而其言偕神，又其言为神。此者当始偕神也。万物以之而得作，又凡受作者无不以之而作焉。生命在于其内而其生命乃人类之光。夫光辉耀于暗而暗弗认之矣。有神所使之人名若翰者，其来特为证以证指光，俾众以之得信。其非彼光，惟来以证指彼光也。彼为真光照凡来世之人也。其在世而世乃受其作，尚且弗认之。其临本所而厥人弗之受。凡受之者赐之能为神之子，即以厥名而信之辈也。伊等得生非由血，非由肉慾，非由人欲，乃由神也。其言变为肉而居吾辈之中，且吾辈见厥荣，夫荣如父之独生，而以宠以真得满矣。若翰证指之呼曰，此乃彼余所说及者，其后余而来者，即先我，盖其本先我。又由其之满我众受宠于宠焉。盖例即以

---

138 Ibid., p. 4.
139 《四史攸编耶稣基利斯督福音之会编》第一章和第 4 章，缺第 14 节，由于是打印稿，故原页码不详。

摩西而已施，乃宠也真也以耶稣基督而来矣。无人何时而见神，惟独生之子在父怀其述知之也。[140]

"和合本"译文（《约翰福音》）

太初有道，道与神同在，道就是神。这道太初与神同在。万物是藉着他造的；凡被他造的，没有一样不是藉着他造的。生命在他里头，这生命就是人的光。光照在黑暗里，黑暗却不接受光。有一个人，是从神那里差来的，名叫约翰。这人来，为要作见证，就是为光作见证，叫众人因他可以信。他不是那光，乃是要为光作见证。那光是真光，照亮一切生在世上的人。他在世界，世界也是藉着他造的，世界却不认识他。他到自己的地方来，自己的人倒不接待他。凡接待他的，就是信他名的人，他就赐他们权柄，作神的儿女。这等人不是从血气生的，不是从情欲生的，也不是从人意生的，乃是从神生的。道成了肉身，住在我们中间，充充满满地有恩典，有真理。我们见过他的荣光，正是父独生子的荣光。约翰为他作见证，喊着说："这就是我曾说，'那在我以后来的，反成了我以前的，因他本来在我以前。'"从他丰满的恩典里，我们都领受了，而且恩上加恩。律法本是藉作摩西传的，恩典和真理都是由耶稣基督来的。从来没有人看见神，只有在父怀里的独生子将他表明出来。[141]

《四史攸编耶稣基利斯督福音之会编》（《使徒行》）

陡斐勒，余先言耶稣始行训诸情。至于以圣风嘱所选之使徒而升天之日。受难四旬多自征己活现伊等，而言天国之情。又同食间命曰，勿离柔撒冷，惟侯父之许，汝曹所曾闻出吾口。盖若翰固受水洗，汝曹乃不日受圣风之洗耳。[142]

《神天圣书》（《使徒行书》）

弟阿非罗乎，余先言耶稣行训诸情。至于以圣风嘱其所选之使

---

140 《神天圣书》（圣若翰传福音之书卷四），英华书院藏版，1827年，第1-2页。
141 圣经（《约翰福音》新标点和合本），香港圣经公会，第161页。
142 《四史攸编耶稣基利斯督福音之会编》，《使徒行》第一章，由于是打印稿，故原页码不详。

徒后而被取上去之日。盖受难后其以多实凭据，四旬之间，现已活与伊等看，而言神国之情。又同食间命曰，勿离耶路撒冷，惟候父之许，汝曹所曾闻出吾口。盖若翰固受水洗，汝曹乃不日受圣风之洗。[143]

"和合本"译文（《使徒行传》）

提阿非罗啊，我已经作了前书，论道耶稣开头一切所行所教训的，直到他藉着圣灵吩咐所拣选的师徒，以后被接上升的日子为止。他受害之后，用许多的凭据将自己活活地显给师徒看，四十天后之久向他们显现，讲说神国的事。耶稣和他们聚集的时候，嘱咐他们说："不要离开耶路撒冷，要等候父所应许的，就是你们听见我说过的，约翰是用水施洗，但不多几日，你们要受圣灵的洗。"[144]

就《约翰福音》第 1 章前 13 节来说，白日升和马礼逊的译文在句型结构方面可谓完全一致，内容也极为相似。可以说，马礼逊基本是照搬原文，所做的改动仅限于增加了"而"、"又"等连词，"其"、"厥"、"彼"等代词，以及语气组词"也"；不过在后 4 节的翻译中，马礼逊作了较大改动。就《使徒行传》第 1 章前 5 节来看，除第 3 节差异稍大，其余 4 节内容相似程度也颇高。进一步对比两个译本的上述译文，还可发现在翻译一些重要神学术语时，马礼逊大多沿袭了白日升的译名。为了展示马礼逊在多大程度上沿袭了白日升的神学术语译名，下表就上述引文出现的部分重要术语进行简单对比：

白日升译本	马礼逊译本	和合本	英文（NRSV）
神	神	神/上帝	God
言	言	道	Word
生命	生命	生命	Life
暗	暗	黑暗	Darkness
若翰	若翰	约翰	John
血	血	血气	Blood
肉欲	肉欲	情欲	Will of the flesh
人欲	人欲	人意	Will of man

143 《神天圣书》（使徒行传卷五），英华书院藏版，1827 年，第 1 页。
144 圣经（《使徒行传》新标点和合本），香港圣经公会，第 207 页。

盈满	满	丰满的恩典	Fullness
真	真	真理	Truth
恩	宠	恩/恩典	Grace
律	例	律法	Law
每瑟	摩西	摩西	Moses
真	真	真理	Truth
基利斯督	基督	基督	Jesus
陡斐勒	弟阿非罗	提阿非罗	Theophilus
耶稣	耶稣	耶稣	Jesus
风	风	灵	Spirit
柔撒冷	耶路撒冷	耶路撒冷	Jerusalem
洗	洗	洗	Baptize

对比上表列出的 20 个神学术语译名可以看出，马礼逊保留了白日升译稿的 14 个术语，对其余 6 个术语做了改动，即"基督"、"宠"、"例"、"摩西"、"弟阿非罗"和"耶路撒冷"。参照其他章节的译文，可以得出大致结论，即马礼逊在译经工作中基本继承了白日升的译名体系，但也有所发展，比如上表中的"基督"、"摩西"和"耶路撒冷"三个重要术语就成为当今主流的汉语译名。另外，马礼逊所沿袭的"神"和"风"两个译名，则在日后引发了其他传教士译者的不同意见，并最终演变成旷日持久的"译名之争"。

不过由于白日升译稿并不包括旧约和新约《希伯来书》第 1 章之后的剩余章节，这部分的翻译无疑是属于马礼逊和米怜的。但考察这些译文不难发现，翻译质量明显降低。仅以马礼逊所译的旧约《创世历代传或称厄尼西书》（《创世记》）第 2 章第 4-9 节译文略作说明：

> 是为天地之来历于被造之时即神主创地与天之日。时各田之栽植未在地之前。连各田之草木未生出之前以被神创。盖神主未曾使雨下地上而无人以耕田。然雾从地起来其淋土之全面也。神主用地尘创造人。而吹命之气进其鼻孔。且人即为活灵。又神主于东方种希但之园而置在其内所造之人也。神主使由地生出各所为好看好食之树亦在园中有生命之树。又有知善恶之树也[145]。

---

145 《神天圣书》（《创世历代传》），英华书院藏版，1827 年，第 3 页。

若对比现在通行的新标点"和合本"的译文，就会发现译文多处用词不当，比如"连"、"其"和"为"等虚词的使用显然不符汉语语法，而"栽植"、"草木"、"地尘"和"活灵"在"和合本"中分别为"草本"、"菜蔬"、"尘土"和"有灵的活人"。另外，译文句法则显得更加不符合汉语表达习惯，难以卒读。"未在地之前"和"淋土之全面也"在"和合本"中为"野地还没有草木"和"滋润遍地"。第 9 节的翻译尤为不当，"和合本"的译文为"耶和华神使各样的树木从地里长出来，可以悦人的眼目，其上的果子好作食物。园子当中又有生命树和分别善恶的树。"稍加对比就会发现马礼逊的译文对句法结构基本不做更改，完全是逐字逐句的翻译。实际上，把马礼逊参考白日升译稿翻译的新约部分译文与其余章节译文进行比较，不难发现，前者的翻译质量明显高于后者。

总体而言，马礼逊的译文的确大量借鉴了白日升译稿。据马士曼对照白日升译稿中的《使徒行传》部分逐章统计，发现全书共 70 页，约 21500 字，马礼逊只更动了 1113 字，其中还包括重复出现的人名、地名在内。[146] 实际上，马礼逊从 1807 年底开始翻译新约，到 1813 年译毕，所费时间不过六年左右。考虑到马礼逊开始译经时学习汉语仅仅两年左右，而且 1808 年后还需为东印度公司担任翻译，马礼逊的译经速度不可谓不快。而在这种高速背后，白日升译稿无疑起了极其关键的作用。若无此译稿，马礼逊的译经工作势必会更加艰难和漫长，翻译质量也会势必降低。美国宗教史家赖特烈（K. S. Latourette）曾如此评价白日升译稿对于近代新教传教士圣经汉译事业的影响："天主教的新约译本被介绍给第一位新教传教士马礼逊，用来学习汉语，它无疑影响了马礼逊本人的圣经翻译，而且在一定程度上，也影响到后来许多新教译本。"[147]

二、翻译策略

1、经文原本选择

翻译圣经的首要问题便是圣经原本的选择。由于旧约和新约最早分别

---

146 Joshua Marshman, Letter to F. Ryland Respecting Morrison, 13 Dec. 1816, 转引自赵晓阳《二马圣经译本与白日升圣经译本关系考辨》，《中国近代史》2009 年第 4 期，第 55 页；另见谭树林《马礼逊于中西文化交流》，第 107 页。

147 K. S. Latourette, *A History of Christian Missions in China*, London, 1929, p. 190.

是由古希伯来语和古希腊语写成，故若使译文在最大程度上忠实于原文，理应选择这两种语言的经文，但在实际翻译过程中，马礼逊和米怜所依仗的原文圣经较为复杂。据马礼逊 1819 年 3 月 19 日给英国及海外圣经公会的信函所述："我已经翻译完了小先知书……在此部分翻译过程中，我大量使用了纽科姆主教（Bishop Newcombe）的译本；在翻译《以赛亚书》时，我参考了劳德主教（Bishop Robert Lowth）的译本。"[148] 整部圣经译完之后，马礼逊在 1819 年 11 月 25 日给伦敦会有关译经工作的报告中详细罗列了其所参考的各种译本，共计 23 种，包括"英文普通译本[149]、原文圣经（*The Original Scriptures*）、孟塔努译本、通用拉丁文译本、法文译本、七十子译本、汤普森（Thompson）的七十子译本，坎贝尔博士（Dr. Campbell）的福音书、多德里奇博士（Dr. Doddridge）的新约，等等"[150]。从上述叙述中可以看到，马礼逊在译经工作中显然大量参考了英文圣经。在该份报告的末尾，马礼逊透露了更多的信息："我的译文不会在很大程度上偏离英文经文的意义，这应该会令英国的朋友满意；我认为，如果完全按照源文（古希伯来语和希腊语）来翻译一个'新译本'或'改良译本'无疑是对过去公认译本的一种不敬。"[151] 从这句话来看，马礼逊更为倾向采用英文圣经作为其译经工作的经文原本，至于他究竟在多大程度上使用了古希伯来语和希腊语圣经，由于马礼逊本人在其日记、信函和各种报告中并未明确说明，故难以判断。英国及海外圣经公会的驻华代理人李太郭曾认为马礼逊和米怜的译本"是译自英文译本，其他原文圣经的帮助是微不足道的"[152]。

---

148 Annual Report of British and Foreign Bible Society, 1820, p.195. 小先知书是指基督教对《旧约》中篇幅较短的先知书称呼，与大先知书相对。小先知书包括下列著作：何西阿书、约珥书、阿摩司书、俄巴底亚书、约拿书、弥迦书、那鸿书、哈巴谷书、西番雅书、哈该书、撒迦利亚书、玛拉基书。

149 应该为"钦定本"圣经。

150 1819 年 11 月 25 日马礼逊给伦敦会的报告，见 E.A. Morrison, Memoirs of the Life and Labors of Robert Morrison Vol. 2, p. 9.

151 1819 年 11 月 25 日马礼逊给伦敦会的报告，见 E.A. Morrison, Memoirs of the Life and Labors of Robert Morrison Vol. 2, p. 10.

152 见尤思德著，蔡锦图译《圣经在中国：和合本的历史与新教在华传教士译经的高峰》，第 28 页。尤思德就此问题的结论是："对于马礼逊实际上究竟使用了多少希伯来文和希腊文经文，其他传教士合理地流露了怀疑……不过，马礼逊肯定曾经在某种程度上使用了希腊文和希伯来经文，举例来说，从他的希伯来文旧约圣经上的手写注解中就可以看出来。"另外，施福来在其博士论文《汉语圣经的翻译原则》

2、语体选择

由于十九世纪的中国存在文言文和口语两种风格相差甚大的语体，马礼逊译经工作面临的第二个问题是翻译语体的选择。米怜在其《新教在华传教前十年回顾》(*A retrospect of the First Ten Years of the Protestant Mission in China to China*) 一书中曾写道：

> 在把圣经翻译成汉语时，马礼逊博士对究竟选择何种语体一度感到困惑不已。正如其他大多数民族一样，中文书籍也有深奥、浅白与中间三种不同语体 (a high, a low and a middle style)。以四书五经为代表的古代典籍非常简洁典雅，被视为是古体文献的典范。大多数小说作品则采纳较为浅白的语体，以完全口语的形式撰写。《三国演义》[153] 在中国深受推崇，以语体而言，介乎上述两者之间，马

(*Principles of Chinese Bible Translation*)中从语言学角度对马礼逊米怜译本中《马太福音》第 5 章 1-12 节和《歌罗西书》第 1 章的译文进行了详细分析，并认为：
"无论是从译文的整体还是局部来看，马礼逊的神学理解都来自于英文'钦定本'圣经"（第 34 页）；施福来的结论是："希腊《文公认经文》(*Textus Receptus*) 是马礼逊译经工作的基础"，但"马礼逊采用的原本应该是英文'钦定本'，其对希腊《公认经文》的理解和翻译也都来自英文'钦定本'"（第 46 页）。

[153] 需要说明的是，米怜在其叙述里均采用的是 "San Kwo"，没有言明此书是小说《三国演义》还是史书《三国志》，但根据马礼逊在其他著述中的相关叙述还是可以做出大概的判断。《华英字典》第一卷 715 页 "孔明" 的词条下曾提到 "San-Kwo-Che, an historical novel of that period, attributes to Kung-ming an ability to procure the aid of spiritual beings, and always sends him into battle with a fan in one hand, and an handkerchief in the other. The grave histories do no notice this circumstance." （《三国志》是一部历史小说，书中的孔明拥有获得神助的能力，战斗中，他一手执扇，一手执巾。） 在这里，马礼逊既然指明是 "历史小说"，那么这里的 San Kwo 就应该是《三国演义》。虽然他把小说《三国演义》直接称为《三国志》，但这并不奇怪，明清时期的《三国演义》一般名为《三国志通俗演义》、《绣像三国志演义第一才子书》等等。更为直接的证据则是马礼逊在其 *A View of China, for Philological purposes; containing A Sketch of Chinese Chronology, Geography, Government, Religion and Customs* （《中国概括》）一书中对 "San-Kwo-Che" 的解释，"a kind of Historical Novel formed on the events of this period, is much esteemed for its style and the ability with which it is written. It is thought a model of the Narrative Kind." （"一本基于这一时期事件的历史小说，其写作风格和水准备受推崇，被认为是叙事类作品的楷模。"） 见 Robert Morrison, *A View of China*, Macao, pressed at the Honorable the East Indian Company's Press, 1817, p. 45 另马礼逊在其 *Chinese Miscellany* （《中国杂记》）一书中把中国书籍划分为十类，其中两

礼逊最初打算模仿此种语体。后来，马礼逊看到了中国皇帝的"圣谕"又改变了原来的想法，打算模仿此种语体。[154]

此处所谓的"圣谕"应该是其时通行的《圣谕广训》。不过，马礼逊打算模仿的"圣谕"体应该是经过改编后的口语体"圣谕"。米怜在其书中曾写道："它被改编成一种完全口语化的语体。"[155] 在马礼逊看来，这种语体有三个优点："第一，此种语体更容易被平民百姓所理解；第二，朗读"圣谕"时，听众也能够明白，而文言语体则不然，中间语体虽然在朗读时也是清晰明了的，但却不如"官话"语体那么容易理解；第三，用此种语体布道时，听众易于理解，不需过多讲解。"[156] 根据上述叙述，基本可以断定，马礼逊打算模仿的"圣谕"并非《圣谕广训》，而是当时在民间极为流行的白话版《圣谕广训》。不过，可能源于改编后的白话"圣谕"的过于口语化，马礼逊最终选择采用以经书注疏和《三国演义》相结合的语体风格。因为他认为：

> 此种语体仍具古代经书的一丝庄严，但又不会极度简洁、晦涩难懂。对于稍有阅读能力的人而言，此种语体也是可以理解的，但又不至于低俗粗鄙……中国人严肃谈话时，总会装作看不起口语体的小说，然而他们又不得不承认，古代经书的语体并不适合日常生活。总的来说，一种结合经书注疏和《三国演义》的语体，是翻译圣经以及其他神学作品最适宜的语体。经书注疏中的主题往往较为严肃，因此这种风格极宜用来展现神圣作品的庄严，而以《三国演义》为典范，则会使作品流畅易懂。[157]

类就是史书和小说。见 Robert Morrison, *Chinese Miscellany*, London, S. McDowall, Leadenhall Street, 1825, pp. 34-36. 很显然，马礼逊清楚中国史书和小说的区别，故根据其对《三国志》的描述基本可以断定，马礼逊和米怜在谈及圣经译文语体时提及的 San Kwo 为《三国演义》。

154 William Milne, *A Retrospect of the First Ten Years of the Protestant Mission to China*, Malacca, printed at the Anglo-Chinese press, 1820, p. 89. 另见 "The Bible: remarks on the qualifications of translators and the style most proper for a version of the Scriptures in Chinese", *Chinese Repository*, 1835, No. 7, pp. 299-300.

155 《圣谕》是以文言文撰写的劝勉性文章，由康熙皇帝于1670年刊行，再由他的继任者雍正皇帝增订再版。后来的版本又被编译成官话，在很长时间中，成为官话的典范。

156 William Milne, *A Retrospect of the First Ten Years of the Protestant Mission to China*, pp. 89-90.

157 William Milne, *A Retrospect of the First Ten Years of the Protestant Mission to China*, p. 90.

显然，一种结合经书注疏和《三国演义》的所谓的"中间语体"（middle style）在马礼逊心目中胜过了"圣谕"的"官话"口语体。米怜对《三国演义》的语体风格也十分赞赏，甚至认为《三国演义》是汉语学习者的最佳模仿对象和资源宝库，就如同十八世纪的《旁观者报》（*The Spectator*）[158]对英文学习者的帮助。然而在当时，一些传教士和汉学家认为汉语圣经的语体应该模仿诸如四书五经那样的古代典籍，孟子的作品尤其应该是首选的模仿对象。

米怜并不认同此种意见，从三方面反驳了这种观点。首先，他从语言历史变迁的角度谈道："就语言快速变化的特点来说，两千多年前流行的语言风格是否适合现在？如果有人认为只有其他国家的语言和风格在不断变化，汉语却保持不变，那么又该如何解释历代中国文人在理解经书时存在的困难呢？实际上这种困难不仅仅因为那些罕见的或逐渐消失的语言习惯和用法，而是更多地涉及到汉语的篇章结构和语体风格。"[159] 第二，他认为："如果没有众多的解经书籍，阅读和理解那些经书几乎是不可能的，原因并不在于经书所讨论的主题深奥难懂。在中国经书中，除了《易经》和《中庸》所讨论的对象主要涉及抽象的、天文的和形而上的问题外，其他经书所讨论的主题并非难以理解，仅有少数典故因其概念失传而意义晦涩，难以理解。"[160] 第三，米怜具体讨论了四书语体和圣经语体的差异。他认为："四书的主要内容由格言警句组成，其语体风格并不适合历史性的叙述。"[161] 米怜的结论是，中国经书的语体风格不是汉语圣经和其他神学作品的模仿对象。实际上，"一本书的读者对象如果要涵盖所有社会阶层，便不能模仿中国经书的语体风格，汉语圣经如果采用此种语体也许会获得中国士人阶层的赞赏，然而普通民众理解起来就会异常困难。这样的后果将不利于传教，布道者将不得不付出艰

---

158 《旁观者报》是理查德·斯梯尔（Richard Steele）和约瑟夫·爱迪生（Joseph Addison）在1711年开始出版的报纸，对英国文学作出了巨大贡献，该报被认为居于18世纪英国文学报刊之首，多采用随笔散文写人、叙事、抒情和议论，极大推动了英语散文的发展，另一方面，该报也是英国小说的先驱，被称之为英语学习者的资源宝库。

159 William Milne, *A Retrospect of the First Ten Years of the Protestant Mission to China*, p. 91. 另见 "The Bible: remarks on the qualifications of translators and the style most proper for a version of the Scriptures in Chinese", *Chinese Repository*, Vol.7, 1835, pp. 300-301.

160 William Milne, *A Retrospect of the First Ten Years of the Protestant Mission to China*, p. 92.

161 Ibid..

辛的努力去解释圣经的教义，圣经译者如采用较为现代的语体就能避免这样的麻烦。"[162]

从上述马礼逊和米怜的叙述来看，二人的确就汉语圣经的语体风格进行了颇为认真的研究和思考。但基于马礼逊和米怜早期的汉语素养，要想把圣经翻译成经书注疏和《三国演义》相结合的"中间语体"，却非易事。考察他们的译文，可以发现很多地方并未达到他们设想的语体风格。他们的新约译文大部分参考了白日升译稿，翻译质量还算差强人意，就语体而言，可算勉强达标，但其余由马礼逊和米怜独立翻译的译文则无法令人满意，很多地方甚至算不上合格的汉语，也就谈不上语体风格了。前文所摘录的《创世记》第 1 章的两部分译文就是很好的例子，现再以马礼逊和米怜分别翻译的两段译文举例说明。

《创世历代传或称厄尼西书》（《创世记》）第 2 章前 5 节

如此天地连其众军这被成也。而神所造者于第七日毕也，且于第七日神已完各所造乃安息矣。且神祝好第七日而成之为圣日，因当日其安息于神各所创造者也。是为天地之来历于被造时即神主创地与天之日。时各田之栽植未在地之前，连各田之草木未生出之前以被神创，盖神主未曾使雨下地上而无人以耕田。[163]

《撒母以勒书上卷》（《撒母耳记上》，米怜译）第 1 章 19-20 节

惟伊等早晨起来，崇拜神主面前，而回拉马到其本家去。且以勒加拿乃识己妻夏拿，而神主忆之。故夏拿受孕后，其期既满，则生子，名之曰撒母以勒，言云，因我求之于神主，故也。[164]

可以看出，二人的译文显然达不到所谓的结合经书注疏和《三国演义》的"中间语体"，另外，米怜的译文较之马礼逊的译文在语体风格上似乎更为浅显直白，更加通俗易懂。不过，马礼逊和米怜对汉语语体的认识对新教早期的译经活动有很大的影响，之后的传教士在对汉语语体的研究中基本延续了他们的观点，这一时期出现的几个译本也都声称采取"中间语体"。需要说明的是，虽然马礼逊和米怜宣称的是"中间语体"，但十九世纪中后期的新教

162　William Milne, *A Retrospect of the First Ten Years of the Protestant Mission to China*, p. 93.

163　《神天圣书》（《创世历代传》），英华书院藏版，1827 年，第 3 页。

164　《神天圣书》（《撒母以勒书上卷》），英华书院藏版，1827 年，第 1 章第 2 页。

传教士译者却把这一时期的译文语体称之为"深文理"（High Wenli）语体，以区别于他们采用的一种更为浅显的文言语体"浅文理"（Low Wenli）。原因可能有二：第一，马礼逊和米怜的译文翻译质量不高，很多地方不合汉语表达习惯，导致译文晦涩难懂，难以卒读，初读之下颇似文言语体；第二，十九世纪中后期的传教士译者采纳的"浅文理"语体较之马礼逊和米怜所谓的"中间语体"的确更为浅白，这一点从施约瑟（Samuel Isaac Joseph Schereschewsky）翻译的"浅文理"圣经就能看出，其旧约《创世记》第 2 章前 5 节为："天地万物既成。至第七日，上帝造物之工已竣，遂于第七日安息。因此日上帝造万物之工已竣而安息，故将福于此日，定为圣日。创造天地，其畧如此，主上帝创造天地之日。地未生草木，未生菜蔬，因主上帝未降雨于地，亦无人耕地"[165]。对比之下，马礼逊的译文的确可谓"深文理"语体，施约瑟的"浅文理"译文倒是更加类似于《三国演义》的语体风格。

3、翻译原则

马礼逊译经工作所面对的第三个问题是采纳怎样的翻译原则。纵观世界范围内的圣经翻译，直译和意译一直是争论的焦点。早期的圣经翻译家主张直译、硬译和死译，近现代的翻译家则较为灵活，认为有时为了达到"忠实"反而需要在译文语体和形式上做出某种变通。但总的来看，在西方基督教国家，圣经始终被视为基督教的经典，其宗教性被认为是第一性的，这种认知传统基本上决定了西方翻译学者的圣经翻译观，即"忠实"于圣经所包含的信息作为翻译的第一原则不可动摇，讨论的分歧只是在于如何达到"忠实"，可以说是目的相同，手段各异。

马礼逊曾这样谈论自己的译经原则："在我的译本中，我力求忠实、明达和简易。我宁愿采用常用字而舍弃罕见的经典字。我努力避免使用异教哲理和异教典籍中的术语，我宁愿译文被人视为粗鄙不雅也不愿令人难以理解。在教义深奥之处，我尽量用最优雅、最忠实、最不古怪的语言来传达教义。"[166] 就前文所引述的译文，特别是马礼逊独立翻译的旧约而言，马礼逊过高估计了自己，"明达"、"简易"和"最优雅"恰恰是马礼逊译文所欠缺的。下面再以旧约《创世记》第 1 章第 26-27 节的译文略作说明：

---

165 施约瑟译《新旧约圣经》（浅文理），上海美华圣经会印发，1927 年，第 1-2 页。
166 Eliza A. Morrison, *Memoirs of the Life and Labors of Robert Morrison*, Vol.2, p. 8.

　　　　且神曰，由我等造人类照我类像，亦照我仿佛者，及许伊等宰
治鱼于海，鸟空中，牲口各处地上，及各所爬行地上也。则神造人
照自像，照神像造之，其造男女也[167]。

可以看到，此两节译文句型结构完全不符合汉语表达习惯，意义令人费解。"照我类像，亦照我仿佛者"在英文原文中为方式状语，在汉语中应该放在主语之后，地道表达方式应为"我等照我类像，亦照我仿佛者造人类"；"类像"和"仿佛者"也属用词不当，合适的表达应为"我之形象"和"我之模样"。"于海"、"空中"和"各处地上"在英文原文中为介宾短语，作后置定语，在汉语中应该放在名词之前，地道的表达应为："海中之鱼"、"空中之鸟"和"地上之牲口"。"及各所爬行地上也"更是不知所云。"则神造人照自像"的地道表达方式也应为"则神照自像造人"。

曾经是马礼逊英华书院的学生，后担任伦敦大学中文教授的吉德（Samuel Kidd）曾如此评价自己老师的译本："译文主要的问题可能在于机械照搬原文的字词、句型结构，对中国人十分看重的对仗结构也基本忽略。其实若在译文一些地方增删一两个字就会立马提高翻译质量，也不会损及到对原文的忠实。"[168] 十九世纪六十年代担任英国及海外圣经公会驻华代理人的传教士伟烈亚力也做过类似的评价："我们无需过于看重马礼逊和米怜的努力，每一位研究中国的学者都必须清醒地认识到译本的不足。如大家所料，这种逐字翻译、极不地道的方式令人无法忍受，大量不符汉语习惯的粗俗表达严重损害了译文质量。"[169] 伟烈亚力的评价是比较客观的，"逐字翻译"的确更能准确地描述马礼逊的译经原则，而这种原则在马礼逊本人看来却是"避免使用异教哲理和异教典籍中的术语"和"最忠实"的译法。这种极端直译的译经原则所带来的后果自然是译文质量的低下，马礼逊去世后，他的译本受到了其他传教士译者的极大诟病，特别是第二代译经核心人物的麦都思，并由此引发了新的译本。

167　《神天圣书》（《创世历代传》），英华书院藏版，1827 年，第 2 页。

168　Samuel Kidd, "Remarks on the Memorial Addressed to the British and Foreign Bible Society on a New Version of the Chinese Scriptures." Hackney, Dec. 23, 1836, p. 19, *Documents Relating to the Proposed New Chinese Translation of the Holy Scriptures*, British and Foreign Bible Society archives.

169　Alexander Wylie, "The Bible in China", *The Chinese Recorder*, 1868, Dec. p. 146.

4、术语选择

译经工作另一个重要的问题就是如何处理有关神学术语的汉语译名，并建立一套汉语基督教话语体系。这对所有早期从事翻译圣经的传教士而言都是最有挑战性的一项工作。而在所有的圣经神学术语中，如何找到一个恰当的词语来翻译"God"一词无疑又是重中之重。无论是明末清初的天主教传教士还是近代新教传教士，这个问题一直纠缠和困扰着他们。

马礼逊在译经工作之初就感到这一问题颇为棘手，早在 1808 年的 1 月 10 日的日记中，他曾这样写道："对于使用哪个词汇来向中国人表达'至高存在'，我困惑不已，是采用天主教的'天主'一词还是采用大多数中国人心目中的高级存在，又或是他们数量繁多的各种神祇？"[170] 不过，可能是由于有白日升译稿的参考，马礼逊并没有因为这一困惑而耽搁译经工作。在翻译过程中，马礼逊继承了白日升的译法"神"，但可能是对这一译名的不太满意，他在译文中还时常采用"神主"、"神天"和"真神"等译名。但是随着马礼逊把翻译好的一些圣经章节寄回欧洲之后，"神"的译法得以曝光，随即便引发了各种争议之声和反对意见。时任法国皇家学院汉语和满语教授的雷慕莎（Joseph Abel Remusat）就是其中的代表，他坚决要求以"天主"来翻译"God"一词。他在 1817 年 5 月 20 日给马礼逊的信函中这样写道：

> 我与赛兰坡的马士曼先生就他使用"神"翻译"God"一词进行了争论，在任何基督教书籍中，我绝不能容忍出现这样的词……在中华帝国的最初几个世纪，他们把'神'理解为高于看得见的有形物体。这个字几乎完全类似于拉丁文的"Divus"一词，不具备全知全能造物主的含义，当然也没有"God"一词的含义……那些阅读汉语圣经的中国人肯定会对'神'或多或少产生额外的联想。世界上没有一个称呼曾被如此滥用过，向那些迷信的偶像崇拜者、具有多神信仰的异教徒，谈起"神"，就如同把"上帝"这样一个中国名词应用在基督教的观念上。在我看来，这种译法极为不当。[171]

面对雷慕莎的指责，马礼逊没有正面回应，而是选择以匿名读者的身份给米怜主编的《印支搜讯》(The Indo-Chinese Gleaner) 杂志上发了一篇短文。

---

170 Eliza A. Morrison, *Memoirs of the Life and Labors of Robert Morrison*, Vol. 1, pp. 200-201.

171 "Letter from M. Remusat", May 20, 1817, Eliza A. Morrison, *Memoirs of the Life and Labors of Robert Morrison*, Vol. 1, pp.491- 492.

马礼逊在文中首先简单提及了雷慕莎的观点，然后介绍了众多候选译名，包括"神"、"天主"、"天"、"上天"、"神天"、"皇天"、"上帝"和"天老爷"等，最后他要求编辑先生（米怜）发表自己的观点。米怜随即在其杂志上发表了《论至高无上造物主的汉语译名》（"Some Remarks on the Chinese Terms to Express the Deity"）一文，作为对马礼逊的回答。他指出：

> "天主"一词对于我们来说过于接近中国人和其他古老民族的多神论观念。这些民族把世界的管理归于三种级别的神祇，即"天神"（celestial gods）、"地神"（terrestrial gods）和其他"神祇"（gods），分别管理上界、地界和人类的事务。这种对神祇及其相关事务的分类在包括中国在内的异教国家极其盛行。因此我们觉得，当一个中国人第一次听到'天主'时，他会立即认为他是表达第一级别神灵的一个称谓，并因此联想到另外两个级别的神灵。他会很自然地认为'天主'就是那些高级神祇中的一个，掌管着太阳、月亮和其他星体的运行。[172]

在米怜看来，"天主"这一译名无法展现犹太教和基督教"God"的唯一性，而且，天主教传入中国前，这个译名也从未被中国人使用过，故"天主"一词绝不适合表达唯一的至高存在，它仅有的优点就是被天主教传教士长期使用过。[173]

反驳了雷慕莎的观点之后，米怜接着讨论了马礼逊所罗列的那些译名的缺点。在他看来，"神"字虽是汉语固有词汇，可以表达"God"一词的涵义，但意义过于宽泛，有时会被误认为是诸多神祇之一，从而误导异教徒；"天"字可能会使人的思想陷入物质世俗主义的危险之中；"上天"则可能因其对应的"下地"而引发二元结构的联想；"皇天"同样因其对应的"后土"引发二元结构的联想；"天老爷"则过于粗俗，很少见于重要书籍；"神天"看上去优于上述称谓，但和"天主"一样均为新造汉语词汇；"神主"则经常见于中国人家里供奉的牌位，以祭祀家里去世的先人。米怜的结论是："无论如何努力，我们在汉语中都无法找到一个可以完美表达'God'一词的词汇，但最接

---

172 William Milne, "Some Remarks on the Chinese Terms to Express the Deity", *Chinese Repository*, 1838, pp. 316-317, 另见 *The Indo-Chinese Gleaner*. ed. by William Milne. Malacca, vol.3, No.16, April, 1821, pp. 97-105.

173 Ibid., p. 317.

近的称谓应该是'上帝'"[174]。为此，米怜列举了 9 条理由，归纳起来即："上帝"一词在《尚书》和其他中国古书中被频繁使用，具有"至高主宰"（supreme ruler）的含义，庄严神圣，拥有最高权威；儒释道"三教"都使用"上帝"一词，而几乎所有的中国人都是"三教"教徒；"上帝"一词在汉语中独立存在，无对应之词，无二元结构；其他译名虽然也具有"上帝"一词的某些性质，但"上帝"一词具备它们所有的优点，并在最大程度上避免了它们的缺点。[175]

米怜的上述文章刊登于 1821 年，翌年他就病逝于马六甲。应该说，米怜在去世前对"God"一词译名的问题产生了新的认识，从早期跟随马礼逊选择"神"到最终偏向"上帝"。在他编辑发行的中文杂志《察世俗每月统记传》中也能察觉出其态度的转变。在早期的前几卷中，当谈到"God"之时，米怜一般采用"神"字，但到了最后两三卷，"上帝"一词则几乎完全替代了"神"字。可见，相较于"神"字，米怜更倾向于"上帝"一词。但马礼逊并没有采纳他的意见，在米怜去世两年后，他们的合作翻译的《神天圣书》得以出版，"神"字成为"God"一词的主要译法。马礼逊数年后在其《中国杂记》（Chinese Miscellany）一书中再次提到了译名问题，他认为解决这一问题"最好的方法是继续使用这些译名，直到它们在使用过程中，根据基督教的概念，得到一个确定的含义。就像希腊文的'Theos'，拉丁文的'Deus'，还有撒克逊人使用的'Woden'都成为了基督教的术语。"[176]

但是有关"God"一词译名问题的争论还远未结束。马礼逊去世不久，米怜昔日的同工麦都思在新的译本中便立即抛弃了"神"的译法，采用了"上帝"一词。第一次鸦片战争结束后，当在华传教士试图联合起来推出统一的圣经译本时，"神"的译法再次被大部分英国新教传教士所抛弃，而以裨治文和文惠廉为代表的美国新教传教士则坚持"神"的译法。两派传教士争执不下，最终导致联合圣经汉译的分裂，未能推出统一的译本，就此问题后文还有讨论。

最后需要说明的是，指导马礼逊学习汉语的老师大多都参与了其圣经汉译的工作，但参与的程度很难量化。因为马礼逊无论是在其信函还是报告中

---

174 William Milne, "Some Remarks on the Chinese Terms to Express the Deity", *Chinese Repository*, Vol. 7, 1838, pp. 318-319.

175 Ibid., pp. 319-320.

176 Robert Morrison, *Chinese Miscellany*, London, S. McDowall, Leadenhall Street, 1825, p. 45.

对这些汉语老师在译经工作中所做的贡献几乎都不做具体的描述。但在近代新教传教士持续一个多世纪的圣经汉译活动中，汉语老师充当译经助手协助翻译圣经的模式沿用了下来。之后由传教士主持的所有译本中，均能看到中国助手的参与。

三、翻译历程及译本接受

马礼逊 1807 年到达广州后不久就开始了译经工作。由于可以借鉴白日升的新约译稿，初期的翻译工作进行很快。1808 年底马礼逊在给伦敦会的信函中提到"我所翻译的新约全书已有一部分完成，在等待印刷"[177]。到 1809 年底，马礼逊已经翻译完了《四福音书》、《使徒行传》、《罗马人书》、《哥林多前后书》、《加拉太书》、《腓力比书》、《歌罗西书》、《帖撒罗尼迦前后书》、《提摩太前后书》、《提多书》、和《腓力门书》，翻译内容占到新约的三分之一多。[178] 马礼逊对这批译文的翻译质量感到比较满意，认为"它们是忠实和可靠的"[179]。1810 年 9 月，马礼逊把《使徒行传》和《路加福音》先行交付印刷。[180] 史东当在 1813 年 3 月看到《路加福音》后，给予了很高的评价："你翻译的汉语《路加福音》非常令人满意，你的译经工作无疑是一项伟大工程，事实上，你是唯一具有资格完成这项艰巨任务的人。我找不到像你这样精通汉语的外国人，作为常住中国的唯一英国人，唯有你可以担任翻译圣经的重任。"[181] 1812 年底，马礼逊已经译完了除《希伯来书》和《启示录》之外的全部新约。[182] 1813 年 7 月 4 日，米怜携夫人到达广州，并在马礼逊的指导下积极学习汉语，为帮助马礼逊翻译旧约做准备。同年 9 月 30 日马礼逊在日记中写道："在离开澳门去广州之前，我已将新约全部译成中文"[183]。1814 年 1 月 11 日，马礼逊正式向英国及海外圣经公会通报了新约翻译工作的完毕。[184]

177 Eliza A. Morrison, *Memoirs of the Life and Labors of Robert Morrison*, Vol. 1, p. 239.
178 Letter from Morrison to the Directors of LMS, Canton, Dec. 4, 1809, Eliza A. Morrison, *Memoirs of the Life and Labors of Robert Morrison*, Vol. 1, p. 268.
179 Ibid..
180 Ibid., p. 310.
181 Sir George Staunton to Morrison, Devonshire Street, March 26, 1813, Eliza A. Morrison, *Memoirs of the Life and Labors of Robert Morrison*, Vol. 1, p. 318.
182 Eliza A. Morrison, *Memoirs of the Life and Labors of Robert Morrison*, Vol. 1, p. 333.
183 Ibid., p. 370.
184 *Annual Report of British and Foreign Bible Society*, 1815, p. 333, 另见马礼逊 1814 年 1 月 11 日给英国及海外圣经公会的信函, Eliza A. Morrison, *Memoirs of the Life and Labors of Robert Morrison,* Vol. 1, pp. 394-395。

　　译完新约后，马礼逊立即着手旧约的翻译。1814 年，《创世记》翻译完毕。[185] 但马礼逊忙于编撰《华英字典》和其他事务，无法把精力全部投入到旧约的翻译，便要求米怜分担一部分翻译工作，以期能尽早完成旧约的翻译。1817年是马礼逊来华传教十周年，在年底他给英国及海外圣经公会的信函中可以发现，马礼逊已翻译了旧约中的《创世记》和《诗篇》，而米怜也把《申命记》和《约书亚记》翻译成了汉语；二人还决定分工翻译旧约剩下的部分，希望在 1818 年翻译完整部圣经，并计划在印刷出版之后一起修订和校正译文，以便将来重印之前能够修正错误和不当译文。[186] 但二人的翻译工作并没有希望得那么快，翻译工作一直持续到 1819 年 11 月。译经工作完成后，马礼逊起草了一份报告给伦敦会，详细汇报了二人的翻译情况。根据报告可知，米怜所翻译的部分为旧约摩西五经中的《申命记》，诗歌智慧篇中的《约伯记》和历史书部分，即《约书亚记》、《士师记》、《撒母耳记上》、《撒母耳记下》、《列王记上》、《列王记下》、《历代志上》、《历代志下》、《以斯拉记》、《尼希米记》和《以斯帖记》，翻译总量约占旧约的三分之一。[187] 自此，中国境内的第一个圣经汉语全译本终于完成，前后历时十二年。之后，修订和印刷工作又耗时四年，全部圣经于 1823 年在马六甲印刷出版，名为《神天圣书》。

　　作为中国境内的首部汉语圣经全译本，《神天圣书》的出版在欧美宗教界和学术界引起极大的轰动，受到各方的关注。众多传教团体纷纷致函马礼逊，祝贺其译经工作的成功。伦敦会对马礼逊的翻译工作如此评价："这项艰巨的任务终于完成了……我亲爱的先生，感谢‘God’让你来到这个世上，使你得以完成这一伟大工程。你的存在是因为一个伟大的目标，那就是汉语圣经的出版。"[188] 美国圣经公会的赞美也颇具代表性："你在那无人踏过的路上不怕艰难，勇敢前进，终于完成了将圣经译成汉语这一重大任务，这将使未来世世代代的中国人站起来向你致敬……愿你像宇宙的光辉照耀我们天父的国度，像星星闪闪发光，直到永远。"[189] 直接出资赞助《神天圣书》的英国及海外圣经公会则直接宣布马礼逊成为其在华出版发行汉语圣经的终生代理人。享誉欧洲的法兰西皇家学院汉语教授雷慕沙也对马礼逊表示祝贺，认为

185　Eliza A. Morrison, *Memoirs of the Life and Labors of Robert Morrison*, Vol. 1, p. 376.

186　*Annual Report of British and Foreign Bible Society*, 1818, pp. 240-241.

187　Eliza A. Morrison, *Memoirs of the Life and Labors of Robert Morrison*, Vol. 2, pp. 2-3.

188　William John Townsend, *Robert Morrison The Pioneer of Chinese Missions*, London : S. W. Partridge, 1888, p. 100.

189　Eliza A. Morrison, *Memoirs of the Life and Labors of Robert Morrison*, Vol. 2, p. 112.

他的工作为后继者打下了坚实的基础。[190] 马礼逊本人也借着译本的出版收获了巨大的荣誉。1817 年，格拉斯哥大学颁授马礼逊神学博士学位。1824 年至 1826 年在英国逗留期间，马礼逊还得到英国国王乔治四世的召见，并且成为皇家学会的会员。马礼逊本人自然十分得意，在信中写到："如果以后马礼逊和米怜的圣经译本在中国的地位可以与威克利夫（Wickliff）或廷达尔（Tyndale）的英文圣经在今日英国所拥有的地位相当，很多人将为我们的努力而赞美'God'。伦敦会和英国及海外圣经公会不会后悔在这个项目上的投资。"[191]

不过对《神天圣书》翻译质量的不满也很快浮出水面。1826 年，伦敦会马六甲传教站的两位传教士，柯大卫（David Colie）和吉德（Samuel Kidd）就草拟了附有评论及注释的译本修订议案，着重批评了《神天圣书》所采用的逐字翻译的死板风格，并提交伦敦会，但二人的修订议案未获认可。[192] 同年，驻扎雅加达的麦都思私下修订了译本《马太福音》的前五章，试图引起马礼逊和他一起修订译本的兴趣，但遭到了马礼逊的拒绝。不过，有关《神天圣书》的这些委婉的负面评价丝毫未能影响到马礼逊在欧美传教界的崇高地位。倒是马礼逊本人对自己译本的质量还有着较为客观的认识。马礼逊在致函伦敦会的信中明确表示，他的译本远非完美，只是为日后新译本的出现打下一个基础，并希望几年后有更完善的译本问世。在给英国及海外圣经公会的信函中，马礼逊对自己的译本评论道："我献给世界的这部译本并不完美。译文中的某些句子可能比较晦涩难懂，有些完全可以翻译地更好，但我认为这种情况在翻译中难以避免，尤其是考虑到圣经不允许解释性翻译。所有了解我的人都会相信我的努力和真诚。"[193] 在 1890 年的中国新教传教大会上，慕维廉曾评论该译本："作为圣经的首个汉语全译本，客观而言，其翻译质量不可能达到很高的水准；随着传教士汉语造诣的提高，对该译本的修订工作不可避免。"[194] 伟烈亚力在其《中国研究》一书中这样评价道："译文是忠实

190 William John Townsend, *Robert Morrison The Pioneer of Chinese Missions*, London, 1888, p. 101.
191 Ibid., p. 97.
192 Patrick Hanan, "The Bible as Chinese Literature: Medhurst, Wang Tao, and the Delegates' Version", *HarvardJournal of Asiatic Studies*, Vol. 63, No. 1, 2003, p. 200.
193 *Annual Report of British and Foreign Bible Society*, 1815, p. 27.
194 W.M. Muirhead, "Historical Summary of the Different Version", *Records of the General Conference of the Protestant Missionaries of China*, Shanghai: American Presbyterian Mission Press. 1890, p. 35.

的，虽然不能指望其成为一部地道的文学作品以满足中国学者挑剔的口味，但我们有理由相信译本会帮助这个国家的异教徒获得一些圣道的真理。"[195]总的来看，《神天圣书》很多译文显得诘屈聱牙，晦涩难懂，翻译质量的确无法令人满意。它遭到了当时在马六甲地区华人社区传教的传教士的批评，但远在欧洲的传教界人士对此却并不在意。英国及海外圣经公会继续出资大量印刷这一译本，供传教士使用和在华人社区中传播。

本章小结

应该说，马礼逊和米怜对新教的圣经汉译事业有开创之功，他们的译本为之后的译经事业奠定了基础。当然，《神天圣书》的翻译离不开天主教传教士白日升的新约译稿。马礼逊能够在短短两年汉语学习之后便开始译经工作，白日升的译稿无疑起了很大的作用，《神天圣书》的新约部分和白日升译稿极高的相似程度就是强有力的证据。其次，马礼逊在翻译过程中和英国及海外圣经公会以及伦敦会的理事们建立起了亲密而友好的关系。伦敦会直接促成了马礼逊来华，并指示马礼逊要把汉语学习和翻译汉语圣经而非发展信徒作为优先考虑的传教任务。马礼逊忠实地贯彻了这一指示，伦敦会也并未因为马礼逊在发展信徒方面无所作为而有所非议。英国及海外圣经公会则更多从资金方面赞助马礼逊的译经工作，和马礼逊的配合极为默契。之后，这种由传教士负责翻译工作，圣经公会负责出资出版发行的工作模式一直持续到新教传教士圣经汉译事业的结束。另外，马礼逊在此次译经工作中所采用的逐字翻译的译经原则，以及由此产生的大量不符合汉语表达习惯的译文，引起了身处传教一线的传教士的不满。在他去世后，这种不满逐渐催生出新的传教士译者和新的汉语译本。但《神天圣书》作为中国境内的首部圣经全译本，对其翻译质量的评论须建立在当时的时代背景之上。就此而论，顾长声的评价应该是较为公允的："基督教的圣经全部译成汉语并在中国开始传播，这是天主教在华活动了二百多年所没有做成的事，而由新教把他初步译成了。基督教的全部原始教义得以完整地介绍给中国，马礼逊是第一人。"[196] 最后，引用马礼逊本人的一段话结束本章论述："英文钦定本圣经的译者总共有五十四位，他们在国王的资助下，把圣经译成他们祖国当时的语言。我们的译本

195 Alexander Wylie, *Chinese Researches*, Shanghai, 1897, p. 100.
196 顾长声：《传教士与近代中国》，上海人民出版社，1991 年，第 24 页。

是由两个人完成的，最多只有三人[197]，我们在一个遥远的国度将圣经译成一种我们刚刚掌握的语言，一种世界上最难学、在欧洲几乎无人能掌握的语言。要对这部译本作公正的评价，不能不考虑这些因素。"[198]

---

197 此处的第三人应该是白日升。
198 Eliza A. Morrison, *Memoirs of the Life and Labors of Robert Morrison*, Vol. 2, p. 5.

第二章 "四人小组"译本

马礼逊和米怜共同翻译的《神天圣书》解决了汉语圣经从无到有的问题，但新教在华的译经事业远未结束。随着新教传教事业在中国的缓慢兴起，更多的传教士相继从欧洲和美国抵达中国。在实际传教过程中，通过和中国人更多的接触，一些传教士逐渐意识到《神天圣书》所存在的问题，重新修订或推出新的译本在客观上已逐渐显示出其必要性。另一方面，随着新传教士对中国语言文化认识的逐渐加深，他们不但深刻体会到老译本的不足之处，也逐渐具备了圣经汉译的能力和信心，新译本的出现在主观上也具备了可能性。

第一节 新译者群

米怜和马礼逊相继逝世后，一批新传教士出于对翻译质量的不满，开始着手修订《神天圣书》。参加此次翻译工作的主要有三名传教士，即麦都思、郭实腊（Karl Friedrich August Gutzlaff，另译"郭士立"）和裨治文。三人之中，麦都思属伦敦会传教士，对修订工作最为热衷，也是此次译经工作的核心人物。裨治文属美国美部会（American Board of Commissioners for Foreign Missions）传教士，他的加入改变了圣经汉译一直由英国人担当的情况，奠定了之后近一个世纪英美两国传教士共同主导译经工作的局面，对于近代新教译经事业有着十分重要的影响。郭实腊系德国人，是此次旧约翻译工作的主要译者，但此次译经工作之后便淡出了译经事业。此外，马礼逊的儿子马儒翰虽非传教士，也在一定程度上参与了此次汉语圣经的翻译工作。

麦都思于 1796 年 4 月 29 日出生于英国伦敦，年少时进入圣保罗教堂学校（St. Paul's Cathedral School）就读。由于没有机会接受进一步的教育，14 岁时便离开伦敦到格老塞斯（Gloucester）跟随印刷工人伍德（Wood）当学徒，从此与印刷业结下了不解之缘。[1]不久之后，他由一所独立教会的牧师带领皈依基督教，并且受洗加入了该教会。后来，当伦敦会在报章上刊登广告，招聘印刷工人前往马六甲的印刷所工作，麦都思遂前往应聘并获得录取。[2]可见，麦都思最初前往亚洲的身份并不是传教士而是印刷技师。被伦敦会录取后，麦都思随即被派往海克尼学院（Hackney College），接受高连臣博士（Dr. Collision）为期数月的神学训练。1816 年 9 月，麦都思从伦敦乘船启程前往马六甲。1817 年 6 月 12 日，年仅 20 岁的麦都思抵达马六甲。[3]抵达后，他一边学习汉语，一边积极协助米怜展开传教工作，成为米怜最重要的助手，米怜也成为他"学习中国语言和增强神学知识"的老师[4]。麦都思曾这样描述他的工作："我抵达马六甲一个月后，米怜先生便前往中国就医，把整个差会在这里的工作，包括讲道、教学、印刷和分派福音小册子等，都全交给我这个新手负责；再加上汉语学习，简直把我压得透不过气来"[5]。1819 年 4 月 27 日麦都思被按立为牧师，并于第二年单独赴雅加达传教。1834 年，马礼逊去世后，伦敦会在中国本土就没有了传教士。在这种情况下，麦都思于 1835 年 7 月 21 日来到广州。这时，他是伦敦会在中国本土传教的唯一传教士，也是恒河外方传道团（Ultra-Ganges Mission）资格最老的成员，在对华传教方面实际上已取代了马礼逊的地位。此时的麦都思经过 15 年的汉语学习和实践，已经迫不及待地要修订马礼逊和米怜的圣经译本。

裨治文是历史上第一位参与圣经汉译的美国人，来自美国公理宗海外传道部，简称美部会。该会成立于 1810 年，是第一个美国基督教海外传教组织，其宗旨为"通过各种方法和具体措施推动福音在异教地区的传播"[6]。该会在

1 Alexander Wylie, *Memorials of Protestant Missionaries to the Chinese*, p. 25.
2 Ibid..
3 Ibid..
4 W. H. Medhurst, "Memorial addressed to the British and Foreign Bible Society on a New Translation of the Chinese Scriptures", Hackney, Oct. 28, 1836, Documents Relating to the Proposed New Chinese Translation of the Holy Scriptures, p. 1, British and Foreign Bible Society archives.
5 赵维本：《圣经先锋列传》，新加坡神学院，2007 年，第 61 页。
6 Joseph Tracy, *The History of American Board of Commissioners for Foreign Missions*, New York, M.W. Dodd, 1842, p. 26.

早期和伦敦会十分相似，也是一个跨宗派的传教团体，但主要以美国公理会（Congregational Church）为主。到 1833 年，它已在世界各地建立了 60 个传教站，所属传教士达 100 人，成为新教传教势力中一个重要的传教组织。[7] 美部会决定派遣传教士来华与马礼逊的建议和美国商人奥立芬（D.W.C.Olyphant）的赞助是分不开的。奥立芬是一位极度虔诚的基督徒，其商行即"同孚行（Olypant & Company）"一直以不参与鸦片贸易和热心地在广州的海员和商人中弘扬基督教而闻名。[8] 1827 年 11 月，马礼逊、奥立芬和其他几个基督徒在广州马礼逊的住处集会并拟定了一份请愿书，请求美国教会立即派遣两名传教士来到中国：一名协助马礼逊工作，为在中国人中传教做准备，另一名为黄埔港口的英国海员和商人布道。[9] 奥立芬在请愿书中承诺，任何愿来中国传教的传教士均可以免费搭乘他公司的商船来中国，而且，他还将在广州为他们提供临时的食宿。马礼逊和奥立芬的支持很有分量，并最终促使美部会把向中国派遣传教士提上议事日程。1829 年，美部会做出决议，派遣裨治文来华，开启了美国传教士在中国传教和翻译圣经的序幕，而美部会也成为继伦敦会和荷兰传道会后第三个派遣传教士来华的新教传教团体。

裨治文于 1801 年 4 月 22 日出生在马萨诸塞州的贝尔切城（Belchertown）。1822 年进入阿默赫斯特学院（College of Amherst）学习。1826 年进入波士顿附近的安多佛神学院（Theological Seminary at Andeover）学习。这此期间，裨治文决心成为一名传教士。1829 年 10 月 3 日裨治文被按立为传教士，并于第二天踏上前往中国的商船，次年 2 月 25 日到达广州。[10]

就汉语学习而言，裨治文的启蒙老师应该说是美国商人威廉·亨特（William Hunter）。此人在 1825 年首次来到广州时还不到 13 岁，受雇于美国纽约商人托马斯·史密斯（Thomas H. Smith）。后因工作需要被派往马礼逊和米怜在马六甲开办的英华书院学习汉语达一年半时间。[11] 1827 年史密斯的公

7 Missionary herald, Vol. 30, p. 8.

8 Kenneth Scott Latourette, *The History of Early Relations Between the United States and China, 1784-1844*, New Haven: Yale University Press, 1917, p. 69.

9 吴义雄：《在世俗与宗教之间——基督教新教传教士在华南沿海的早期活动研究》，第 65 页。

10 上述关于裨治文生平的内容见 Eliza J. Gillet Bridgman ed. *The Pioneer of American Mission to China, The Life and Labor of Elijah Coleman Bridgman*, New York, 1864, pp. 10-17.

11 William Hunter, *The "FanKwae" at Canton Before Treaty Days 1825-1844*, Shanghai,

司破产后，亨特回到纽约，又得到了为奥立芬工作的新机会。[12]1829 年 10 月，亨特乘坐"罗马号"（Roman）再次前往广州，而裨治文正好乘坐此船前往广州，裨治文便在航船上向他学习汉语[13]。亨特日后对此曾不无自豪地回忆道："裨治文先生成为当时成就最高的汉学家之一，虽然我并不把这归功于我在旅途中每日给他所传授的汉语知识"[14]。

裨治文到达广州后，马礼逊在中国语言文化学习方面给予了他很大的帮助，不但很快就为他找了一位中国老师"罗先生"（Luo-seensang），还为他准备汉语学习资料，包括《华英词典》、《广东省土话字汇》和汉语圣经等等。[15]马礼逊在写给美部会的信中说："他每天和我在同一张桌子上学习，由一位教学经验丰富的中国秀才授课，这位老师预言裨治文先生将很快学会汉语"[16]。裨治文本人也很清楚掌握汉语对未来传教工作的重要性，他告诉美部会通信秘书伊瓦茨（Jeremiah Evarts），他决定将全部精力都投入到汉语学习上，因为"将来散发宗教书籍、手册以及与人交谈等，都要求在一定程度上熟练使用汉语，只有学好了汉语，才能有所作为"[17]。该年 9 月，裨治文又请了一位新的汉语老师，是一个五十岁上下的先生，每月付 16 美元。[18] 裨治文甚至还考虑过去马六甲的英华书院系统学习汉语，但时任英华书院院长吉德告诉他不如留在广州，充分利用当地有利的语言环境。[19] 1834 年裨治文在《中国丛报》上发表了一篇名为《中国的语言》的文章，阐述了汉语学习对传教工作的重要性。裨治文认为由于中国人对文字极为尊敬，并相信"只有在他们的语言

1921, pp. 9-10. 也可见该书的汉语译本《广州番鬼录，旧中国杂记》，亨特著，冯铁树，沈正邦译，广东人民出版社，2009 年，第 27-28 页。

12 William Hunter, *The "FanKwae" at Canton Before Treaty Days 1825-1844*, Shanghai, 1921, p. 11. 《广州番鬼录，旧中国杂记》，第 30 页。

13 *Brief history of the American Board of Commissioners for Foreign Missions in China*, p.9, ABCFM Papers, reel265, 16. 3. 11

14 William Hunter, *The "FanKwae" at Canton Before Treaty Days 1825-1844*, Shanghai, 1921, p. 12. 《广州番鬼录，旧中国杂记》，第 31 页。

15 Eliza J. Gillet Bridgman ed. *The Pioneer of American Mission to China, The Life and Labor of Elijah Coleman Bridgman,* New York, 1864, p.40.

16 *Missionary Herald* , Vol. 26, p.319.

17 Bridgman to Evarts, Canton, Oct. 20, 1830, ABCFM Papers, reel 256, 16. 3. 8 伊瓦茨于 1831 年去世后，卢夫斯·安德森接替他担任美部会的通信秘书。

18 Bridgman to Evarts, Canton, Nov. 13, 1830, ABCFM Papers, reel 256, 16. 3. 8

19 吉德在回复裨治文关于去马六甲学习汉语的咨询信的时候说："毫无疑问，你在那里学习汉语（我想可能是粤语）的条件，要远比我们这里所能提供的要好的多。" Bridgman to Evarts, Canton, Oct. 20, 1830, ABCFM Papers, reel 256, 16. 3. 8

中才存在统治与调和世界的礼仪和原则"[20]，所以"如果能把（圣经）新颖有趣的想法、纯洁高尚的情感以及至关重要的神圣启示和崇高真理正确地用汉语表达，他们就会更加强大并富有魅力，就能唤醒沉睡的头脑、激发人们的热情、纠正人们的认识，最终在这个帝国掀起精神与道德上的革命"[21]。

裨治文在华前后三十年，一直坚持中国语言文化的学习，编写出版了大量传教小册子和汉语作品，较有影响的当属《美理哥合省国志略》。而随着其汉语水平的不断进步，裨治文越来越深入地参与到圣经汉译工作中，第一次鸦片战争后，更是成为传教士译经团队的核心成员之一。

参加此次译经活动的郭实腊系德国人，于1803年7月8日出生于普鲁士波美拉尼亚省（Pomerania）皮里茨（Pyritz）的一个深受宗教复兴运动影响的工匠家庭。8岁时在当地一所学校开始学习拉丁语，13岁因贫辍学，当了马具工学徒，但他并不甘心做手工艺人，在业余时间坚持自学各种知识，并逐渐萌发了海外传教的愿望。1820年，他乘普鲁士国王菲特烈·威廉三世（Frederick William III）出巡时，向国王呈献了一首亲笔创作的诗以表明自己当传教士的愿望，出人意料的是腓特烈·威廉三世后来竟同意资助他到耶尼克传教士学院（Janicke Missionary School）学习。1823年，郭实腊接受了荷兰传道会（Netherlands Missionary Society）的招募，准备前往东南亚的荷属殖民地进行传教工作。1826年，他又被送到英国学习传教事务，其间结识了回国休假的马礼逊。[22]

1826年7月，郭实腊被荷兰传道会按立为传教士后，即动身前往荷属东印度群岛，1827年到达雅加达，并在那里结识了麦都思，交往十分密切。[23]1828年8月，郭实腊和伦敦会的汤姆林（Jacob Tomlin）一起到曼谷进行了二个多月的传教活动，对在当地华人社区传教产生了浓厚的兴趣。[24]1828年，他向荷兰传道会表达了想到曼谷华人社区传教的想法，但遭到荷兰传道会的否决。而本就对荷兰传道会的种种束缚感到厌烦的郭实腊也认为"荷兰传道会在中国传教

20 E.C. Bridgman, "The Chinese Language", *The Chinese Repository*, Vol.3, 1834, p. 4.
21 Ibid., p. 7.
22 上述有关郭实腊的生平见 Alexander Wylie, *Memorials of Protestant Missionaries to the Chinese*, p. 54; E. C. Bridgman, "The Death of Rev. Charles Gutzlaff", *The Chinese Repository*, Vol.20, 1851, p. 511.
23 Alexander Wylie, *Memorials of Protestant Missionaries to the Chinese*, p. 54.
24 E. C. Bridgman, "The Death of Rev. Charles Gutzlaff", *The Chinese Repository*, Vol.20, 1851, p. 511.

事业上懦弱无力"，遂决定与荷兰传道会断绝关系，成为一名独立的传教士。[25]
之后，郭实腊协助伦敦会传教士在东南亚华人中间传教，与伦敦会关系一度颇
为密切，但却始终没有成为伦敦会的正式成员。1830 年 2 月，郭实腊来到曼谷，
进行了一年的传教活动。[26]因为曼谷住有大量华人，他花费了大量时间学习汉
语。1831 年到 1833 年期间，他先后三次乘船在中国沿海进行传教活动。对三
次航行过程，他都加以详细记录，在《中国丛报》和《广东记事报》以及一些
欧美出版物上发表，1834 年又集结成《中国沿海三次航行记》出版，在欧美和
在华外国人中产生了广泛的影响，一时声名鹊起。1834 年 12 月，因其较好的
汉语水平和对中国的了解，郭实腊被任命为英国驻华商务监督的中文秘书和翻
译，地位仅次于马礼逊的儿子马儒翰，年薪 800 英镑。[27]第一次鸦片战争期间，
他全程充当英国陆军总司令的翻译。英军侵略南京后，他又和马儒翰一起作为
英方翻译参与谈判，并参与起草和签订了不平等的《南京条约》。1843 年，马
儒翰去世后，他便一直担任香港殖民当局的中文秘书，直到 1851 年去世。[28]

郭实腊语言能力惊人，一生学会包括希腊语、拉丁语、英语和汉语等 12
种语言，能够用其中 6 种语言写作。[29]但就其汉语造诣而言，当时在华的传教
士则褒贬不一，有着不同的评价。郭实腊到达雅加达后，与麦都思一起居住，
后者也成为他的汉语启蒙老师。麦都思曾如此评论郭实腊的汉语水平："他认
识的汉字超过其他正在学习汉语的传教士，他对汉语的惯用表达也有着正确
的认识，但由于他长期独立于其他传教士之外，因此他的汉语写作风格往往
显得与众不同"[30]。裨治文的评价则较为负面："他对汉语的掌握，主要在于

25 Jessie G. Lutz, "Karl Friedrich August Gutzlaff: Missionary Entrepreneur", Suzanne Wilson Barnett and John King Fairbank, *Christianity in China: Early Protestant Missionary writings*, 1985, p.65.

26 Alexander Wylie, *Memorials of Protestant Missionaries to the Chinese*, p. 54.

27 E. C. Bridgman, "The Death of Rev. Charles Gutzlaff", *The Chinese Repository*, Vol.20, 1851, p. 511.

28 Ibid..

29 Jessie G. Lutz, "Karl Friedrich August Gutzlaff: Missionary Entrepreneur", Suzanne Wilson Barnett and JohnKing Fairbank, *Christianity in China: Early Protestant Missionary writings*, 1985, p. 63. 他还曾把约翰福音翻译成日文出版，是第一位用日语翻译圣经的新教传教士，见 Alexander Wylie, *Memorials of Protestant Missionaries to the Chinese*, p. 63.

30 W. H. Medhurst, "Memorial addressed to the British and Foreign Bible Society on a New Translation of the Chinese Scriptures", Hackney, Oct. 28, 1836, *Documents Relating to the Proposed New Chinese Translation of the Holy Scriptures*, p. 6, British and Foreign Bible Society archives.

认识大量汉字，而非对遣词造句的正确认识"[31]。总的来看，由于郭实腊长期作为独立传教士，行事风格和汉语能力都显得比较特立独行，而他的这种风格也给此次译经活动带来了一定的影响。

马儒翰是马礼逊的长子，一些中国史籍称他为小马礼逊，出生于澳门，自幼习汉文，对中国语言文字和社会风习很是谙熟，16 岁时就在广州为英国商人作翻译。马礼逊晚年时曾希望马儒翰在美部会的资助下完成对他和米怜所翻译的圣经的修订工作。不过，马儒翰显然较其父亲更热衷于世俗事务，没有成为传教士，在 1834 年其父去世后，他便继任英国驻华商务监督处中文秘书兼翻译官，以更多的精力参加英国侵华的政治活动，已无暇完成其父遗命。

和第一代汉语圣经译者马礼逊和米怜相比，虽然同样面对清廷的禁教政策，新一代圣经译者的汉语学习环境已改善不少。他们不但可以借鉴马礼逊和米怜的汉语学习经验，还可借助马礼逊和米怜编撰的汉语学习工具书。除此之外，新一带译者的汉语学习时间更长，为译经工作奠定了更好的基础。马礼逊于 1808 年开始其译经工作，距其第一次接触汉语不满三年。米怜 1813 年来华才开始其汉语学习，而到 1817 他便翻译完了《申命记》和《约书亚记》。不得不说，二人的翻译准备工作比较仓促和草率。在这样的情况下，即便可以借鉴白日升的新约译本，但翻译质量也是难以保障。比较而言，新一代译者的翻译准备要充足很多。麦都思 1817 年就来到马六甲并在米怜的指导下开始了汉语学习，到 1835 年开始主持新约的全面修订工作时，其学习中国语言文化已经近二十年。郭实腊和裨治文分别于 1828 和 1829 年开始学习汉语，1835 年开始从事译经工作时，二人的汉语学习时间也有六七年。马儒翰作为马礼逊的长子，自幼便随父亲学习汉语，汉语能力自不待说。

总之，新一代的圣经译者为了更好地在华传教和从事圣经汉译，继承了马礼逊和米怜对中国语言文化的学习热情。在日常的汉语学习和传教实践中，他们逐渐意识到马礼逊/米怜译本所存在的问题，对之进行重新修订或重新翻译的想法逐渐萌发。随着米怜和马礼逊的相继逝世，新一代的传教士逐渐替代了他们在华传教各领域的工作，其中就包括圣经汉译的工作，从而逐渐就形成了此次译经活动的译者群体。

---

31 E. C. Bridgman, "The Death of Rev. Charles Gutzlaff", *The Chinese Repository*, Vol.20, 1851, p. 512.

第二节　从"修订"走向"新译"

　　由于译文质量不高，马礼逊和米怜的译本《神天圣书》在 1823 年出版后不久即面临修订。马礼逊本人也意识到这项工作的重要性，曾先后数次尝试进行修订，但可能由于事务繁忙，该项工作并无实质性进展。去世前不久，马礼逊在广州最后一次发起了修订计划，由他的儿子马儒翰和当时身在广州的裨治文和郭实腊辅助他进行全面修订工作。然而随着其去世和麦都思的到来，该项工作的性质却逐渐发生了变化，原来的修订计划逐渐演变成一个"全新"的翻译计划。

一、马礼逊的修订工作

　　对《神天圣书》的修订首先始于马礼逊和米怜。早在《神天圣书》翻译工作的后期，随着二人汉语水平的不断提高，二人已经意识到《神天圣书》的不足之处，并计划合作开展修订工作，但米怜的早逝阻碍了原来的修订计划。无奈之下，马礼逊个人开始尝试进行修订工作。1826 年，马礼逊开始着手进行修订工作，他"请求恒河外方传道会的同工在把发现的译文错误记录下来，并送到英华书院保存"[32]。1830 年，时任英华书院院长的吉德提到"一部新的汉语圣经正在印刷中，印刷非常精美"[33]。这部"新"的汉语圣经其实就是马礼逊修订后的老译本。这部"新"的圣经实际上和老译本区别不大，主要是修改了老译本的印刷错误和少量措词，基本保留了老译本的面貌，显得粗鄙不堪。[34] 麦都思的评价是："就这部'新'的圣经而言，其新约部分和 1814 年翻译竣工的新约基本一样，旧约部分则和 1820 年译毕的旧约基本相同。"[35] 1834 年初，马礼逊在马儒翰、郭实腊和裨治文的帮助下开始最后一次修订工作，英国及海外圣经公会一如既往地慷慨表示要承担全部费用。[36]

32　W. H. Medhurst, "Memorial addressed to the British and Foreign Bible Society on a New Translation of the Chinese Scriptures", Hackney, Oct. 28, 1836, *Documents Relating to the Proposed New Chinese Translation of the Holy Scriptures*, p. 4, British and Foreign Bible Society archives.

33　Ibid..

34　Alexander Wylie, *The Chinese Researches*, p. 101.

35　W. H. Medhurst, "Memorial addressed to the British and Foreign Bible Society on a New Translation of the Chinese Scriptures", Hackney, Oct. 28, 1836, *Documents Relating to the Proposed New Chinese Translation of the Holy Scriptures*, p. 4, British and Foreign Bible Society archives.

36　*Annual Report of British and Foreign Bible Society*, 1835, p. LXX.

1834 年 4 月，作为修订工作成员之一的裨治文在给美部会的信函中说到："在没有完成全面修订之前，我们决定不再刊印老的汉语圣经。"[37] 但马礼逊健康状况不佳，修订工作进展较为缓慢。该年 8 月 1 日，马礼逊在广州去世，修订工作随即陷入停滞。总体而言，《神天圣书》虽经马礼逊多次修改，却无本质上的变化。可能也正因为如此，马礼逊在去世前曾请求美国圣经公会在其去世后能继续支持他的儿子马儒翰完成修订工作，美国圣经公会也乐意表示支持。[38] 但是，马儒翰后来接替其父担任英国驻华商务监督处中文秘书兼翻译，无暇兼顾修订工作，该项计划基本落空。

马礼逊的去世对新教圣经汉译工作乃至整个传教事业可谓一个不小的打击，英国及海外圣经公会和伦敦会均深感惋惜。马礼逊去世后，与其合作过的郭实腊、裨治文和马儒翰等人虽未完全放弃修订工作，但却是力不从心。1835 年 1 月，裨治文在给美部会秘书安德森时写道："圣经的修订，或者说是重译，在过去的六个月里成了我们主要的工作"[39]，但是，修订任务十分艰巨，裨治文悲观地认为在华的新教传教士"难以胜任"[40]。马儒翰因担任英国驻华商务监督处中文秘书兼翻译，几乎无暇从事修订工作，郭实腊因其特立独行的行事风格，让裨治文倍感头痛，裨治文本人也因《中国丛报》的编辑工作以及其汉语水平所限，显得无可奈何。修订工作在 1835 年 3 月陷入停顿，裨治文开始对能否完成这项工作失去信心。修订工作一片散沙，前途渺茫。

不过危机背后却也隐藏着新的契机。马礼逊在欧美传教界享有崇高的威望和声誉，其"光辉高大"的形象从某种程度上甚至阻碍了其他传教士的译经工作。在他之后来华的传教士都可谓他的后辈和学生，无论主观上和客观上都不太可能对其译本提出全面的批评意见和推出新的译本。即便大胆提出，鉴于马礼逊的威望以及其与英美圣经公会的密切联系，在其活着的时候，这些重要的资助机构也不太可能提供经费上的支持。麦都思曾在 1826 年把《马太福音》前五章的修订样本寄呈马礼逊供其修订工作参考，但马礼逊看后认

---

37 Bridgman to Anderson, Canton, April 28, 1834, ABCFM, reel 256, 16. 3. 8.

38 W. H. Medhurst, "Memorial addressed to the British and Foreign Bible Society on a New Translation of the Chinese Scriptures", Hackney, Oct. 28, 1836, *Documents Relating to the Proposed New Chinese Translation of the Holy Scriptures*, p. 5, British and Foreign Bible Society archives. 另见 Alexander Wylie, *The Chinese Researches*, p. 101.

39 Bridgman to Anderson, Canton, Jan. 9, 1835, ABCFM Papers, reel 256, 16. 3. 8.

40 Bridgman to Anderson, Canton, April 28, 1834, ABCFM Papers, reel 256, 16. 3. 8.

为麦都思的修订工作已经远远超出了修订的范围，希望他尝试重新翻译一部新的圣经，但麦都思推辞了，因为那时他还对自己的汉语能力持怀疑态度，并且认为"只要马礼逊活着，不论是全面修订还是重新翻译，马礼逊仍是最适合的不二人选"[41]。实际上，全面修订老译本的愿望早已萌发，但不论是新来的传教士还是欧美的传道会和圣经公会都还是把修订工作的希望寄托在马礼逊身上。然而，马礼逊已年老多病、精力不济，再加上其担任英国驻华商务总监的中文秘书和翻译，他本人对修订工作应该是心有余而力不足。

二、"修订"工作的完成及变化

马礼逊去世后，由其一手推动的修订计划不久便陷入停顿。但很快，以麦都思为代表的新的圣经译者开始崭露头角。米怜和马礼逊逝世后，麦都思便成为对华传教资历最老、学习汉语时间最长的新教传教士，也成为"当时最具资历的传教士译者"[42]。在获得伦敦会的批准后，1835 年 6 月，麦都思到达广州，立即成为修订工作的核心人物。裨治文在给美部会的信中充分表达了麦都思对于此次修订工作的重要性："修订工作进展缓慢，我们急需更多的时间和人才参与到此项工作中来。麦都思先生最近写信给我，说已得到伦敦会的许可，即将来华参与修订工作。全面的修订工作至关重要且十分紧迫，我们需要尽可能多的支持。"[43]

麦都思到达广州后立即和郭实腊、裨治文和马儒翰组成了一个翻译"四人小组"共同进行翻译工作。十九世纪中后期的传教士一般把他们此次完成的译本称之为"四人小组"译本（Four people version）。裨治文在该月给美部会的信中写道："他（麦都思）现在的主要工作是修订汉语圣经，我每天都在与他商讨此事。"[44] 修订工作很快取得进展，裨治文在该年 8 月写给卫三畏的信中表达了"对这项工作前景的乐观"[45]，一扫几个月前的悲观态度。

---

41 W. H. Medhurst, "Memorial addressed to the British and Foreign Bible Society on a New Translation of the Chinese Scriptures", Hackney, Oct. 28, 1836, *Documents Relating to the Proposed New Chinese Translation of the Holy Scriptures*, p. 3, British and Foreign Bible Society archives.

42 Alexander Wylie, *Chinese Researches*, Shanghai, 1897, p. 101

43 Bridgman to Anderson, Canton, March 26, 1835, ABCFM, reel 256, 16. 3. 8.

44 Bridgman to Anderson, Canton, July 14, 1835, ABCFM, reel 256, 16. 3. 8.

45 Eliza J. Gillet Bridgman ed. *The Pioneer of American Mission to China, The Life and Labor of Elijah Coleman Bridgman*, New York, 1864 p. 108

新约的修订工作快得不可思议，1835 年就基本完成。裨治文很高兴地向美部会汇报："去年（1835 年）12 月，我们已将修订完的新约译稿送往雅加达印刷所付印。"[46] 1836 年麦都思对译稿做了最后一次校对，1837 年便在雅加达出版，定名为《新遗诏书》，共计 325 页，是石印本。[47] 新约的修订工作如此之快当然是和麦都思先前的准备工作是分不开的。从某种程度上说，麦都思在 1826 年寄给马礼逊的新约《马太福音》前五章的修订本就可以看作是修订工作的开端。但碍于马礼逊活着时的巨大声誉，麦都思并没有公开自己的修订工作。新约的修订工作完成后，翻译"四人小组"继续开展旧约的修订工作，完成了对旧约摩西五经的修订。[48] 之后麦都思因故于 1836 年返回英国，旧约剩余部分的修订工作主要是由郭实腊完成，也有裨治文和马儒翰的协助，修订后的译本以《旧遗诏书》为名，于 1838 年在雅加达出版发行，共计 665 页。[49] 就实际情况而言，新约的修订工作主要是由麦都思进行，旧约则主要由郭实腊完成，裨治文和马儒翰在这部新译本的作用并不显著，主要是进行一些评阅工作。马儒翰在 1837 年给伦敦会的信函中声称自己只是"新译本的副手"，负责评阅其他人的译文。[50] 1846 年裨治文在《中国丛报》上一篇文章谈及此译本时也仅仅是说"麦都思博士和其他人的新约"[51]，压根就没提到自己的参与。在 1890 年召开的上海新教传教士大会上，慕维廉在提到该译本时，同样没有提及裨治文和马儒翰的名字，"麦都思和郭实腊曾合作过一段时间翻译新约，之后就分道扬镳，各自继续自己的翻译工作"[52]。

应该说，此次修订工作的完成麦都思功不可没，但随着他的到来，此次修订工作的性质也发生了某种微妙的变化，这种变化从其给伦敦会和英国及

---

46 Bridgman to Anderson, Canton, May 2, 1836, ABCFM, reel 256, 16. 3. 8.

47 诚质怡：《圣经之中文译本》，收入贾保罗编《圣经汉译论文集》，第 7 页。

48 W. H. Medhurst, "Memorial addressed to the British and Foreign Bible Society on a New Translation of the Chinese Scriptures", Hackney, Oct. 28, 1836, *Documents Relating to the Proposed New Chinese Translation of the Holy Scriptures*, p. 14, British and Foreign Bible Society archives.

49 诚质怡：《圣经之中文译本》，收入贾保罗编《圣经汉译论文集》，第 7 页。

50 1837 年 7 月 31 日马儒翰致伦敦会的信函，转引自尤思德《圣经在中国：和合本的历史与新教在华传教士译经的高峰》，第 49 页。

51 E. C. Bridgman, "Chinese Versions of the Holy Scriptures", *Chinese Repository*, 1846, p. 108

52 W.M. Muirhead, "Historical Summary of the Different Version", *Records of the General Conference of the Protestant Missionaries of China*, Shanghai: American Presbyterian Mission Press. 1890, p. 35.

海外圣经公会的相关信函、报告中均可见一斑。在那些信函和报告中，麦都思在提及译经工作时越来越多地使用"重译"（retranslation）或"新译本"（new version）等词语，而非"修订"（revision）一词，这种措辞的变化反映出麦都思对译经工作不同于其他传教士的期待，麦都思已经不再满足于对马礼逊/米怜译本的修订，而是要推出一个"全新"的译本，而这个"全新"的译本主要是基于他和马礼逊在译经原则和术语翻译等方面的不同见解。不过，麦都思对此次译经工作性质的改变和重新定位却未得到所有译经人员和相关传教团体的认同。裨治文的看法就明显不同，在致美部会的相关信函和报告中依旧采用"修订"一词，因为在他看来，他们所做的工作仍然是对老译本的完善，而非推倒重来。伦敦会和英国及海外圣经公会也一直没有认同麦都思的想法，而这种态度后来也影响到新译本的接受和发行。不过由于麦都思凭借其比其他传教士更为深厚的汉语能力仍然主导了此次修订工作，也承担了大部分的译经任务，得以在实际译经工作中贯彻其不同于马礼逊的翻译原则和采用不同的圣经术语译名。

三、新的翻译原则和术语译名

就圣经翻译原则而言，麦都思很早就表现出了和马礼逊的差异。作为中国境内出现的第一个汉语圣经全译本，马礼逊/米怜译本的主要问题是固执地追求忠实而不地道，异域色彩浓厚，晦涩难懂，被后来的传教士认为是直译或死译。马礼逊本人虽然一直坚称要追求对经文原文的"绝对忠实"，但在实际译经工作中如何达到"绝对忠实"却是另一问题，如果不顾译文语言的词汇特点、句法结构和文化意义而固执地追求和原文在形式上完全一致，"绝对忠实"也就无从谈起。应该说"信"和"达"两者并不矛盾，而是相辅相成和对立统一的。但是，马礼逊并未意识到这一点，在实际译经工作中多采用逐字逐句的翻译方式，过于追求"信"而忽略了"达"，导致译本不堪卒读。

相较于马礼逊的翻译原则，麦都思更多地采用了意译的翻译原则。麦都思发现汉语和西方语言在词汇构成、习惯用语和语法规则等诸多方面都存在着巨大的差异，既要绝对忠实又要流畅地道地翻译经文是非常困难的。在他看来，"过于直译并不一定意味忠实，因为这样的译文会导致中国人不能完全理解译文，甚至产生错误的理解，"译文"应该采用汉语习惯表达，避免希伯来风格；

修辞性的语言结构应该译得更为直接和简约"[53]。在此基础上，麦都思进一步提出，新译本仅仅只是向汉语圣经最佳译本的方向迈出了一小步，"毕竟，最好的译本理应由中国人士所译，如果有一位中国人学识渊博、尽心尽职且谙熟圣经，他就能创造出良好的翻译，我们所有的翻译都会相形见绌"[54]。可以说，在新教的译经工作中，麦都思第一次提出了这样的观念，即圣经汉译不应拘泥于原文的文字，译文在中国文化中的意义以及中国人的理解与否同样重要。

实际上，出于对老译本译文质量的不满，麦都思很早就开始了自己的翻译实践，并努力在自己的实践中贯彻意译的翻译原则。但出于对马礼逊在传教领域的尊重或敬畏，麦都思没有大肆宣传和公开自己的翻译工作。当 1826 年马礼逊邀请其他传教士对其译本提供修订意见之时，当时身在雅加达的麦都思便立即把自己私下修订的《马太福音》前五章样本寄呈马礼逊供其参考。在这五章里，麦都思对马礼逊的译文进行了少量修改以"提高译文的风格"，不料，马礼逊收到麦都思的修订样本后，认为二人的翻译思想差异很大，并表示"要把二人的翻译思想统一在一个译本里十分困难"[55]。可以看出，马礼逊不能认同麦都思的翻译原则，对于麦都思的修订意见，马礼逊可以说是委婉的拒绝了。

一两年后，麦都思开始更加大胆地批评老译本的翻译原则和译文风格。在给伦敦会的信函中，麦都思公开指出老译本"风格蹩脚不地道，异域色彩浓厚"（foreign and awkward style）[56]。1834 年，他开始用汉语编辑《福音调和》（Harmony of the Gospels）。这是一部在四福音书基础之上就耶稣生平事迹编订的传道作品，一定程度上可以看作是对四福音书的节译和编译。完成《福音调和》之后，他印刷了此书的前二十页寄给伦敦会和英国及海外圣经公会，试图表明他与马礼逊不同的翻译原则以及他已经具备了从事圣经汉译工作的能力。但对于英国及海外圣经公会是否接受这种新的翻译原则，麦都思并没有什么信心。在随附的信函中，他直率地表示了担心，他可能在"使译本具

---

53 W. H. Medhurst, "Memorial addressed to the British and Foreign Bible Society on a New Translation of the Chinese Scriptures", Hackney, Oct. 28, 1836, *Documents Relating to the Proposed New Chinese Translation of the Holy Scriptures*, p. 10, British and Foreign Bible Society archives.

54 Ibid..

55 Letter from Medhurst to LMS, April 14, 1835. CWM Archives, Batavia, Incoming letters, 12. 5. Box 1.

56 W. H. Medhurst, "Memorial addressed to the British and Foreign Bible Society on a New Translation of the Chinese Scriptures", Hackney, Oct. 28, 1836, *Documents Relating to the Proposed New Chinese Translation of the Holy Scriptures*, p. 10, British and Foreign Bible Society archives.

有可读性方面走的太远了，如果确实如此，那么可以与老译本进行调和而创造新的译本，既可以准确表达经文的原义，也可使译文更加符合汉语的表达习惯"[57]。麦都思还将样本寄给了马礼逊，但马礼逊并不认可，在其 1834 年 5 月 16 日的日记中可以看到他不无偏见的反应："麦都思想要使圣经符合中国人的口味，他完全忘记了伪基督徒是多么地憎恨圣经，他居然想通过提高译文的风格来获得中国人的喜爱。"[58] 某种程度上，麦都思编辑汉语《福音调和》也是为了避免公开挑战马礼逊在圣经汉译领域的权威地位，在之后给伦敦会的报告中，麦都思为自己辩解："我编辑《福音调和》只是试图寻找一种更适合中国人口味的新翻译风格，绝不是为了重新审视译经工作的得失或干涉我们尊敬的朋友的译作。"[59] 很显然，在没有得到马礼逊认可的情况下，公开翻译新的汉语圣经是不合时宜的。当然，编辑汉语《福音调和》也可看作是麦都思对其翻译原则的初步实践，并为日后的译经工作做好准备。同时，麦都思也向伦敦会和英国及海外圣经公会表明和解释了自己的翻译原则，以争取日后的支持和赞助。不过，从实际结果来看，麦都思的这一策略并未奏效，伦敦会和英国及海外圣经公会并没有支持麦都思的译经工作，因为他们始终希望马礼逊本人能够亲自完成对老译本的修订工作。

除了翻译原则的问题外，麦都思还对老译本中的神学术语译名大加改造，发展了汉语基督教话语体系。在这些改造中，最为重要的神学术语自然是"God"一词的译名。不同于马礼逊"神"的译法，麦都思采用了"上帝"一词，并用"圣神"取代马礼逊译本的"神圣风"来翻译"Holy Spirit"。麦都思认为，"上帝"一词在中国最古老的经书中经常使用，被中国人赋予了最高的地位，而"神"在中国人的头脑中从未被认为是最高的存在。[60] 新译本的这一译名选择具有重要的历史意义，引发了新教传教士在十九世纪中后期围绕"神"和"上帝"两种译法所发生的大争论，即历史上有名的"译名之争"，并最终导致了"神"版和"上帝"版汉语圣经的并存。

---

57 Letter from Medhurst to LMS, April 10,1834. CWM Archives, Batavia, Incoming letters, 12. 5. Box 1.

58 Eliza A. Morrison, *Memoirs of the Life and Labors of Robert Morrison,* Vol.2, p. 517.

59 See his report to LMS, October 27, 1834. CWM Archives, Batavia, Incoming letters, 12. 5. Box 1.

60 W. H. Medhurst, "Memorial addressed to the British and Foreign Bible Society on a New Translation of the Chinese Scriptures", Hackney, Oct. 28, 1836, *Documents Relating to the Proposed New Chinese Translation of the Holy Scriptures*, p. 10, British and Foreign Bible Society archives.

现就《约翰福音》、《使徒行传》和《创世记》的部分译文，对马礼逊/米怜译本，"四人小组"译本和现在主流的"和合本"略作对比：

《约翰传福音书》（第 1 章前 23 节，"四人小组"译本）：

元始已有道，其道与上帝永在，道者即上帝也。是道当始共上帝在也。万物以道而造，又凡被造者，无不以道而造作矣。在道有生，且生也者，人类之光也。夫光辉耀于暗，而居于暗者弗识之矣。有上帝所遣之人名约翰。其来为光作证令众得信也。约翰非光，乃为光作证也。真光也者，照各出世之人也。光在世间，而光亦造世，惟世弗认之矣。彼来本处，而本人弗接之矣。但凡接之，即信其名者，赐之权能为上帝之子类。凡所得再生，非由血脉，非循私慾，非循人意者，乃循上帝也。夫道成肉身，而居吾中间可以看其荣仪，即天父独生子之荣，以恩典真实得满也。且约翰论道作证呼云，此吾所指者，虽后我而来，然前我而在，因原本先我。由其盛德，吾咸受恩典矣。律例由摩西而来，惟恩典、真道被耶稣基督设置也。无人见上帝，然独生上帝子，尚在天父之怀着，表明上帝也。此乃约翰之证。夫犹太人遣祭司同利未族人由耶路撒冷而来问约翰曰尔为谁。约翰即认真不敢推诿，乃自认曰，吾非基督也。曰尔则谁耶，是以利亚否。曰否。曰尔乃其圣人否。曰否。又曰，然则为谁耶。谓自说，待我回复差我之人，尔自谓何人耶。曰古圣人以赛亚预言曰野外有声呼云修直主路者此声正乃我也。[61]

《圣若翰传福音之书》（第 1 章前 23 节，马礼逊/米怜译本）：

当始已有言，而其言偕神，又其言为神。此者当始偕神也。万物以之而得作，又凡受作者无不以之而作焉。生命在于其内而其生命乃人类之光。夫光辉耀于暗而暗弗认之矣。有神所使之人名若翰者，其来特为证以证指光，俾众以之得信。其非彼光，惟来以证指彼光也。彼为真光照凡来世之人也。其在世而世乃受其作，尚且弗认之。其临本所而厥人弗之受。凡受之者赐之能为神之子，即以厥

---

61 《新遗诏圣书》（约翰传福音书），新嘉（原书如此）坡坚夏书院藏版，1839 年，第 1-2 页。

名而信之辈也。伊等得生非由血，非由肉慾，非由人欲，乃由神也。其言变为肉而居吾辈之中，且吾辈见厥荣，夫荣如父之独生，而以宠以真得满矣。若翰证指之呼曰，此乃彼余所说及者，其后余而来者，即先我，盖其本先我，又由其之满我众受宠于宠焉。盖例即以摩西而已施，乃宠也真也以耶稣基督而来矣。无人何时而见神，惟独生之子在父怀其述知之也。且此为若翰之证，如大人自耶路撒冷即遣祭者与喇味辈问之尔为谁，其即认而不讳乃认曰，我非弥赛亚者。伊等又问之曰，则何也，尔为以来者乎，曰，非也。尔为先知乎。其答曰非也。伊等有又谓之曰，尔为谁，吾辈欲复告使吾者尔自说何及也。曰我乃呼于野者之声云正修主途也如先知以赛亚云焉。[62]

《约翰福音》（第 1 章前 23 节，"和合本"）：

太初有道，道与上帝/神同在，道就是上帝/神。这道太初与上帝/神同在。万物是藉着他造的；凡被他造的，没有一样不是藉着他造的。生命在他里头，这生命就是人的光。光照在黑暗里，黑暗却不接受光。有一个人，是从神那里差来的，名叫约翰。这人来，为要作见证，就是为光作见证，叫众人因他可以信。他不是那光，乃是要为光作见证。那光是真光，照亮一切生在世上的人。他在世界，世界也是藉着他造的，世界却不认识他。他到自己的地方来，自己的人倒不接待他。凡接待他的，就是信他名的人，他就赐他们权柄，作上帝的儿女。这等人不是从血气生的，不是从情欲生的，也不是从人意生的，乃是从上帝/神生的。道成了肉身，住在我们中间，充充满满地有恩典，有真理。我们见过他的荣光，正是父独生子的荣光。约翰为他作见证，喊着说："这就是我曾说，'那在我以后来的，反成了我以前的，因他本来在我以前。'"从他丰满的恩典里，我们都领受了，而且恩上加恩。律法本是藉着摩西传的，恩典和真理都是由耶稣基督来的。从来没有人看见神，只有在父怀里的独生子将他表面出来。约翰所作的见证记在下面：犹太人从耶路撒冷差祭司和利未人到约翰那里，问他说："你是谁？"他就明说，并不隐瞒；明说："我不是基督。"他们又问他说："这样，你是谁呢？是以利亚

---

62 《神天圣书》（圣若翰传福音之书卷四），英华书院藏版，1827 年，第 1-2 页。

吗？"他说："我不是。""是那先知吗？"他回答说："不是。"于是他们说："你到底是谁？"叫我们好回复差我们来的人。你自己说，你是谁？"他说："我就是那在旷野有人声喊着说：'修直主的道路'，正如先知以赛亚所说的。" [63]

《圣差言行传》(第1章前5节，"四人小组"译本)：

提阿非罗乎，吾择述上卷之书论耶稣自始言行。迄于耶稣托圣神，命其特选圣差，乃升天堂也。且受苦后，耶稣复活自显立凭据示门生看，四十日间，讲论天国之情。耶稣招会门生，命住耶路撒冷，待等天父应许之效，吾素已言者。盖约翰果然以水行洗礼，惟过几日，尔等可领洗礼于圣神也。[64]

《使徒行传》(第1章前5节，马礼逊/米怜译本)：

弟阿非罗乎，余先言耶稣行训诸情。至于以圣风嘱其所选之使徒后而被取上去之日。盖受难后其以多实凭据，四旬之间，现已活与伊等看，而言神国之情。又同食间命曰，勿离耶路撒冷，惟侯父之许，汝曹所曾闻出吾口。盖若翰固受水洗，汝曹乃不日受圣风之洗。[65]

《使徒行传》(第1章前5节，"和合本")：

提阿非罗啊，我已经作了前书，论道耶稣开头一切所行所教训的，直到他藉着圣灵吩咐所拣选的使徒，以后被接上升的日子为止。他受害之后，用许多的凭据将自己活活地显给使徒看，四十天后之久向他们显现，讲说神国的事。耶稣和他们聚集的时候，嘱咐他们说："不要离开耶路撒冷，要等候父所应许的，就是你们听见我说过的，约翰是用水施洗，但不多几日，你们要受圣灵的洗。"[66]

---

63 圣经 (《约翰福音》，新标点"和合本")，香港圣经公会，第161页。
64 《新遗诏圣书》(《圣差言行传》)，新嘉 (原书如此) 坡坚夏书院藏版，1839年，第1页。
65 《神天圣书》(使徒行传卷五)，英华书院藏版，1827年，第1页。
66 圣经 (《使徒行传》新标点"和合本")，香港圣经公会，第207页。

《创世传》（第 2 章 4-9 节，"四人小组"译本):

"然天地造化之传，乃如是也。当日上主皇上帝创造天地，则田之各草未生于地，又田之各菜未发也。原来上主皇上帝未令雨下地矣、并未有人耕田焉。于是有雾自地腾上、而灌土面焉。上主皇上帝则将土尘甄陶人也、亦以生气喷入鼻孔。其人即成活灵也。上主皇上帝又栽园于以田东向、乃此间置其所甄陶之人也。上主皇上帝又令各项美看、好食之树、由土发出、又生活之树、兼辨知善恶之树等、均在园中也。" [67]

《创世历代传或称厄西尼书》（第 2 章 4-9 节，马礼逊/米怜译本):

"是为天地之来历于被造之时即神主创地与天之日。时各田之栽植未在地之前。连各田之草木未生出之前以被神创。盖神主未曾使雨下地上而无人以耕田。然雾从地起来其淋土之全面也。神主用地尘创造人。而吹命之气进其鼻孔。且人即为活灵。又神主于东方种希但之园而置在其内所造之人也。神主使由地生出各所为好看好食之树亦在园中有生命之树。又有知善恶之树也。" [68]

《创世记》（第 2 章 4-9 节，"和合本"):

"创造天地的来历，在耶和华上帝/神造天地的日子，乃是这样。野地还没有草木，田间的菜蔬还没有长起来，因为耶和华上帝/神还没有降雨在地上，也没有人耕地。但有雾气从地上腾，滋润遍地。耶和华上帝/神用地上的尘土造人，将生气吹在他鼻孔里，他就成了有灵的活人，名叫亚当。耶和华上帝/神在东方的伊甸立了一个园子，把所造的人安置在那里。耶和华上帝/神使各样的树从地里长出来，可以悦人的眼目，其上的果子好作食物。园子当中又有生命树和分别善恶的树。"

可以看到，《约翰福音》中第 1 节的 "The Word" 和 "with God" 被马礼逊直译为"言"和"偕神"，而"四人小组"译本则意译为"道"和"与

---

67 《旧遗诏圣书》（《创世传》，"四人小组"译本)，巴达维亚，1839 年，第 2 页。此译本是经郭实腊修订后的版本，译文中郭实腊用"皇上帝"代替了"上帝"来翻译"God"一词。

68 《神天圣书》（《创世历代传》)，英华书院藏版，1827 年，第 3 页。

上帝永在"。第 2 节的第 2 个 "darkness" 被马礼逊直译为 "暗",而 "四人小组" 译本则意译为 "居于暗者"。第 6 节的 "Fullness" 被马礼逊直译为 "满","四人小组" 译本则意译为 "盛德","grace upon grace" 被马礼逊译为 "宠于宠","四人小组" 译本则为 "恩典"。第 23 节中,"四人小组" 译本更是改变了英文原文的句型结构,把 "the prophet Isaiah said" 翻译成 "古圣人以赛亚预言" 置于句首,马礼逊仍然选择了直译,丝毫没有改变原文的语序。"四人小组" 译本《使徒行传》第 2 节的译文 "耶稣托圣神,命其特选圣差" 同样改变了经文原文的句型结构,而第 3 节的译文更是省略了经文原文中重复出现的 "appearing to them"。旧约《创世记》第 4 节,"四人小组" 译本同样改变了原文的句型结构,省略了 "when they were created",并把 "创造天地" 改译为 "天地造化"[69]。从上述例子中可以看出,麦都思等人的翻译显得更为灵活,译文也更加符合汉语表达习惯,在可读性方面大为提高,马礼逊的译文在句型结构上和现在的 "和合本" 译文更为一致,更加忠实于经文原文。

总的来说,意译的翻译原则被麦都思首次引入到译经工作中。麦都思的建议是十分超前的,在 1611 年 "钦定本" 到 1885 年的 "英语圣经修订本" 整个英文圣经翻译过程中,据说 "在翻译过程中译者尽可能地对原语的语言特征,包括单词的顺序、句子的结构、甚至是不规则的语法都进行了忠实的翻译"[70]。若将 "四人小组" 译本的译文与 "和合本" 译文进行对照就会发现,这种意译的翻译策略最终还是让位于直译,只不过,"和合本" 的直译水平远远超越了马礼逊/米怜译本逐字翻译式的极端 "直译"。实际上,在新教传教士的圣经汉译事业中,意译的翻译原则以及在这种翻译原则指导下的译本("四人小组" 译本和后来的 "委办本")始终只是一个插曲,未能成为新教传教士的共识。而传教士译者对翻译原则的选择在一定程度上也最终影响了汉语圣经的翻译效果,实际上,即便是当今主流的 "和合本",对中国读者而言,其译文很多地方仍显得佶屈聱牙以至饱受诟病。

就神学术语的翻译而言,"四人小组" 译本同样大量改造了马礼逊/米怜译本所采用的译名,现仅就上述引文所出现的部分神学术语译名做一对比,略作参考:

---

69 由于 "四人小组" 译本旧约部分主要由郭实腊翻译出版,而郭实腊本身就是独立传教士,在加上其行事一向特立独行,故旧约译文在风格和术语上又较麦都思主译的新约有所差异。所摘录译文中 "皇上帝" 就是一例。

70 Jack P. Lewis, *The English Bible*, Grand Rapids: Baker Book House, 1991, p. 132.

马礼逊/米怜译本	"四人小组"译本	和合本	英文（NRSV）
神	上帝/皇上帝	神/上帝	God
言	道	道	Word
若翰	约翰	约翰	John
血	血脉	血气	Blood
肉欲	私欲	情欲	Will of the flesh
人欲	人意	人意	Will of man
肉	肉身	肉身	flesh
满	盛德	丰满的恩典	Fullness
真	真实	真理/真道	Truth
宠	恩/恩典	恩/恩典	Grace
例	律例	律法	Law
使徒	圣差/门生	使徒	Apostle
弟阿非罗	提阿非罗	提阿非罗	Theophilus
圣风	圣神	圣灵	Holy Spirit
如大人	犹太人	犹太人	Jews
祭者	祭司	祭司	Priests
唎味	利未	利未	Levites
以来着	以利亚	以利亚	Elijah
先知	圣人	先知	Prophet

　　对比上表选取的 19 个神学术语译名可以发现，在当今的主流译名中，有 10 个来自于"四人小组"译本，而仅有 2 个（"使徒"和"先知"）来自马礼逊/米怜译本。另外，两个译本中"God"一词的译名"神"和"上帝"均成为现今的主流译名。实际上，"四人小组"译本所改造的并成为现今主流译名的神学术语还远远不止上述。例如，该译本对四部福音书中的三部书名均做了改动，把马礼逊/米怜译本的"马窦"、"马耳可"和"若翰"分别改译为"马太"、"马可"和"约翰"，而这些改动均被"和合本"沿袭下来。[71] 总的来说，

71　"四人小组"译本保留了马礼逊/米怜译本的"路加"福音书，该译名在和合本中也得到保留。天主教汉语圣经则不同，其四福音书的书名分别为"玛窦福音"、"马

麦都思等人对马礼逊/米怜译本神学术语译名的改造还是成功的，对中国基督教话语体系的建设做出了重要贡献。

客观而言，麦都思等人的翻译工作在一定程度上已经超出了修订的范围，麦都思所宣称的"新译"是有一定根据的。"四人小组"译本由于采用了更为灵活的意译翻译原则，译文显得更加符合汉语表达习惯，而该译本所创造的许多新译名后来也被"和合本"吸收成为现今主流译名。不过仍需指出，这种"新译"还是建立在马礼逊/米怜译本的基础之上的。首先，麦都思到达广州参加译经工作是在 1835 年 6 月，而短短 6、7 个月之后，新约的翻译工作就告完毕，如此快的译经速度，没有马礼逊/米怜译本的参考，实难以想象。其次，"四人小组"成立的初衷和计划仍是修订马礼逊/米怜译本，所以裨治文在给美部会的相关信函报告中一直采用的是"修订"一词，即便麦都思本人也存在前后不一的情况，有时也采用"修订"的说法。另外，就两个译本的译文语体而言，"四人小组"译本仍然继承了马礼逊/米怜译本的语体风格，仔细对照两个译本的译文，仍然可以发现许多相似之处。美国长老会传教士惠志道在 1890 年的新教传教大会上曾评论说："该译本可以看做一个过渡译本，其主要成就在于在文体风格与神学术语上的贡献，译本虽非完美，但却为之后更好的译本奠定了基础，麦都思作为伟大的圣经译者，该译本实乃其学徒期间的作品。"[72] 总的来说，惠志道的评论还是较为客观的，"四人小组"译本仍然是一个过渡译本，谈不上是"全新"的译本。麦都思之所以宣称是"新译"，无非是想彰显其不同于马礼逊的译经原则、译名选择和其本人在译经工作中的重要地位。绝大部分的新教教会历史文献资料也一般把"四人小组"译本看作是对马礼逊/米怜译本的修订。

第三节 译本命运

马礼逊逝世后不到两年，麦都思在裨治文、郭实腊和马儒翰的协助下便完成了新约的修订工作。此时摆在麦都思面前的问题便是要说服欧洲传教界，特别是英国及海外圣经公会，停止出版老译本并赞助新译本。但这绝非易事，

尔谷福音"、"路加福音"和"若望福音"，基本沿袭了白日升译稿的译名，只有"马耳谷"被改为"马尔谷"。

72 John Wherry, "Historical Summary of the Different Version of the Scriptures", *Records of the General Conference of the Protestant Missionaries of China*, Shanghai: American Presbyterian Mission Press. 1890, p. 50.

因为在英国及海外圣经公会看来，汉语圣经修订工作的理想人选一直是马礼逊。该会 1835 年和 1836 年的年报中有关汉语圣经的消息明显透露出该会对待马礼逊和麦都思截然不同的态度。从 1835 年年报中可以看到该会所做出的一项有关马礼逊在 1834 年进行修订计划的决议：“本会将十分高兴地承担圣经修订工作所产生的一切费用。”[73] 而对于麦都思所编撰的《福音合参》，却冷淡地表示：“这项工作显然超出了本会的工作范围。”[74] 马礼逊去世后，麦都思来到广州和裨治文、马儒翰、郭实腊四人继续开展原先由马礼逊发起的修订工作，但该会的态度明显发生变化，基本上是不置可否，也未表示要提供资金支持。[75]

实际上，麦都思很早就注意到新译本可能会引起的争议，这也解释了其在马礼逊生前默默从事译经的原因。马礼逊逝世后，麦都思觉得公开推出新译本的时机到了，但他同时意识到单枪匹马从事新译本的翻译可能很难获得广泛的认同和资助。1835 年来到广州后，他便组织了一个翻译“四人小组”，虽然实际上参与翻译的主要是他自己和郭实腊。裨治文虽然没有从事具体的翻译工作，但他的加入使得新译本具有了跨宗派和跨国籍的背景，而马儒翰作为马礼逊的儿子，他的加入从某种程度上给人一种印象，新译本并不是要否定老译本，而是对老译本的传承。麦都思费尽心机组织这样一个“四人小组”翻译团队，其目的自然是想减轻传教界对新译本的抵触，以获得广泛的认同和相关机构的赞助。但让麦都思没有想到的是，新译本的出版发行工作一开始便遭到了伦敦会在东南亚华人地区传教的传教士的强烈反对。

一、雅加达传教士的反对

1835 年末，“四人小组”译本新约翻译完毕，准备在广州先行印刷一部分。但一起意外事件扰乱了印刷工作，并进而影响了“四人小组”译本的命运。该年 3 月，郭实腊和美国海员之友会派出的传教士史第芬（Edwin Stevens）在鸦片贩子戈登的赞助下乘船频繁骚扰中国东南沿海一带，散发各种传教书籍和小册子，引起清廷的注意。[76] 清廷很快向沿海各省下达命令，要求地方政

---

73 *Annual Report of British and Foreign Bible Society*, 1835, p. LXX.

74 Ibid..

75 *Annual Report of British and Foreign Bible Society* ,1836, p. LXi.

76 有关此次航行的情况，见 Edwin Stevens, "Expedition to the Wooe Hills: arrival in the Rive Min", *Chinese Repository*, 1835, Vol. 4, pp. 83-96.

府严加查处协助传教士印刷书籍的中国人。此时，麦都思和裨治文等人正准备在广州印刷翻译好的"四人小组"译本新约。由于担心遭到清廷逮捕，中国工人把译稿退回给裨治文，拒绝印刷工作。[77] 裨治文在 9 月给美部会通信秘书安德森的信函中写道："我们的一个印刷工人已于两日前被捕，清廷衙门还在追捕其他人，这令我们焦虑不安。现在，中文印刷工作处于停顿状态，本地工人没有一个敢来为我们做事。"[78] 面对这一突发情况，麦都思等人无奈之下，只得将新约译稿送至马六甲，分别由伦敦会在雅加达的印刷所和美部会在新加坡的印刷所印刷。[79] 但出人意料的是，伦敦会驻雅加达负责印刷事务的传教士约翰·埃文斯（John Evans）和萨缪尔·戴尔（Samuel Dyer）对译文质量强烈不满，拒绝印刷新译本，并建议美部会位于新加坡的印刷站也推迟印刷新译本。

埃文斯和戴尔于 1836 年 4 月 25 日致函给郭实腊，反对出版这部新约圣经，理由如下："第一，译文很多地方显得十分随意；第二，译本采用的正典也很马虎。"[80] 二人还在信函中对照希腊原文和译文，列出了若干"不当之处"，并声称这样的不当之处可以在译本的每一页都能找到。在信函末尾，二人还略带嘲讽的写道："兄弟们，我们希望你们在将来的翻译工作中既要充满热情也要小心翼翼，相信你们会明白'龟兔赛跑'和欲速则不达的道理。"[81] 两日之后，二人又致函给英国及海外圣经公会编辑委员会书记乔伊特（Joseph Jowett），强烈劝告不要出版这部新约译本。他们声称："不论马礼逊的译本有何种错误，但都比新的译本要'忠实'，新译本自称忠实，但实际上极不忠实。"[82] 信中还不无讽刺地写道："麦都思先生认为新译本将符合中国人的口味，这一说法的确是新译本最大的特点。"[83] 信件末尾，二人表示："我们坚持自己

---

77 Margaret T. Hills, *ABS Historical Essay # 16, Part III-G. Text and Translation, 1831-1860, Languages of Asia.* American Bible Society Archives, New York, 1965, p. 18.

78 W.H. Medhurst, *China: Its State and Prospects*, p. 300.

79 Margaret T. Hills, *ABS Historical Essay # 16, Part III-G. Text and Translation, 1831-1860, Languages of Asia.* American Bible Society Archives, New York, 1965, 18

80 "Copy of a Letter from the Rev. Messrs. Evans and Dyer to the Rev. Charles Gutzlaff", Malacca, April 25, 1836. *Documents Relating to the Proposed New Chinese Translation of the Holy Scriptures*, p. 49, British and Foreign Bible Society archives.

81 Ibid., p. 51.

82 Copy of a Letter from the Rev. Messrs. Evans and Dyer to the Rev. Joseph Jowett, Malacca, April 27, 1836, *Documents Relating to the Proposed New Chinese Translation of the Holy Scriptures*, p. 45, British and Foreign Bible Society archives.

83 Ibid..

的观点，对现在的译本绝不妥协"，并宣称梁发也反对麦都思的新译本，因为"它不过是某些中国经书中常见表达的胡乱堆砌而已"[84]。

需要说明的是，当麦都思在返回英国途径雅加达短暂逗留时，埃文斯和戴尔二人并未就新译本的翻译质量问题直接挑战麦都思。当麦都思于该年 4 月 6 日携带新译本和他的中国译经助手朱德郎（Choo Tih-lang）从雅加达起航前往伦敦后，二人才于 25 日向新译本发难。[85] 麦都思对此自然是毫不知情，到达英国之后还居然还声称埃文斯"完全赞同新译本的翻译风格，只是因为距离太过遥远而未能参与此次翻译工作"[86]，可以想象当麦都思最终知情后的尴尬和愤怒。

二、英国及海外圣经公会和伦敦会的否决

1836 年底回到伦敦后，麦都思为了获得英国及海外圣经公会和伦敦会在资金上对新译本的支持，于 10 月 28 日向英国及海外圣经公会提交了一份名为《就汉语圣经新译本给英国及海外圣经公会的报告》（"Memorial Addressed to the British and Foreign Bible Society on a New Version of the Chinese Scriptures"）的文件。可能是碍于马礼逊的崇高威望以及其和英国及海外圣经公会的密切关系，麦都思在报告开始并没有直接批评马礼逊的译本，只是委婉地表示："马礼逊先生是欧洲最优秀的汉学家，其声誉不会因其译本的得失受到任何影响，但是我们必须意识到，马礼逊先生于 1814 年翻译新约之时，他仅仅学习了七年汉语而已，而且当时汉语学习资料极度匮乏。"[87] 之后，为了证明推出新译本的必要性，麦都思详细叙述了马礼逊生前在不同时期所表达的修订愿望和计划，并得出最终的结论，即"马礼逊博士自己也认为修订工作是极其必要的"[88]。麦都思还引用了几个中国基督徒对马礼逊/米怜译本的批评意见，其中就包括由马礼逊亲自洗礼的梁发。麦都思宣称，他们都认为马礼逊/

---

84 Copy of a Letter from the Rev. Messrs. Evans and Dyer to the Rev. Joseph Jowett, Malacca, April 27, 1836, *Documents Relating to the Proposed New Chinese Translation of the Holy Scriptures*, p. 48, British and Foreign Bible Society archives.

85 Alexander Wylie, *Memorials of Protestant Missionaries to the Chinese*, p. 26.

86 W. H. Medhurst, "Memorial addressed to the British and Foreign Bible Society on a New Translation of the Chinese Scriptures", Hackney, Oct. 28, 1836, *Documents Relating to the Proposed New Chinese Translation of the Holy Scriptures*, p. 10, British and Foreign Bible Society archives.

87 Ibid., p. 2.

88 Ibid., p. 4.

怜译本完全不符合汉语表达习惯，异域色彩相当浓厚。梁发更是认为："如果这个译本是为中国人服务的话，就必须重译，否则根本无法达到预期的目的。"[89] 麦都思自己也不无悲观地说："中国人十分厌恶老译本，很少能耐心读上几页，更不会看第二遍"，"总之，无论是传教士、中国基督徒还是异教徒现在都普遍认为亟需一部新的流畅地道的译本"[90]。指出马礼逊/米怜译本上述问题之后，麦都思接着详细讨论了汉语的文体特点和新译本流畅地道的翻译原则。最后，麦都思还不忘以附录的形式详细罗列了马礼逊在具体翻译中所出现的种种"误译"和新译本所做的相应修订，该附录共计 20 余页。[91] 麦都思这篇报告的目的当然是向英国及海外圣经公会证明新译本质量远远优于老译本，进而希望英国及海外圣经公会能够赞助出版印刷新译本的高额费用。

然而，形势对麦都思和新译本并不有利，特别是在英国及海外圣经公会于 11 月 15 日收到埃文斯和戴尔的联名信件后。[92] 麦都思获悉这一情况后，为了挽救形势，他于 11 月 19 日再次致函英国及海外圣经公会编辑委员会书记乔伊特，不无轻蔑地质疑了二人的汉语水平："如果埃文斯和戴尔能够再认认真真地多花费几年时间学习汉语，他们可能就不敢再妄下论断了"，在逐条反驳了埃文斯和戴尔对新译本的批评后，麦都思表示"希望圣经公会在看到信件后，对二人的观点不再予以考虑"[93]。

6 日之后，即 11 月 25 日，英国及海外圣经公会的编辑委员会及参会的伦敦会负责人经会议协商做出如下决议：

1. 本委员会反对这部新译本的作者所采取的翻译原则，因为他倾向以凡人的释义代替"God"的话语。

2. 本委员会建议现在继续使用马礼逊博士的译本。

3. 按着本委员会与伦敦会理事会双方在若干场合中已经相互同意的原则，请求后者采取必要的措施完成对马礼逊博士译本的修订工

---

89 Ibid., p. 5.
90 Ibid., p. 6.
91 Ibid., p. 18-44.
92 Copy of a Letter from the Rev. Messrs. Evans and Dyer to the Rev. Joseph Jowett, Malacca, April 27, 1836, *Documents Relating to the Proposed New Chinese Translation of the Holy Scriptures*, p. 45, British and Foreign Bible Society archives.
93 "Remarks of Mr. Medhurst on the Letters of Messrs. Evans and Dyer, contained in a Letter to the Rev. J. Jowett", Hackney, Nov. 19, 1836. *Documents Relating to the Proposed New Chinese Translation of the Holy Scriptures*, p. 52. British and Foreign Bible Society archives.

作，这不但是埃文斯和戴尔两位传教士的建议，也似乎是马礼逊博士自己曾经考虑过的；以此方式修订的译本，并经伦敦会批准通过后，一切合理开支均将由本会支出。

4. 不论新译本有多少册已经在本会资助下印刷完成，一律限制流传。

5. 本决议在获得本会大会通过之后，副本将寄呈伦敦会理事会和广州、马六甲的传教士。[94]

12 月 5 日，该决议在英国及海外圣经公会大会上被宣读并被通过。[95] 麦都思希望得到伦敦会和英国及海外圣经公会支持的努力失败了。从决议中可以看出，英国圣经公会并不是完全否定对马礼逊/米怜译本的修订，也希望伦敦会能够组织完成这一工作。之所以否决新译本，英国及海外圣经公会给出的原因是无法接受新译本的翻译原则。不过这一原因实在难以令人信服，特别是考虑到当时的英国及海外圣经公会和伦敦会不可能还有人在汉语造诣上能够和麦都思相提并论。故基本可以断定，粗通汉语的埃文斯和戴尔的反对意见无疑起了很大作用。另外，英国及海外圣经公会还委托了时任伦敦大学汉语教授的前伦敦会传教士吉德来判断新译本的译文质量。[96] 然而这位十年前还曾批评老译本的吉德现在完全改变了自己的观点，他在 1836 年 12 月 23 日起草了一份名为《评〈就汉语圣经新译本给英国及海外圣经公会的报告〉》（"Remarks on the Memorial Addressed to the British and Foreign Bible Society on a New Version of the Chinese Scriptures"）的文件，并呈交英国及海外圣经公会，尽管此时英国及海外圣经公会已经否决了新译本。在这份报告中，吉德首先抨击了新译本所采用的翻译原则：

> 圣经汉译到底应该采用什么样的翻译原则呢？是绝对忠实于原文，并在忠实允可的范围之内追求地道和优雅，还是满足于大概翻译出原文的意思，牺牲必要的忠实去迎合异教徒的口味？老译本采用了前者，而新译本则采用了后者。但是译者的目标并不是要让圣经译本看上去类似汉语作品，而是要让希伯莱作者自己描述他们的

94 "Resolutions of the British and Foreign Bible Society on the Preceding Papers", *Documents Relating to the Proposed New Chinese Translation of the Holy Scriptures,* pp. 54-55, British and Foreign Bible Society archives.

95 Ibid., p. 55.

96 Samuel Kidd, "Remarks on the Memorial Addressed to the British and Foreign Bible Society on a New Version of the Chinese Scriptures." Hackney, Dec. 23, 1836, p. 1, *Documents Relating to the Proposed New Chinese Translation of the Holy Scriptures,* British and Foreign Bible Society archives.

行为方式和风俗习惯，要通过汉语把神圣启示独一无二的教义、概念和事实等诸多方面传达给中国人。[97]

在吉德心目中，新译本的翻译原则显然是不可取的，因为他是"为满足异教徒而设计的，这也是此译本的最为明显的特质。新译本的总体风格和针对老译本的具体修改都未能考虑到对原文的忠实。而这样做的结果难道不是要把圣经降低到异教徒的标准，把那些代表'God'言行的崇高而杰出的神圣记载和迷信的中国人的情感等同起来？"[98] 之后，吉德还就一些翻译实例进行具体分析，以维护老译本打击新译本。他在文末做出了最终的结论：

> 我认为新译本无论当作文学作品还是翻译作品，都可谓彻底失败。麦都思报告附录中所罗列的有关老译本的误译实例前后矛盾之处甚多，他一边谴责旧译本的措词，一边又继续在新译本中一些地方照搬不误。新译本不是在翻译"God"的话语，在许多方面也不是好的汉语，中国人读后可能会生出许多和圣经无关的联想。就圣经汉译而论，它远逊于旧译本，考虑到它晚出了许多年，占尽优势，其优点远不如其所宣称的那样。[99]

后来，吉德在其另一篇文章《评马礼逊博士的文字事工》（"Critical Notices of Dr. Morrison's Literary Labors"）再次重复上了上述结论，而这篇文章也以附录的形式被收入到《马礼逊回忆录》（Memorial of the Life and Labors of Robert Morrison）一书。[100] 然而，新译本翻译原则的饱受批评只是新译本不被接受的原因之一。另一个更重要的原因是老译本仍然拥有极高的威望。新译本被英国及海外圣经公会否决后，该会编辑书记乔伊特曾向麦都思解释这一决议："死亡不会终结马礼逊的译本……我们会努力保护一位在译经工作中做出杰出贡献并深受尊敬的老朋友。"[101] 1843 年 3 月 1 日乔伊特在给美国圣经公会的一封信中揭示了同样的原因：

> 我们并不是，也从未曾，仅仅支持马礼逊博士的译本。我们也不认为马礼逊博士的译本已经臻于完美、无需修订。对于任何第一

---

97 Ibid., p. 2.
98 Ibid., pp. 2-3.
99 Ibid., p. 19.
100 Samuel Kid, "Critical Notices of Dr. Morrison's Literary Labors", in *Memoirs of the Life and Labors of Robert Morrison*, vol. 2, appendix, p.73.
101 Margaret T. Hills, *ABS Historical Essay # 16, Part III-G. Text and Translation, 1831-1860, Languages of Asia*. American Bible Society Archives, New York, 1965, p. 25.

个译本，如果持那样的观点显然是荒谬的。但是我们知道，马礼逊博士一直在不断地修订他的译本……但是我们发现，麦都思先生在对其翻译原则的解释和阐述中竟然如此广泛地谴责马礼逊博士的翻译工作（一个在民间和传教界均享有最崇高荣誉的人）；而且他自己的译文风格给我们的印象是相当草率和大胆的。这一切让我们难免感到忧虑。之后我们还邀请了麦都思先生所服务的伦敦会的几位负责人探讨这一问题，他们也表示了相同的意见和担心。[102]

自从马礼逊赴华传教，英国及海外圣经公会一直坚定而慷慨地支持马礼逊的译经工作，并和马礼逊建立了十分密切的关系。很显然，对于麦都思对老译本的大胆批评，英国及海外圣经公会以及伦敦会在短时间内都是无法接受的。伟烈亚力日后曾为麦都思抱不平，他在其《中国研究》（ *Chinese Researches* ）一书中这样写道："在英国，麦都思动用了其所有的影响力来说服伦敦会和英国及海外圣经公会支持其译本，但马礼逊所享有的崇高威望和反对麦都思的呼声共同导致了麦都思的失败。两会的理事们均无法接受麦都思针对马礼逊译本所提出的批评意见，并因此拒绝采用新的译本。但是，他们都错了，因为麦都思译文的质量毫无疑问超过了马礼逊的译文。"[103]

"四人小组"译本被英国及海外圣经公会正式否决两周后，麦都思起草了一份名为《给伦敦会理事会的关于汉语圣经修订的报告》（ "Memorial Addressed to the Directors of the Missionary Society on the Projected Revision of the Chinese Scriptures" ）的文件，为自己辩护。麦都思在报告中首先向伦敦会解释了自己意译的翻译原则，并试图淡化这一点上存在的严重分歧："对于新译本译文在必要之处采用意译的方法，不同意见仅限于在多大程度上使用这一方法，而非根本原则上的分歧。"[104] 为了支持自己的观点，麦都思以英文"钦定本"圣经为例，他指出："该译本在一定程度上也采用了意译的翻译原则，因为译者认为完全采用直译根本不可能把原文的意义完整地传达给英

---

102 Ibid., pp. 25-26.

103 Alexander Wylie, *Chinese Researches*, Shanghai, 1897, p. 102

104 W. H. Medhurst, "Memorial Addressed to the Directors of the Missionary Society on the Projected Revision of the Chinese Scriptures." Dec. 18, 1836, *Documents Relating to the Proposed New Chinese Translation of the Holy Scriptures*, p. 56, British and Foreign and Bible Society archives.

国人。"[105] 在列举若干翻译实例后，麦都思得出结论："肤浅之徒可能会认为逐字翻译最忠实于原文，但若对不同语言之间的差异稍有认识，就不得不承认，一一对应的逐字翻译根本是不可能的……实际上，根据意译的方法，在必要之处采取不同于原文的表达方式是完全合情合理的。"[106] 之后，麦都思以中国的实际情况说明了意译原则的重要性："中国对外国人始终存有敌意，中国人推崇并习惯于自己的书面表达方式，对那些粗俗不堪、异域风格浓厚的作品只会被弃之如敝屣。"[107] 对于新译本遭到否决的原因，麦都思给出的解释是："英国及海外圣经公会显然还没有意识到老译本极不地道的语言风格"，而"马六甲传教士使用极度尖刻的措辞攻击新译本则是新译本遭到否决的主要原因"[108]。麦都思对此十分愤怒，声称："若非考虑到相互指责对厘清事实毫无帮助，也不是一种正确的态度，面对他们如此粗鲁的无端指责，新译本译者完全可以拒绝他们的指责，并批评他们在汉语造诣上如何不学无术。"[109] 最后，麦都思呼吁有关各方应该"团结起来"、"消弭分歧"，重新修订一个使各方都能满意的译本。

几个月后，马儒翰写信前往英国及海外圣经公会，为麦都思和新译本辩护。他认为逐字逐句的翻译绝非忠实的翻译，而新译本也绝非如某些反对人士声称的那样缺乏忠实，并强烈质疑了埃文斯和戴尔的汉语能力，宣称"如果圣经公会以后想要重新修订老译本，没有麦都思的参与是难以想象的。"[110] 不过，马儒翰的辩护没有起到太大作用，由于远离中国，英国及海外圣经公会不可能像传教士那样切身实际地体会到老译本的缺点和新译本的优点。实际上该会始终对马礼逊/米怜译本抱有很大的信心，在鸦片战争之前一直积极地印行马礼逊/米怜译本。

三、美部会和美国圣经公会的态度

美国圣经公会的成立和英国及海外圣经公会有着较为密切的关系。由于

---

105 Ibid., pp. 56-57.
106 Ibid., pp. 57-58.
107 Ibid., p. 58.
108 Ibid., pp. 61-62.
109 Ibid., p. 62.
110 Margaret T. Hills, *ABS Historical Essay # 16, Part III-G. Text and Translation, 1831-1860, Languages of Asia.* American Bible Society Archives, New York, 1965, pp. 19-21.

美国曾经是英国的殖民地，所以英国及海外圣经公会成立不久便进军美国。在其资助下，美国第一所圣经公会在 1808 年于费城成立。在之后不到十年的时间，美国本土先后就建立了 130 多个圣经公会。1816 年 5 月 8 日，56 个圣经公会代表在纽约开会，同意成立一个新的全国性机构，即美国圣经公会（American Bible Society），并采用与英国及海外圣经公会相似的章程。[111] 他们发信鼓励全国信徒和其他圣经公会的组织支持这个新成立的圣经公会，并指出这个圣经公会将"彻底摈弃地方主义和宗派偏见，并在此基础之上结成联盟……分发大家都认可和忠实的译本"[112]。

在资助汉语圣经翻译方面，美国圣经公会的资助模式与英国及海外圣经公会相似，并不直接从事译经工作，而是选择与美部会合作，从资金上支持美部会传教士的译经工作。裨治文前往中国传教后，美国圣经公会开始注意到发生在中国的译经活动。1834 年马礼逊逝世后，由他一手发起的对《神天圣书》的修订工作受到严重影响，和他一起开展修订工作的裨治文、马儒翰和郭实腊面对剩余的修订任务，一时束手无策，修订工作进展缓慢，一度陷入停滞。此外，由于裨治文、郭实腊和马儒翰三人既非伦敦会传教士也非英国人，即便他们能够完成全部修订工作，伦敦会和英国及海外圣经公会也不太可能提供大量资金印行修订后的新译本。在这样的情况下，1835 年初，由美部会通信秘书安德森建议，美部会咨询委员会（prudential committee）和美国圣经公会决定共同提供资金资助裨治文、马儒翰和郭实腊的修订工作。[113]该年，美国圣经公会先后三次向裨治文提供了共计 8000 美金的资助，作为将来修订后的译本的印刷费用。[114]

1836 年底，修订后的新译本被伦敦会和英国及海外圣经公会否决后，美部会和美国圣经公会就成了新译本最后的救命稻草。但可能是接触圣经汉译工作时间较短，难以判断新译本的翻译质量，两会采取了伦敦会和英国及海外圣经公会相同的决议，对新译本不予支持。[115] 不过，考虑到裨治文参与了新译本的翻译工作，美国圣经公会和美部会最终决定支付新译本在印刷和发行中已

111 *Constitution of the American Bible Society*, New York: G.F. Hopkins, 72 William Street., 1816, p.1.

112 Ibid., p. 5.

113 Margaret T. Hills, *ABS Historical Essay # 16, Part III-G. Text and Translation, 1831-1860, Languages of Asia*. American Bible Society Archives, New York, 1964, pp. 14-15.

114 Ibid., pp. 16-17.

115 Ibid., pp. 24-25.

经开销的费用，但要求新译本不能再印刷下去，除非得到两会的特别授权。[116]
至此，"四人小组" 译本寻求英美传教团体资助的努力遭到彻底的失败。

四、郭实腊的坚持和麦都思的反思

　　伦敦会和英国及海外圣经公会在 1836 年 12 月否决 "四人小组" 译本时，该译本旧约部分的修订还尚未完工。作为伦敦会传教士的麦都思虽心有不甘，最终还是放弃了旧约剩余部分的修订工作，但作为译经成员之一的郭实腊却并未放弃。作为一名独立传教士，郭实腊不受任何传教团体的约束限制，在 "四人小组" 译本的新约遭到否决后，他无视这一决议，继续不间断地修订旧约剩余部分，并反复重新修订先前完成的新约，前后共计印行了十个以上的修订版本。[117] 就译经原则而言，郭实腊较为赞同麦都思主张意译的观点，他曾指出："任何用汉语撰写的作品都应尽量清晰明了，流畅地道，因为只有这样，中国人才会有兴趣阅读并学习到正确的教义。"[118] 从前文摘引的旧约《传世记》部分译文即可看出，郭实腊的确在译经工作中贯彻了意译的翻译原则，他的译文在流畅地道方面的确胜过马礼逊/米怜译本。

　　另外，得益于 "福汉会"（China Union）[119]的成立和运作，郭实腊还拥有自己的资金渠道，使得他在印行汉语圣经时不必受制于各传教差会和圣经公会。为了筹集足够的资金，郭实腊积极 "向欧洲各国求援，撰写了大量文章、报告，并发表公开信，通报福汉会的动态，并将该会成员的信件、日记翻译成欧洲文字发表，大造舆论"[120]。1849 年和 1850 年，郭实腊还亲自回到欧洲，大肆宣扬他的传教活动，引起欧洲社会极大轰动。凭借这些大肆宣传和鼓吹，

---

116 1839 年 6 月 20 日美国圣经公会致裨治文的信函，见 Margaret T. Hills, *ABS Historical Essay # 16, Part III-G. Text and Translation, 1831-1860, Languages of Asia*. American Bible Society Archives, New York, 1964, p. 25.

117 Alexander Wylie, *Chinese Researches*, Shanghai, 1897, p. 105.

118 Philosinensis （Gutalaff）, "Christian Missions in China: Remarks on the Means and Measures fro Extending and Establishing Christianity", *The Chinese Repository*, Vol. 3, 1835, p. 566.

119 关于郭实腊和福汉会的研究可见吴义雄《在世俗与宗教之间——基督教新教传教士在华南沿海的早期活动研究》第 168-183 页；Jessie Gregory Lutz, *Opening China: Karl F.A. Gutzlaff and Sino-Western Relations 1827-1852*, William B. Eerdmans Publishing Company, 2008, pp. 215-258.

120 吴义雄：《在世俗与宗教之间——基督教新教传教士在华南沿海的早期活动研究》，2000 年，第 175 页。

郭实腊获得了不少的捐赠，甚至连普鲁士国王也捐赠了 400 元。[121] 特立独行的他甚至不断将自己的译本呈交给英国及海外圣经公会，希望得到资金上的支持。令人难以理解的是，英国及海外圣经公会竟然改变了以前的态度，给予了一定的资金支持。在 1848 年至 1849 年间，该会先后数次给郭实腊捐款，供其印刷和散发汉语圣经，理由是"他们从很多地方得到的意见——包括英国和欧洲其他国家的饱学之士——让他们觉得，经过所有的修订和改动之后，郭实腊博士的这部译本应该得到适当的支持"[122]。客观而言，郭实腊坚持不懈的修订"四人小组"译本，并不断筹集资金印刷散发这部译本极大地延续了该译本的生命。

虽然"四人小组"译本先后遭到伦敦会和英美两国圣经公会的否决，但麦都思对译经工作并未失去信心。他在 1839 年出版的《中国的现状和传教展望》（*China: Its State and Prospect*）一书中再次讨论到圣经汉译工作。麦都思在书中详尽总结和重新规划了将来的译经工作，指出："伦敦会首先应该组织一批饱学之士讨论，并提出一个切实可行的总的译经原则，之后再邀请所有传教士进行认真讨论，并就此问题相互合作，达成一致。"[123] 从这里所采用的"所有传教士"、"一致"和"合作"等字眼来看，麦都思很可能是在暗示"四人小组"译本遭到圣经公会否决的原因主要在于没能得到相关人士的合作和支持，从而间接批评了埃文斯、戴尔和吉德等人对新译本的拆台和污蔑。至于将来译经工作应该采用的总的译经原则，麦都思仍然不忘指出，"译文既要准确地表达经文的原义，也应符合汉语的表达习惯"[124]。其次，"伦敦会应该委派他们认为有资格的传教士共同承担译经工作"，当这一切完成之后，伦敦会应"把所有传教士译员召集在一起，并在皈依基督教的中国文人的帮助下确定最终的译本，最终的译本则由伦敦会推荐给英国及海外圣经公会大量印刷出版"[125]。应该说，麦都思对于译经工作可谓用心良苦，上述翻译计划在后来"委办本"新约的翻译活动中得到了较好的贯彻和执行。

---

121 Jessie Gregory Lutz, *Opening China: Karl F.A. Gutzlaff and Sino-Western Relations 1827-1852*, 2008, p. 272.

122 *Annual Report of British and Foreign Bible Society*, 1850, p. CVIII, 另见 George Brown , *The History of the British and Foreign Bible Society : from its institution in 1804 to the close of its jubilee in 1850*, 1859, pp. 224-225.

123 W. H. Medhurst, *China: Its State and Prospect*, p. 561.

124 Ibid..

125 Ibid., pp. 561-562.

"四人小组"译本虽不被欧美传教界认可，但就实际情况而言，该译本在中国基督徒中仍取得了较大的成功，甚至超过马礼逊/米怜译本。在华传教士因传教需要，还是认识到了该译本的优点，并通过各种资金渠道仍然印刷了不少该译本，以供传教之需。第一次鸦片战争后，身处传教一线的英美传教士"出于良心"甚至拒绝继续使用马礼逊/米怜译本。[126] 实际上，在"委办本"问世之前的十几年间，该译本一直为在华传教的新教传教士所使用。[127] 值得注意的是，该译本及其修订本后来为太平天国所采用，对中国社会产生了重大影响。[128]

本章小结

"四人小组"译本没能获得应该享有的认同，主要原因还是在于新教在华传教工作的奠基者马礼逊的崇高地位，即便是在其逝世之后很长一段时间，其影响仍然不减。埃文斯、戴尔和吉德等对新译本的猛烈攻击，实际上源于"他们对马礼逊的尊敬和对麦都思的全无好感"[129]。虽然马礼逊自己也曾经认识到，他和米怜的译本需要全面的修订或者重新翻译，"但这样的工作却被英国及海外圣经公会认为差不多是亵渎的"[130]。"四人小组"译本被拒绝的第二个原因是翻译原则的不被认可。麦都思基于中西方语言的差异和实际的传教效果，更加重视译文在中国文化中的意义以及中国人的接受。在实际译经过程中，他基本抛弃了马礼逊逐字翻译的原则，采用了更为灵活的意译原则而不拘泥于原文，为了能够翻译出地道流畅的译文，有时不惜牺牲译文的忠实。在 1890 年的新教传教大会上，慕维廉曾就该译本评论道："麦都思和郭实腊二人虽然都精通汉语，但或许对某些汉语词汇的意义缺乏精确的把握，译文风格也显得过于随意不够忠实。"[131] 不过客观而言，"四人小组"译本在

---

126 *Annual Report of British and Foreign Bible Society*, 1844, p. cviii.

127 Richard Lovett,*The History of the London Missionary Society, 1795-1895*, p. 512; 也可参见诚质怡，《圣经 之中文译本》，"在以后的十或十二年中，耶稣教教会都以这册为主要的圣经译本"收入贾保罗编《圣经汉译论文集》第 7 页。

128 有关这一问题可参见赵晓阳《太平天国刊印圣经底本源流考析》，载《清史研究》，2010 年第 3 期。

129 Patrick Hanan, "The Bible as Chinese Literature: Medhurst, Wang Tao, and the Delegates' Version", *Harvard Journal of Asiatic Studies*, Vol. 63, No. 1, 2003, p. 212.

130 尤思德著，蔡锦图译《圣经在中国：和合本的历史与新教在华传教士译经的高峰》，香港国际圣经协会，2002 年，第 64 页。

131 W.M. Muirhead, "Historical Summary of the Different Version", *Records of the General Conference of the Protestant Missionaries of China*, Shanghai: American Presbyterian Mission Press, 1890, p. 35.

流畅地道方面明显超过马礼逊/米怜译本，更易为中国人理解。

此次翻译活动给之后的译经工作带来的一个重大影响就是"四人小组"翻译团体的出现。虽然裨治文和马儒翰对具体译经工作的贡献很小，麦都思和郭实腊两位主要译者之间似乎也缺乏太多的合作，但"四人小组"却是新教译经事业后来众多"翻译委员会"的雏形，标志着圣经汉译活动开始由某一差会的某一名传教士的个人翻译走向多个差会的众多传教士的联合翻译。此外，"圣经公会对一部圣经译本能否持续成功的决定性地位通过这次的译经活动已经逐步建立起来"[132]。在马礼逊时代，圣经公会还只是作为译者背后的赞助者，并不能决定译者的翻译策略和翻译原则。但通过此次译经活动，圣经公会已不仅仅是一个资助机构，还变成了一个决策机构，其对译本的认可与否往往会直接决定一个译本的生存。最后，"四人小组"译本对之后的新教圣经汉译事业产生的最为深远的影响可能是其对"God"一词的翻译。译本没有延续"神"的译名转而采用"上帝"一词犹如埋下了一颗定时炸弹，最终引爆了新教传教士大半个世纪的"译名之争"。

麦都思推出新译本的努力从某种程度上说是失败了，但其并没有放弃这一目标，全面修订马礼逊/米怜译本的客观需求也始终存在。英国及海外圣经公会虽然否决了新译本，但仍建议伦敦会组织在华传教士按照马礼逊的愿望全面修订老译本。伦敦会在随后的理事会会议中也表示会在适当的时机实施英国及海外圣经公会的建议。[133]但实际情况是，对马礼逊/米怜译本的修订工作在第一次鸦片战争前再也没有开展过，因为除了麦都思和他的团队外，没有其他传教士能够担当这个任务，包括攻击过新译本的埃文斯、戴尔和吉德。通过此次译经活动，麦都思在新教圣经汉译事业中已经取代马礼逊，初步确立了其作为第二代传教士圣经译者的核心地位，其翻译思想也在之后的"委办本"翻译过程中得到了体现。总的来看，"四人小组"译本的翻译原则、翻译组织模式，以及它和圣经公会复杂的关系都对后来的译经工作产生了很大的影响。

---

132 尤思德著，蔡锦图译《圣经在中国：和合本的历史与新教在华传教士译经的高峰》，香港国际圣经协会，2002年，第64页。

133 W. H. Medhurst, *China: Its State and Prospect*, p. 561.

第三章　联合译经

　　"四人小组"译本虽然没有受到欧美传教界的广泛认可，但无论是英国及海外圣经公会还是麦都思本人都对圣经汉译工作有了新的认识和计划，只待合适的时机。"四人小组"译本被否决后，欧美传教界和在华传教士都暂时把注意力放在了林则徐在广州的禁烟运动和之后的第一次鸦片战争，讨论和期待着对华传教可能会出现的新局面。随着战后 1842 年《南京条约》的签订和清廷的初步弛教政策，新教在华传教形势开始呈现出崭新有利的局面。与此同时，新教传教士的圣经汉译工作也迎来新的契机。随着传教工作在五个通商口岸地区的逐渐深入，翻译"一部比现有所有译本更加适合广泛传播的圣经汉语译本"[1]的需要愈发明显。在这样的情况下，"圣经汉译成为了当时新教各差会共同合作的唯一领域"[2]。

第一节　译经筹备

　　第一次鸦片战争之前，新教传教士的活动一直都局限于澳门、东南亚华人侨居之地和广州非常有限的一隅。战后，清廷被迫将香港割让给英国，大批传教士随之涌入香港，香港一时成为英美传教士公开活动的大本营。不久，圣经汉译问题再次浮出水面，"几乎所有在华传教士都逐渐萌发出一种追求更好译本的强烈愿望"[3]。以麦都思为代表的处于传教一线的传教士强烈要求推

1　*Annual Report of BFBS*, 1844, p. cix，另见"New and Revised edition of the Bible in Chinese", *The Chinese Repository*, Vol.12, 1843, p. 551.
2　Kenerth Scott Latourette, *A History of Christian Missions in China*, New York: The Macmillan company, 1929, p. 261.
3　"Things in Shanghai", *The Chinese Repository*, 1849, p. 388.

出新的圣经译本，并且表示在新译本完成之前，拒绝再向中国人散发马礼逊/米怜译本。[4] 无奈之下，英国及海外圣经公会被迫做出妥协，同意传教士"全面修订马礼逊/米怜译本"。需要注意的是，英国及海外圣经公会在其年报中采用的的措辞仍是"修订"而非"新译"，并反复赞扬马礼逊/米怜译本的"忠实"。[5] 由此可见该会和马礼逊所建立的关系确非一般，马礼逊在该会心目中的崇高地位短时间内的确难以撼动。但无论如何，马礼逊/米怜译本可谓寿终正寝，即将退出传教舞台。

一、新译者的加入与美国浸礼会的退出

1843 年 8 月 22 日至 9 月 4 日，在各传教差会、英国及海外圣经公会以及美国圣经公会的支持下，来华新教传教士在香港举行了以"讨论汉语圣经译本现状"为主旨的传教士大会。[6] 参与这次大会的传教士及其所代表的差会有[7]：

麦都思（W. H Medhurst, 1796-1857）英国伦敦会

塞缪尔·戴尔（Samuel Dyer,1804-1843）英国伦敦会

合信（Benjamin Hobson, 1816-1873）英国伦敦会

理雅各（James Legge, 1815-1897）英国伦敦会

美魏茶 （W.C. Miline 1815-1863）英国伦敦会[8]

施敦力·亚历山大（Alexander Stronach 1800-1879）英国伦敦会

施敦力·约翰（John Stronach 1810-1888）英国伦敦会

裨治文（E. C Bridgman, 1801-1861）美部会

波乃耶（Dyer Ball, 1796-1873）美部会

布朗（Samuel R. Brown, 1810-1880）马礼逊教育会[9]

---

4 *Annual Report of British and Foreign Bible Society*, 1844, p. cviii.

5 Ibid., pp. cviii-cix.

6 会议具体日期为 8 月 23-25 日、28 日、9 月 1 日和 4 日，见 *Annual Report of British and Foreign Bible Society*, 1844, p. cix.

7 *Annual Report of British and Foreign Bible Society*, 1844, p. cix, 另见 "New and Revised Translation of the Bible Undertaken", *The Chinese Repository*, Vol.12, 1843, p. 551.

8 美魏茶乃米怜的儿子，一些史料也称之为小米怜。

9 马礼逊教育会（Morrison Education Society）是在华传教人士和商人等为纪念马礼逊于 1836 年在广州成立的一个教育机构，其宗旨是为中国本土青年提供中英文教育以及传播基督教。美国传教士布朗在 1839 年至 1847 年间长期担任马礼逊教育会创办的马礼逊学校的校长兼教师。

舜为仁（William Dean, 1807-1895）美国浸礼会

罗孝全（I. J. Roberts, 1802-1871）美国浸礼会

玛高温（D. J. MacGowan, 1815-1893）美国浸礼会

叔未士（John. Lewis Shuck, 1812-1863）美国浸礼会

娄礼华（Walter M. Lowrie, 1819-1847）美国长老会

从上述名单中可以看出，所有与会成员均来自英、美两国的传教差会，体现出英美传教士在译经工作中的绝对主导地位，而美国传教士人数的陡增也反映出新教译经活动的新变化。此次大会之前，英国的传教差会和传教士译者一直居于垄断地位。马礼逊和米怜作为伦敦会传教士完成了第一个译本《神天圣书》的翻译工作，麦都思作为"四人小组"译本的核心成员同属伦敦会。但此次译经大会上，来自美国的传教士达到了八名之多，在数量上已经超过了英国传教士。虽然之后参加实际译经工作的传教士不断发生变化，但美国传教士译者已经可以和他们的英国同行平等参与，甚至是分庭抗礼。这种新的局面对此次译经工作产生了不小的影响。美国传教士译者的大量涌现固然增加了翻译力量，但译经工作一旦出现分歧，弥合分歧的难度也同样随之增加。实际上，在此次大会期间和大会之后的实际翻译工作中，在译经原则和神学术语译名等问题上果然出现分歧，而英美两国传教士始终争执不下，最终导致了联合译经工作的分裂。

麦都思和裨治文作为曾经"四人小组"译本的重要成员，无疑是此次译经活动的核心人员。麦都思作为当时最为资深的圣经译者被推选为本次大会主席。"四人小组"译本另一个成员马儒翰没有亲临此次大会，但仍与此次译经活动保持一定联系。[10] 马儒翰并非传教士，由于在侵华战争中担任英军翻译有功，战后被任命为香港立法行政委员会委员兼香港殖民政府秘书，但1843年8月29日他因患疟疾而亡，未能实际参与之后的译经工作。塞缪尔·戴尔担任大会秘书。他曾激烈攻击过麦都思和"四人小组"译本，但在"四人小组"译本被英国及海外圣经公会否决后的若干年后，他逐渐改变了态度，转而支持全面修订马礼逊/米怜译本。[11] 不过他在这次大会之后一个月便去世了，同样未能参加实际的译经工作。另一个曾经反对麦都思及其"四人小组"译本的约翰·埃文斯，则早在1840年11月18日逝世，未能参加此次大会。

---

10 *Annual Report of British and Foreign Bible Society*, 1844, p. cx.

11 Alexander Wylie, *Chinese Research*, p. 103.

　　值得注意的是，当年"四人小组"译本旧约的主要译者郭实腊并未参加这次大会，也没有参加之后的联合译经工作，原因大概有二。其一，郭实腊在 1828 年脱离荷兰传道会后，就成为了一名没有差会背景的独立传教士，之后虽与麦都思和马儒翰等人关系密切，但始终没有成为伦敦会的正式成员。第二，郭实腊行事风格特立独行，对自己汉语能力也颇为自信，在"四人小组"译本遭到伦敦会和英、美圣经公会否决后，他继续不停地修订和印行"四人小组"译本，也许在他看来，"四人小组"译本经他反复修订已经足够完美，无需新的译本了。在此基础上，他的传教思想也发生了变化，开始由圣经翻译转向直接传教。早在 1838 年前后，他已开始宣扬通过中国信徒到内地传教，并进行了初步的尝试。之后，为了实践其传教思想，郭实腊创立了"福汉会"，创造了一种新的对华传教模式：即由传教士组织独立的、没有教派背景的传教团体，由中国信徒自己管理并从事传教活动，从而完成了传教方法上的一个革新。[12] 为了推动"福汉会"的工作，他"日间办理公事，朝晚教授耶稣真理"[13]，耗费了大量时间和精力。在这样的情况下，郭实腊可能对此次译经工作并无多大兴趣，也无意参与其中。

　　另一个值得注意的现象就是美国浸礼会[14]的加入和最终退出。浸礼会发源于英国，并于 1792 年成立了英国第一个海外传教组织"英国浸礼会"。早期的英国浸礼会一直专注于印度的传教事工，在对华传教方面较为迟缓，未能参加此次翻译大会。但 1822 年该会传教士马士曼在印度赛兰坡翻译并出版了汉语圣经全译本，比马礼逊/米怜译本早了一年,因此，该译本也被认为是第一部汉语圣经全译本，但该译本对近代新教在华传播和发生在中国的圣经汉译活动几乎没有影响。比较而言，美国浸礼会更为关注对华传教。因清廷的禁教政策所限，美国浸礼会首先在泰国的曼谷建立了传教站，并在当地的华人聚居区传教。1833 年，美国浸礼会派遣传教士琼斯（J.T. Jones）到达曼谷，

12 吴义雄：《在宗教与世俗之间——基督教新教传教士在华南沿岸的早期活动研究》，第 172 页。
13 王元深：《圣道东来考》，香港，1907 年，第 15 页。
14 浸礼会又称浸信会，是基督教新教主要宗派之一。十七世纪上半叶产生于英国以及在荷兰的英国流亡者，当时属新教徒中的独立派。反对给儿童洗礼，主张教徒成年后方可受洗，且受洗者须全身浸入水中（象征重生），称为"浸礼"，故名浸礼会。浸礼会抵制抽烟、酗酒、跳舞等行为，并主张独立自主，反对英国国教和政府对地方教会的干涉。

开启了美国浸礼会对华人传教的历史。[15] 1835 年 6 月，该会第二个传教士粦为仁也到达曼谷。[16] 1836 年，该会又派遣叔未士前往曼谷，但叔未士到达新加坡后，认为新加坡比曼谷更适合对华人传教，便违背了浸礼会的指示，打算在新加坡停留，不久后他又决定前往中国，于当年 9 月乘船来到澳门。[17] 在澳门的郭实腊对他的到来表示欢迎，在开始的一段时间从生活上予以照顾。他在郭实腊的指导下开始学习汉语，并做一些诸如散发传教材料之类的工作。在之后的几年，叔未士一直坚持学习汉语。1837 年 5 月该会另一位传教士罗孝全也来到澳门，起初也受到了郭实腊和叔未士的欢迎，但后来因对传教的不同认识，罗孝全和叔未士产生了矛盾。叔未士希望和罗孝全共同努力，建立浸礼会的传教基地，但罗孝全受郭实腊的影响很大，更热衷于独自外出布道、散发宗教书籍，与比他小十岁的叔未士合作的兴趣不大。[18] 1843 年前，无论是叔未士还是罗孝全的活动，都基本上局限于澳门一隅，主要是学习汉语和散发宗教书籍。1840 年，该会的另一名传教士高德（Josiah Goddard）开始驻曼谷传教，后来成为该会最重要的汉语圣经译者。[19]

此次翻译大会，美国浸礼会传教士粦为仁、罗孝全、玛高温和叔未士作为曼谷传教站的传教士一同参会，并接受了分配的翻译任务：《约翰福音》、约翰书信、《犹大书》和《启示录》。[20] 但是在大会期间，浸礼会传教士在"Baptism"一词的译法上与其他差会传教士产生了分歧。根据浸礼会的教义，水礼只能以浸礼的方式施行，并认为这是希腊文原文的唯一意义，这是浸礼会与其他宗派的重大差异。这种教义上的区别导致该会传教士强烈反对马礼逊/米怜译本和"四人小组"译本所采用的译名"洗"字，主张采用"蘸"或"浸"[21]这两个译名，因为在他们看来，"洗"的译法未能正确传达，甚至是歪曲了"Baptism"一词的正确含义。为了解决这一分歧，大会成立了一个专门"委员会"就此问题进行商讨，由裨治文和粦为仁组成。[22] 遗憾的是，在

15 S. F. Smith, *Missionary Sketches: A Concise History of the work of the American Baptist Missionary Union*, Boston, W. G. Corthell Publisher, 1883, p.173
16 Alexander Wylie, *Memorials of the Protestant Missionaries to the Chinese*, p. 85.
17 Ibid., pp. 90-91.
18 吴义雄：《在宗教与世俗之间——基督教新教传教士在华南沿岸的早期活动研究》，第 107 页
19 Alexander Wylie, *Memorials of the Protestant Missionaries to the Chinese*, p. 114.
20 *Annual Report of British and Foreign Bible Society*, 1844, p. cxi.
21 今天浸礼会仍普遍使用后者的译名，出版与其他宗派不同的"浸"字版圣经。
22 *Annual Report of British and Foreign Bible Society*, 1844, p. cx.

大会结束前，该"委员会"也没能得出最后的结论。无奈之下，大会在最后一天的会议中决定，各差会可以自行决定"Baptism"的译名。[23] 事实上，在中国的新教传教史上，浸礼会因其在神学教义和圣经术语翻译上的特立独行，从未同意过其他宗派传教士达成一致的译名。翻译大会后不久，浸礼会传教士便退出了此次联合译经，坚持不懈地推出自己的译本，产生了后来的高德新约译本（Goddard's Version）、粦为仁旧约译本（Dean's Version）和胡德迈新约译本（Hudson's Version）。[24] 他们的圣经汉译活动始终和其他差会若即若离，保持距离，他们的译本也至始至终仅在浸礼会和其信徒内部之间流传。

二、翻译组织模式的确立

与会传教士在第一天的会议中一致决定对"四人小组"译本中"新约进行重新修订，对旧约则重新翻译。"[25] 参加此次译经活动的英美传教差会和圣经公会所收到的相关信函和报告同样表明，参与此次译经活动的传教士译者在提到新约时基本上使用"修订"一词，提及旧约时则使用"新译"或"重译"等词。措词的不同显示出大会和传教士译者对麦都思和裨治文的一种敬意，因为"四人小组"译本的新约主要是由麦都思完成的，裨治文也是翻译成员。会议记录也做出了相关说明："关于新约圣经，会议欣然承认最近的译本（"四人小组"译本）比以前的译本都要优越……还须推出一个新的旧约译本，该旧约译本应与修订好的新约译本保持一致。"[26] 从上述决议可以看出，传教士译者显然违背了英国及海外圣经公会"全面修订马礼逊/米怜译本"的初衷，反映出传教士译者对此次译经工作不同的看法和期待。在之后的会议中，传教士对此次译经工作的具体问题进行了仔细的讨论，最后做出以下决议：

1. 凡经过各差会审核而批准刊行的任何圣经汉语译本，须完全符合希伯来文和希腊文的原意；文体风格也应尽可能在汉语允许的范围之内和希伯来、希腊原文保持一致。

---

23 Ibid., p. cxi.
24 Hubert W. Spillett, *A Catalogue of Scriptures in the Language of Chna and the Republic of China*, The British and Forign Bible Society, 1975, p. 13. pp. 24-25.
25 *Annual Report of British and Foreign Bible Society*, 1844, p. cix, 另见"New and Revised edition of the Bible inChinese", *The Chinese Repository*, Vol.12, 1843, p. 551.
26 Ibid..

2. 新约应以希腊文圣经《公认经文》（*Textus Receptus*）为基础文本。[27]

3. 重量、度量和钱币单位，经查明后，应翻译成汉语的相关名称。

4. 博物学和历史用语，应尽可能地查明后使用汉语相关名称。

5. 在不同地方反复出现的相同经文和神学术语在译文中要统一。

6. 当涉及 "God" 一词的翻译时，不能以迂回的方式代替物主代词。

7. 当译者认为必要时，名词和代词可以互换。

8. 原文的委婉语应被译成相关的汉语委婉语。[28]

从上述决议第 1、3、4、7 和 8 条可以看出，大会通过的翻译原则显然更接近于意译的翻译原则，这自然是受到麦都思的影响。对于译义采用何种语体，大会似乎没有讨论，可能的原因是既然确定新约的译经工作主要是对 "四人小组" 译本的新约部分进行修订，那么译文语体自然是继承 "四人小组" 译本的语体，不过麦都思在 1851 年给伦敦会的信函中阐述了此次译经工作所采用的语体：

> 至于中国语文，特别是我们可以观察到的，拥有各式各样的语体。首先是古籍的古旧语体，这不是委办们所欲撰写的……第二类是文言体裁，用于撰写经书注疏，以及一切至少要正确、得体和高雅却较为浅白的作品，例如历史、道德哲学、政治经济、地理学、自然历史和医学的著作。中国所有的教门在研讨教旨训诲神灵时，都是运用这种语体……而且人们普遍认为如果自己的作品要得到大众垂青和仿效，就必须使用这类语体撰写……使用一种学者喜爱的文体，既不会违反文人学者的良好品味，同时也容易被识字不多的人民大众所理解。第三类是小说的自由语体……没有严肃的作者会用这种文体写作；而且中国卫道之士会责备喜爱阅读这类语体作品的人……它不及经书典籍的庄严，而且假如以这类语体撰写，则会

---

27 这项原则由英国及海外圣经公会提出，传教士译者选择《公认经文》是 "为了尊重英国及海外圣经公会的意见"，但在之后具体译经过程中，传教士译者实际上更多地使用 S. T. Bloomfield （布洛姆菲尔德）所编辑的经文，因为 "该版本反映了两个多世纪来圣经最新研究成果。" 见 "Things in Shanghai", *The Chinese Repository*, Vol.18, 1849, p. 390.

28 *Annual Report of British and Foreign Bible Society*, 1844, pp. cix –cx, 另见 "New and Revised edition of the Bible in Chinese", *The Chinese Repository*, Vol.12, 1843, pp. 551-552.

损害作品的荣誉，故此要避免之。第四类是会话交谈的语体，称为口语化官话……曾有人认为福音是向贫穷人宣讲的，而且穷人占了人口的大多数，据此推论，我们应该采纳国内最贫穷和最弱势者所能理解的语体。我们承认这一点，但不是极端到认为我们应该牺牲高雅和得体。[29]

从以上叙述来看，麦都思对汉语语体的认识类似马礼逊，都主张采用经书注疏的语体风格。十九世纪中后期的传教士把他们二人主持翻译的译本都称为"深文理"译本，但就实际译文而言，麦都思主持的译本更名副其实，更接近真正的文言语体。另外，麦都思格外重视这种语体的简洁特征，为了追求简洁，麦都思在日后的翻译中的确对圣经原文中的某些重复部分进行了删减，而这种翻译策略也成为其后来被以裨治文为代表的美国传教士攻击的理由。

就神学术语翻译而言，因与会传教士对"Baptism"和"God"二词的译法存有不同观点，大会分别成立了两个专门"委员会"在会议期间进行商讨。由裨治文和粦为仁组成的"委员会"负责处理"Baptism"的译法。裨治文继承了马礼逊和麦都思的译法，即"洗礼"，而粦为仁作为美国浸礼会传教士则沿袭了马士曼的译法"蘸礼"。另一个"委员会"由麦都思和理雅各组成，负责商讨"God"一词的译名。麦都思自然是坚持"上帝"的译名，而理雅各则支持马礼逊/米怜译本的译法"神"。[30] 令人遗憾的是，四年后，理雅各改变了自己的看法，转而认同"上帝"一词，并在以麦都思为代表的"上帝"派传教士可能向"神"派传教士妥协之时，坚定地维护"上帝"一词。多年以后，麦都思也许会暗自惋惜如果理雅各一开始就支持"上帝"一词，岂不省事。翻译大会即将结束之时，两个"委员会"都未能得出最后结论。因此，大会在最后一天的会议中决定，各差会可以自行决定"Baptism"的译名，至于"God"一词译名的最终决定，则留待大会最后成立的"联合翻译委员会"（General Committee）的裁决。此外，为了讨论圣经专有名词的音译方式，大会也专门成立了一个"委员会"，由麦都思和美魏茶组成，马儒翰负责协助。[31]

---

29 1851 年 3 月 13 日麦都思、施敦力·约翰和美魏茶致函伦敦会，转引自尤思德《圣经在中国：和合本的历史与新教在华传教士译经的高峰》，第 84-85 页。

30 *Annual Report of British and Foreign Bible Society*, 1844, p. cx.

31 在这项决定后的第四天，即 8 月 29 日，马儒翰逝世。

　　大会还讨论通过了新约修订工作的具体安排与分工，旧约的翻译工作则留待新约修订工作之后讨论。[32] 首先，大会设立一个"联合翻译委员会"（General Committee）领导此次新约修订工作，该"委员会"由全体新教来华传教士组成，麦都思担任秘书。"联合翻译委员会"下设五个"地区委员会"（Local Committee），分别为上海/宁波、厦门、福州、曼谷和广州/香港。上述五个"地区委员会"各自承担新约一部分的修订任务，具体为：上海/宁波地区负责修订《马太福音》、《腓力比书》、《歌罗西书》、《贴撒罗尼迦前书》、《贴撒罗尼迦后书》、《提摩太前书》、《提摩太后书》、《提多书》和《腓力门书》；厦门地区负责修订《马可福音》、《哥林多前书》和《哥林多后书》；福州地区负责修订《路加福音》、《罗马书》、《加拉太书》和《以弗所书》；曼谷地区负责修订《约翰福音》、《约翰一书》、《约翰二书》、《约翰三书》、《犹大书》和《启示录》；广州/香港地区负责修订《使徒行传》、《希伯来书》、《雅各书》、《彼得前书》和《彼得后书》。[33] 之后，由于代表福州地区的戴尔在此次大会结束后一个月逝世，该地区一直没有传教士来承担分配的翻译工作，原本由该地区负责翻译的工作也交由了上海/宁波地区的麦都思等人。[34] 总的看来，麦都思所在的上海/宁波地区承担了最多的修订任务，再次显示出麦都思在此次译经工作中的领导地位。

　　各"地区委员会"在完成自己所承担的修订任务后，译文须呈送给其他"地区委员会"修改，修改后的译文再返还给原来的"地区委员会"。在所有修订工作完成后，每个"地区委员会"选取一名或几名最富翻译经验的传教士作为"委办"（delegate）组成"委办会议"（Delegates' Meeting），决定最后的译文。如果译经"委办"就某处译文产生不同意见不能达成一致，便投票决定。一般情况下，每名"委办"都拥有一席投票权，在特殊情况下，也可以"地区委员会"的形式进行投票，每个"地区委员会"无论有多少成员参加"委办会议"均只有一票。最终的译文将呈送给英国及海外圣经公会和美国圣经公会，两会须偿付传教士的花费开销。在"委办会议"确定最终译文并经圣经公会认可之前，不得印行新译本的任何部分。[35]

---

32 *Annual Report of British and Foreign Bible Society*, 1844, p. cvi. 另见 "Things in Shanghai", *The Chinese Repository*, Vol.18, 1849, p. 389.

33 "Things in Shanghai", *The Chinese Repository*, Vol.18, 1849, p. 389.

34 *Annual Report of British and Foreign Bible Society*, 1847, p. cviii.

35 上述决议见"Things in Shanghai", *The Chinese Repository*, Vol.18, 1849, p. 390. 需要

　　香港翻译大会于 1843 年 9 月 4 日结束。此次大会的召开是新教各传教差会试图团结协作推出统一译本的一次尝试。在之后的实际翻译工作中，美国圣公会（Episcopal Church in the United States of America）和美以美会（The Methodist Episcopal Church）等差会也陆续加入其中。麦都思在此次大会上被推选为主席，并担任"联合翻译委员会"秘书，确立了其在第二代传教士圣经译者中的领导地位。作为当时资历最深的圣经译者，麦都思极大地影响了此次翻译大会和之后的翻译工作。大会所决定的"联合翻译委员会"和"委办会议"的翻译组织模式，以及所采用的较为倾向意译的翻译原则在很大程度上都可以看作是麦都思圣经翻译思想的产物，而这些决议均可以追溯到其五年前所著的《中国的现状和传教展望》一书。通过成立"联合翻译委员会"和"委办会议"这两个翻译机构，麦都思把所有在华新教传教士都纳入到了译经工作中来，从而向外界传达了一个明确的信号，即此次译经工作的成果是全体在华传教士的共同努力。这种局面导致日后各圣经公会和传教差会将难以拒绝新的圣经译本，从而在最大程度上可以避免新的译本重蹈"四人小组"译本失败的覆辙。另外，由于名义上所有传教士都将参与到译经工作中，当出现意见不一时，传教士也可尽量协商解决，把危害控制在一定范围之内，从而避免之前埃文斯和戴尔激烈攻击"四人小组"译本那样的不利情况。麦都思的愿望无疑是美好的，但圣经汉译实乃一项艰巨复杂的工作，大会期间因"God"和"Baptism"二词译名问题所产生的分歧已经显示出联合译经之路注定不会一帆风顺。

第二节　从联合走向分裂

一、联合译经——"委办本"新约的诞生

　　根据香港传教士大会所达成的翻译计划，各"地区委员会"在大会结束后应该积极开展新约的修订工作，以便在不久的将来可以召开"委办会议"来确定最终的译文。然而计划却跟不上变化，随着第一次鸦片战争后五口通商新形势的到来，许多传教士忙于各种传教事务，根本抽不出时间从事修订

　　指出的是，在日后实际的翻译工作中，尤其是在圣经公会和伦敦会的要求之下，传教士译者部分改变了自己的决议，在全部翻译工作未完成之前多次印刷出版了圣经中的若干章节，特别是四福音书。

工作。[36] 另外，各传教差会的传教策略也在逐渐发生变化。由于战前受制于清廷的禁教政策，各传教差会多是指示传教士进行汉语学习和翻译、散发圣经这样的间接传教事工。战后五口开放，清廷弛教，直接向中国人宣扬基督教已经成为可能，传教差会开始指示其传教士把更多的注意力放在直接传教上，并以皈依信徒的数目来衡量传教成果，"圣经汉译逐渐成为传教士的一种副业而非首要任务"[37]。在这样的情况下，各"地区委员会"的译经工作进展缓慢也就不难理解了。据理雅各于 1846 年 3 月回到英国后给英国及海外圣经公会的信函，在香港翻译大会之后的两年多期间，广州/香港和厦门地区的翻译工作仍未完成，上海/宁波地区的翻译工作则勉强完成，只有曼谷地区的翻译工作基本完成。[38]

1846 年 2 月，作为"联合翻译委员会"秘书的麦都思通告各"地区委员会"，准备于该年 9 月在上海召开"委办会议"，确定最终的新约译文。[39] 广州/香港地区委员会的裨治文立即表示反对，认为召开"委办会议"的时机尚不成熟。裨治文给出的原因是："按照香港传教士翻译大会的决议，各'地区委员会'在完成相应翻译任务后须相互交换评阅"，但截止 1846 年 2 月，"据我们所知，不止一个'地区委员会'根本就没有收到其他'地区委员会'的任何译文。"[40]

不过，各"地区委员会"缓慢的翻译速度却没有妨碍传教士译者围绕"God"一词的译名进行激烈争论。由于 1843 年香港传教士翻译大会未能就"God"和"Spirit"等词的汉语译名达成一致，随着翻译工作的缓慢进行和"委办会议"的临近，译名问题开始逐渐发酵，浮出水面。[41] 从 1845 年开始到"委办会议"召开，主张"神"字的裨治文、娄礼华和主张"上帝"一词的麦都思相继在《中国丛报》上发表多篇文章阐明各自观点，相互批评。后来，浸淫中国语言文化近三十年的麦都思已经不再满足于在《中国丛报》上发表篇幅短小的文章来驳斥裨治文和娄礼华。1847 年，为了系统阐述其对译名问题以及与之密切相关的中国宗教问题的看法，麦都思在上海出版了其长篇巨制：

36 "Things in Shanghai", *The Chinese Repository*, Vol.18, 1849, p. 389.

37 Ibid..

38 *Annual Report of British and Foreign Bible Society*, 1846, p. ci.

39 "Chinese Versions of the Holy Scriptures", *The Chinese Repository*, Vol.15, 1846, p. 109.

40 Ibid., pp. 109-110 .

41 对于此次联合圣经汉译中出现的"译名之争"，第四章将做专门讨论。

《中国人之神学观——兼论至高无上造物主的最佳汉语译名》（*A Dissertation on the Theology of the Chinese, with a View to the Elucidation of the Most Appropriate Term for Expressing the Deity in the Chinese Language*）[42]。该书洋洋洒洒，长达 284 页，对儒家经典的四书五经和部分道家、佛家文献中有关"神"和"上帝"的词条旁征博引，不厌其烦，试图一举驳倒裨治文和娄礼华等美国传教士。不过争论的结果是，双方都未尝所愿，围绕"God"一词译名所产生的分歧不但依旧，而且有加剧恶化之势。

当传教士译者一边不紧不慢地进行修订工作，一边为"God"一词译名争执不休之时，承担资金赞助的英国及海外圣经公会由于急于看到赞助成果，却已按捺不住。为了激励和促使传教士译者早日完成译经工作，该会在 1846 年通过了五项决议：

1. 敬请伦敦会理事敦促其传教士根据香港翻译大会确定的翻译原则尽早进行翻译工作，而且应把译经作为目前的主要工作，最好是唯一的工作；

2. 英国及海外圣经公会愿意承担翻译工作大部分的赞助资金，对于那些把全部时间和精力都投入到此项工作的传教士，本会将负责他们的所有开销；

3. 希望传教士译者能尽早印刷翻译完毕的部分圣经，本会将承担全部印刷资金，如需本会派遣人员前往中国负责印刷工作，人员开销也将由本会负责；

4. 本会充分相信传教士译者的翻译能力，他们可以决定何时印刷翻译完毕的圣经任何章节；

5. 希望传教士译者尽早召开"委办"会议，会议地点可以是香港，也可是传教士认为方便的其他地方，本会将承担传教士译经人员的川资旅费。[43]

在这样的情况下，1847 年 6 月 1 日，也就是在距香港翻译大会近四年之后，传教士译者终于决定召开第一次"委办会议"。[44] 此时，由于曼谷地区的

---

42 W. H. Medhurst, *A Dissertation on the Theology of the Chinese with a View to the Elucidation of the Most Appropriate Term for Expressing the Deity in the Chinese Language*, Shanghai: Mission press, 1847.

43 *Annual Report of British and Foreign Bible Society*, 1846, pp. c-ci

44 "Things in Shanghai", *The Chinese Repository*, Vol.18, 1849, p. 389.

浸礼会传教士已经退出"联合翻译委员会",福州地区没有传教士参加译经工作,原来的五个译经"地区委员会"减少到三个,即上海/宁波地区、广州/香港地区和厦门地区。上海/宁波"地区委员会"推选出的译经"委办"为麦都思、文惠廉和娄礼华,广州/香港"地区委员会"的"委办"为裨治文,厦门"地区委员会"的委办是施敦力·约翰。[45] 两个月后,娄礼华被强盗所杀,其"委办"席位由美魏茶于 1848 年 1 月接替,这就使得伦敦会传教士(麦都思、施敦力·约翰和美魏茶)在人数上占了多数。文惠廉只出席了最初的三次的"委办会议",后因身体健康原因便不再参与译经工作会议。然而他一直没有退出"委办会议",目的应该是避免失去投票的权利,以备在必要时使用。所以实际上,参与此次译经"委办会议"的主要是三位来自伦敦会的麦都思、施敦力·约翰、美魏茶和来自美部会的裨治文。不过,"委办会议"宣称译经工作向所有新教传教士开放,只要他们愿意"列席会议,便可以就所讨论的任何问题发表意见"[46]。但似乎除了美国浸礼会传教士高德不定期列席了几次"委办会议"外,并无其他传教士出席。[47]

译经"委办会议"后又因裨治文和施敦力·约翰离上海路途遥远、行程耽搁,实际上于 6 月 28 日才在上海麦都思的家里举行。会议举行的地点再次凸显了麦都思在此次译经活动中领袖地位,另外,上海开始逐渐取代广州和香港成为新的传教中心无疑也是会议选址的重要因素。[48] 6 月 28 日会议开始后,翻译"委办"们用了四天来讨论具体的翻译组织模式和细则,详情如下:

1. 每次会议至少需要有三名"委办"参加,三名"委办"不能全来自一个"地区委员会"。

2. 每次会议之前,由一名"委办"阅读祷告词和一部分汉语圣经。

3. 会议开始后,由一名"委办"宣读当日的译经安排,并记录与会的"委办"和译经的进程。

---

45 Ibid..

46 Ibid., p .390.

47 "Revision of the Chinese Version of the New Testament", *Chinese Repository*, Vol.16, 1847, p. 208.

48 参见吴义雄《在世俗与宗教之间——基督教新教传教士在华南沿海的早期活动研究》,广东教育出版社,2000 年,第 200 页。"1843 年,伦敦会传教士首先到上海建立传教站,到 1851 年,已有 6 个新教差会在上海设立了传教机构,在 5 个通商口岸中,以上海的新教传教士人数最多。在短短几年中,上海取代广州,成为新教对华传教新的中心。"

4. 由中国助手记录下所修订的译文，并当场宣读，在"委办"们一致认可后即可作为标准译文。

5. 汉语秘书将负责把每一个重要的希腊单词的汉语译法记录在册，最后做成索引，供"委办"使用。

6. 每天休会之前，应明确第二天将要修订的译文，使译者有所准备。

7. 一般情况下，每名"委办"拥有一席投票权；特殊情况下，可采用"地区委员会"投票的方式，每个"地区委员会"无论有多少"委办"均只有一席投票权。

8. 译文须逐字逐句进行确定，翻译过程中，每名"委办"都有权提出自己的观点。

9. 若觉得不妥，已经修订的部分也可重新讨论。

10. 与会传教士译者均有就任何翻译问题发表意见的权利。[49]

在商讨好上述细则后，修订工作于 7 月 2 日正式开始。第三天，"委办会议"便遭遇"God"一词汉语译名的麻烦，与会"委办"之间就此问题所产生的分歧再次暴露出来，开始严重影响到实际的修订工作。麦都思和施敦力·约翰主张采用"上帝"一词，美国传教士裨治文、文惠廉以及娄礼华则主张采用"神"字。[50]"God"一词的译名又在很大程度上决定了"Spirit"一词的译名，因为，若"God"一译为"神"，则"Spirit"就可译为"灵"；而"God"一词若是译为"上帝"，"Spirit"则既可译为"神"也可译为"灵"。双方为此展开了激烈争辩，但始终相持不下，无法说服对方，修订工作停滞不前，陷入僵局。经过三天毫无结果的口头争论后，"委办会议"决定"将翻译工作暂时搁置，以便有充分的时间来解决这一问题，并谨慎地将关于这两个词语的争论限制在书面形式的讨论"[51]。在之后的四个多月里，为了证明各自的观点正确，双方都一头扎进中国古籍寻找证据，并分别撰写了多篇文章为自己的观点辩护。该年 11 月 22 日，翻译"委办"们进行了投票，但票数相同，仍旧无法达成一致。[52] 无奈之下，翻译"委办"们决定暂停"委

---

49 "Things in Shanghai", *The Chinese Repository*, Vol.18, 1849, pp. 389-390.

50 "Revision of the Chinese Version of the New Testament: proceedings of the delegates from the General Committee of Protestant missionaries assembled at Shanghai", *The Chinese Repository*, Vol.17, 1848, pp. 53-54.

51 Ibid., p. 53.

52 根据"委办会议"制定的翻译模式细则第 7 条，每名"委办"一票，由于上海/宁波地区的娄礼华 3 个月前去世，剩余四名"委办"分成两派，票数刚好相等；即

办会议"，并把双方的文章修改后公布于众。[53]

　　由于娄礼华在"委办会议"开始后不久被海盗杀害，文惠廉便充当起"神"派译者的主要辩手，他在 1848 年的《中国丛报》上发表了《论"Elohim"和"Theos"的汉语译名》（*An Essay on the Proper Rendering of the Words Elohim and Theos into the Chinese Language*）一文，长达 71 页。[54] 麦都思自然不甘落后，同年在《中国丛报》上发表了两篇长文:《试论圣经汉译中"God"的汉语译名》（*An Inquiry into the Proper Mode of Rendering the Word God in Translating the Sacred Scriptures into the Chinese Language*）和《就文惠廉博士有关"Elohim"和"Theos"汉语译名文章的回应》（*Reply to Essay of Dr. Boone on the Proper Rendering of the Words Elohim and Theos into the Chinese Language*），两篇文章篇幅分别长达 160 页和 108 页。除此之外，其他传教士也就译名问题在《中国丛报》上纷纷发表观点，致使 1848 年的《中国丛报》更像是一份探讨译名问题的专刊或学术期刊。

　　然而，四个多月的书面论证并未解决双方分歧，眼看修订工作耽搁已久，无奈之下，双方决定暂时搁置这一问题，继续开展翻译工作。1848 年 1 月 5 日，译经工作终于重新开始，并且一直持续到新约完成。[55] 译经工作主要由英国伦敦会的三位"委办"麦都思、施敦力·约翰和美魏茶，以及美部会传教士裨治文完成。每天的修订工作一般从上午 10 点开始，到下午 2 点半结束，中途休息半小时。[56] 具体翻译过程可以从裨治文一封给美部会的信函略见端倪:

便按照"地区委员会"的形式投票，厦门地区"委办"施敦力·约翰支持"上帝"，广州/香港地区"委办"裨治文支持"神"，而上海/宁波地区的麦都思和文惠廉意见分歧，无法投票。见 W. H. Medhurst, James Legge, *Reply to Dr. Boone's vindication of comments on the translation of Ephes. I : in the delegates' version of the New Testament: by the Committee of delegates, also, a letter on the same subject, from J. Legge, to Dr. Tidman, secretary of the London Missionary Society*, Shanghai: London Mission Press, 1852, p. v.

53　W.H. Medhurst, John Stronach, William C. Milne, *Strictures on the Remarks Contained in "Papers relating to the Shanghae revision of the Chinese Scriptures"*, Shanghai, June 16, 1852, p. 21. American Bible Society archives. 美国圣经公会图书馆和档案馆 Jacquelyn Sapiie 主任从美国纽约邮寄了此文件的复印件，在此表示由衷的感谢。

54　William Jones Boone, "An Essay on the Proper Rendering of the Words Elohim and Theos into the Chinese Language", *The Chinese Repository*, Vol.17, 1848, pp. 17-54, 57-89.

55　"Revision of the Chinese Version of the New Testament: proceedings of the delegates from the General Committee of Protestant missionaries assembled at Shanghai", *The Chinese Repository*, Vol.17, 1848, p. 54.

56　"Things in Shanghai", *The Chinese Repository*, Vol.18, 1849, p. 391.

当天需要翻译的经文一般在前一天便由"委办"们定下并经过仔细研究。具体翻译一般是由"委办会议"秘书麦都思先朗读一句译文，如果与会"委办"对此句译文有任何疑问，便立即展开讨论。然后依次讨论关键词的译法、译文句型结构和冠词的译法等等。当该句译文确定后，需要把希腊文每一个重要单词的汉语译法记录下来，以供将来做成汉语希腊文词汇对照索引[57]。

按照这种流程，"委办会议"初期每天只能翻译 6 节，后来则能够翻译 10 节。[58] 根据"委办会议"记录，《马太福音》于 1848 年 5 月 30 日修订完毕，《马可福音》于 7 月 26 日修订完毕，《路加福音》于 11 月 9 日修订完毕，《约翰福音》于 1849 年 1 月 18 日修订完毕，《使徒行传》于 1849 年 4 月 19 日修订完毕。[59] 这样，圣经新约中的历史书部分就全部修订完毕，之后与会"委办"对此部分的修订工作又检查了一遍。新约所有翻译工作最终于 1850 年 7 月 24 日完成。[60] 根据麦都思的统计，他和施敦力·约翰参加了所有的译经"委办会议"，均为 700 次，裨治文参加了 673 次，美魏茶为 620 次，文惠廉只参加了 1 次。[61] 译经"委办"们对此译本十分满意，认为"译本不论在语体风格还是忠实程度上都超越了以前所有的译本"[62]。

1850 年 8 月 1 日，新约"委办会议"进行了最后一次会议，并做出两项决议：

第一，该新约译本立即呈给欧美各圣经公会和在华传教士，但"委办会议"保留对此译本修改的权力，其他团体或个人无权修改此译本，但按照 1843 年香港翻译大会的精神，浸礼会可以对

57 Margaret T. Hills, *ABS Historical Essay # 16, Part III-G. Text and Translation, 1831-1860, Languages of Asia.* American Bible Society Archives, New York, 1965, p. 37. 美国圣经公会图书馆和档案馆 Jacquelyn Sapiie 主任提供了这份材料的电子版，在此表示由衷的感谢。

58 Margaret T. Hills, *ABS Historical Essay # 16, Part III-G. Text and Translation, 1831-1860, Languages of Asia.* American Bible Society Archives, New York, 1965, p. 37.

59 "Things in Shanghai", *The Chinese Repository*, Vol.18, 1849, p. 391.

60 "Version of the Old and New Testaments in Chinese", *The Chinese Repository*, Vol.19, 1850, p. 544.

61 W. H. Medhurst, James Legge, *Reply to Dr. Boone's vindication of comments on the translation of Ephes. I : in the delegates' version of the New Testament: by the Committee of delegates, also, a letter on the same subject, from J. Legge, to Dr. Tidman, secretary of the London Missionary Society*, Shanghai: London Mission Press, 1852, p. v.

62 "Revision of the S. S.", *The Chinese Repository*, Vol.19, 1850, p. 464.

"Baptism" 相关术语进行任意修改。第二，译文中凡涉及到 "God" 和 "spirit" 两词的地方均留出空白没有翻译，具体译名由欧美圣经公会和各差会团体自行决定，"委办会议" 不承担任何责任。[63]

对于上述两项决议，美国 "委办" 裨治文和文惠廉其实并不完全认同，但是他们和麦都思等人相比在人数上处于下风，迫于压力只能勉强接受。裨治文在给美部会的信中曾写道：

> 决议产生时，我和文惠廉博士均在场。如果不对当时的形势加以说明，你们一定会对此感到奇怪。总而言之，麦都思先生、施敦力·约翰先生和美魏茶先生（他们三票对我们两票）当即就宣布了他们的决定。他们决定将译本付印。至于旧约译本，他们的决定是，在全体在华传教士对 "Elohim"（希伯来文的 "God"）和 "Raunch"（希伯来文的 "Spirit"）两词的译名问题有满意的答案之前，暂不翻译《创世记》。简而言之，我们当时只有两个选择：要么改变我们原有的一切修订计划，要么同意这两个决议。文惠廉博士与我选择了后者。[64]

裨治文和文惠廉并不同意立即印刷新约译本，而是希望彻底统一 "God" 和 "Spirit" 两词的译名之后再行刊印。因为，他们自信大部分的传教士都支持他们，他们声称 "本年 7 月在上海、宁波、福州、广东和香港，有多达 40 名传教士联名要求采用'神'字的译名"[65]。在裨治文和文惠廉看来，如果推迟印刷该译本一段时间，麦都思等人将被迫同意 "神" 的译法，而麦都思等人急于印刷新的汉语译本，是企图造成 "上帝" 版圣经的既成事实。

实际上，麦都思等人把译本呈给英国及海外圣经公会后，立即于该年在上海 "墨海书馆" 先行印刷了此译本的《马太福音》，并在扉页添加了英文名字 "The New Testament in Chinese: translated by the Committee of Delegates, appointed by the Protestant Missionaries in China for the purpose, printed at the expense of the British and Foreign Bible Society. The Gospel accord ing to

---

63 "Version of the Old and New Testaments in Chinese", *The Chinese Repository*, Vol.19, 1850, pp. 545-546.

64 Bridgman to Anderson, Shanghai, Sept. 13, 1850, ABCFM Papers, reel 259, 16. 3. 8. 另见雷孜智著，尹文涓译《千禧年的感召——美国第一位新教传教士裨治文传》，广西师范大学出版社，2008 年，第 243 页。

65 Margaret T. Hills, *ABS Historical Essay # 16, Part III-G. Text and Translation, 1831-1860, Languages of Asia.* American Bible Society Archives, New York, 1965, p. 45

Matthew, 1ˢᵗ edition. London Missionary Society' Press. Shanghai, 1850"[66]（汉语版新约：由中国新教传教士推选的"委办会议"翻译，并由英国及海外圣经公会资助。《马太福音》第一版，墨海书馆，上海，1850）。译本中，"God"和"Spirit"两词毫不意外地分别选择了"上帝"和"神"的译法。1852年，麦都思等人在上海出版了修订后的新约译本，名为《新约全书》。此版汉语圣经就是历史上著名的"委办本"新约。需要说明的是，"委办本"这一称谓严格意义上仅能用来指代圣经的新约部分。至于旧约，后来因英美两国传教士译者的决裂，实际上未能推出统一的译本。但后人往往把该新约译本和分裂后英国伦敦会传教士翻译的旧约合在一起通称为"委办本"，为叙述方便，本书也采用这种说法。

　　显然，新约翻译中出现的译名问题最终没有解决，由于此次译经工作的初衷是推出一部在中国使用的统一圣经译本，因此，8月的译经会议和《马太福音》的出版等于正式宣告了这一理想的破产，"上帝"版和"神"版两个版本汉语圣经的出现已是难以避免。

二、"神"还是"上帝"——联合译经的终结

　　在新约修订工作的末期，旧约的"重新翻译"已摆上议事日程。1849年12月8日，修订新约的"委办"们讨论了"重新翻译"旧约的工作计划，并通过了三项决议：

1. 各"地区委员会"在新约的修订工作中，耗时甚久且收效甚微，"这种翻译模式理论上看似漂亮，但在实际过程中难以令人满意"[67]，有鉴于此，重新翻译旧约将不再采用这种翻译模式。

2. 重新翻译旧约的工作直接由各"地区委员会"所推选的"委办"进行，他们将决定最终的译文。

3. "地区委员会"共设6个，由分布于广州、香港、厦门、福州、宁波和上海的对圣经汉译有兴趣的传教士组成；每个"地区委员会"可推选一名或更多的"委办"，但在决定译文分歧时每个"地区委员会"均只有一席投票权。[68]

---

66 Ibid..

67 此句话是英国及海外圣经公会秘书对此种翻译模式的评价。见"Version of the Old and New Testaments in Chinese", *The Chinese Repository*, Vol.19, 1850, p. 544.

68 "Version of the Old and New Testaments in Chinese", *The Chinese Repository*, Vol.19, 1850, pp. 544-545.

可以看出，相较新约翻译组织模式，旧约翻译组织模式有不小的变化。首先，为了提高翻译效率，原来分配给各"地区委员会"的翻译任务被取消，翻译工作被直接交由"委办"负责。其次，原来由广州和香港共同组成的一个"地区委员会"被拆分成两个，宁波和上海的情况也是如此，所以原来实际参与新约修订工作的三个"地区委员会"变成了现在的六个，产生这种变化的原因应该是为了吸纳更多的传教士参与到译经工作。至于敏感的译名问题，决议只字不提，显示出"委办"们对此问题的束手无策。大约两周之后，裨治文在给美部会的信函中透露出对旧约翻译工作前景的沮丧和迷茫：

> 当我重新审视此项翻译工作时，我从来没有像现在这样感到前程暗淡。新约修订完毕后，六个传教地区将组成新的"委办会议"，预计在明年7月1日聚集上海开始翻译工作。如果广州的兄弟仍然推选我作为他们的"委办"，我该怎么办？……至于"Theos"等词的译名，分歧依旧，我们衷心希望美国圣经公会能够支持我们的意见[69]。

考虑到文惠廉因健康原因很少参加具体的译经工作，当译经工作出现分歧时，裨治文往往独自一人面对伦敦会的麦都思、施敦力·约翰和美魏茶三人，自然会感到力量薄弱和孤独无助。但无论如何，上述决议很快通告各传教地区传教士，代表各地区的翻译"委办"也随之选出，分别为：上海地区的麦都思、文惠廉、叔未士和美魏茶，广州地区的裨治文，香港地区的理雅各和韩山文（Theodor Hamberg，巴色会），厦门地区的施敦力·约翰，福州地区的约翰逊（Stephen Johnson，美部会）和怀德（M. C. White，美以美会），宁波地区的克陛存（Michael S. Culbertson，美国长老会）。[70] 在这些人中，克陛存几个星期后便离开了上海，未再继续参加译经工作，文惠廉继续长期缺席"委办会议"，韩山文、约翰逊和怀德也从未出席过在上海举行的"委办会议"，理雅各远在香港，也很少参与。[71] 结果，实际参与旧约"委办会议"的译经

69 Margaret T. Hills, *ABS Historical Essay # 16, Part III-G Text and Translation, 1831-1860, Languages of Asia*. American Bible Society Archives, New York, 1965, p. 43. 裨治文在这次"委办会议"中曾提出将旧约的翻译地点改为香港，原因在于广东是其传教活动的大本营，其本人也隶属于美部会广东传教站。但此决议未能通过，旧约的翻译地点依然定在上海麦都思家中。

70 "Revision of the S. S.", *The Chinese Repository*, Vol.19, 1850, p. 464.

71 W. H. Medhurst, James Legge, *Reply to Dr. Boone's vindication of comments on the translation of Ephes. I : in the delegates' version of the New Testament: by the*

人员只比原新约"委办会议"多了一人，即叔未士。

1850 年 8 月 1 日，新约"委办会议"最后一次会议和旧约"委办会议"第一次会议在上海麦都思家中举行，宣告了新约修订工作的结束和旧约翻译工作的开始。[72] 对于在旧约翻译过程中即将遭遇的译名问题，"委办会议"决定："当'El'、'Eloah'、'Elohim'和'Ruach'等字与'God'、'a God'、'Gods'和'Spirit'等词相关时，同样留出空白不翻译，留待各圣经公会和传教差会自行决定。"[73] 显然，新约修订中出现的译名问题在旧约翻译中仍然无法到解决。

尽管"委办会议"暂时克服了由译名问题所引发的严重分歧，继续磕磕碰碰地开始旧约的重译工作，但两派最终分道扬镳的迹象很快就显露出来。两派传教士在翻译旧约的同时不断把各种有关译名问题的小册子、文章和报告寄回各自差会和英美两国的圣经公会，希望获得相应的支持，从而迫使对方做出让步。

美国圣经公会在经历初期的犹豫之后，最终旗帜鲜明地站在了美国传教士一边。[74] 1850 年 12 月 5 日，该会的理事会议上全票通过了《关于汉语圣经的报告》（"Report on the Chinese Version"），否决了"上帝"、"帝"、"天帝"和"天主"等译名，表示"在迄今所有的参考译名中，决定采用'神'字作为正式译名"[75]。《关于汉语圣经的报告》中还列出了和译名问题有关的各种小册子，表明该会就译名问题进行了详细的研究。1851 年 4 月，由裨治文和卫三畏主持的《中国丛报》全文刊登了这一决议。美国圣经公会的这一决议无疑使以裨治文和文惠廉为代表的美国传教士处于极为有利的局面。

Committee of delegates, also, a letter on the same subject, from J. Legge, to Dr. Tidman, secretary of the London Missionary Society, Shanghai: London Mission Press, 1852, p. viii.

72 "Version of the Old and New Testaments in Chinese", *The Chinese Repository*, Vol.19, 1850, p. 545.

73 Ibid..

74 1849 年，该会通过了一份《新汉语圣经》（"The New Chinese Version"）的报告，认为"经过仔细研究麦都思和文惠廉的文章后，尚无法得出最后的结论"，并且"考虑到一个统一的译名的重要性，"希望"双方人员能够坐下来仔细研究，并达成一致，若无法达成一致，则能否考虑一个新的译名。"见 Margaret T. Hills, *ABS Historical Essay # 16, Part III-G. Text and Translation, 1831-1860, Languages of Asia.* American Bible Society Archives, New York, 1965, pp. 39-40.

75 "Proceedings Relating to the Chinese Version of the Bible", *The Chinese Repository*, Vol.20, 1851, p. 219.

　　与美国圣经公会明确支持美国传教士"神"字译法不同的是，英国及海外圣经公会的态度始终比较暧昧。早在1848年11月28日，英国及海外圣经公会曾一度做出决议否决了"神"的译法，但也没有明确表示支持"上帝"的译法。一年之后的1849年10月20日，该会又转变态度认为"神"的译法虽然过于宽泛，但仍不失为可以接受的译名。[76] 1850年12月17日，在美国圣经公会做出最终决议之后大约两周，英国及海外圣经公会、英国伦敦会和英国圣公会差会（Church Missionary Soceity）的代表在伦敦举行了一次大会，就圣经汉译事业和译名问题又做了一次商讨。大会表示"反对在中国发行两个相抵触的译本，并强烈要求在华所有传教士使用统一的汉语版圣经"[77]。大会未对"译名之争"两派中任何一方表现出明显的支持，仅提醒译经"委办"，"为实现众望所归、意义重大的译经目标，妥协让步和达成和解是基督徒之使命所在"[78]。可以看出，作为此次译经事业最为重要的赞助团体，英国及海外圣经公会出于追求统一译本的考虑，始终未就"God"一词的译名问题明确表态。

　　面对美国圣经公会对裨治文和文惠廉的支持，对于麦都思、美魏茶和施敦力·约翰而言，英国及海外圣经公会、英国伦敦会和英国圣公会差会所做出的决议可谓雪上加霜，使他们陷入了进退两难的尴尬境地。实际上，由于英国及海外圣经公会一直期望推出统一的圣经汉语译本，以及裨治文、文惠廉等美国传教士的坚持己见，麦都思等人也曾尝试作出妥协。1850年1月30日，麦都思、施敦力·约翰、美魏茶、雒魏林（William Lockhart）、慕维廉（William Muirhead）和艾约瑟（Joseph Edjins）等六名英国传教士联名发出《致中国五口岸和香港的新教传教士的一封信》（"To the Protestant Missionaries laboring at Hongkong, and the Five Ports of China"），表示愿意放弃采用中国故有词汇来翻译"Elohim"和"Theos"，转而采用早期聂斯脱利派传教士曾使用过的"阿罗诃"（Aloho）一词进行音译。[79] 但遗憾的是，裨治文等美国传教士依然拒绝妥协，坚持"神"的译法。

76　W. H. Medhurst, *To the Protestant Missionaries Laboring at Hong Kong, and the Other Five Ports of China*, Shanghai, Jan. 30, 1850, p. 3, American Bible Society Archives. 美国圣经公会图书馆和档案馆Jacquelyn Sapiie主任从美国纽约邮寄了此文件的复印件，在此表示由衷的感谢。

77　"Proceedings Relating to the Chinese Version of the Bible", *The Chinese Repository*, Vol.20, 1851, p. 220.

78　Ibid..

79　W. H. Medhurst, *To the Protestant Missionaries Laboring at Hong Kong and the Five Ports of China*, Shanghai, Jan. 30, 1850, p. 9, American Bible Society Archives

　　但是现在，美国圣经公会已经明确支持"神"字的译名，英国及海外圣经公会等英国传教团体却依然犹豫不决，态度暧昧，摆在麦都思等人面前的选择只有两个：要么彻底向对方"投降"，放弃"上帝"一词，挽救全局；要么退出"联合翻译委员会"和"委办会议"，保留自己的尊严和骄傲。最终，他们选择了后者。1851 年 2 月 18 日，裨治文收到了美魏茶的一个便条，上面写道："麦都思、施敦力·约翰和我本人，将在明天的会议上宣布退出旧约'委办会议'，我们将向所属差会递交辞呈。鉴于差会传达给我们的指示，这是目前我们唯一可做的选择。"[80] 第二天，三人提交了一份正式的报告，宣布退出与"委办会议"有关的一切活动。他们以"伦敦会上海传教区传教士"的身份宣布："我们不再将自己视作旧约'联合翻译委员会'的一员，无论是此前任何差会指定成立的或以后可能成立的'委办会议'均不再与我们发生任何关系。"[81] 次日，他们又发表了一份声明，宣布他们计划自己成立一个委员会，名为"旧约汉语翻译委员会"（The Committee for Translating the Old Testament into Chinese），隶属英国伦敦会，由麦都思任主席，美魏茶任委员会秘书，施敦力·约翰任汉语秘书，并邀请理雅各参加他们的译经工作。[82]

　　为了证明其行为的合理性，三人援引了英国伦敦会理事会曾发出的一个指示。指示内容为："最为理想的做法是，麦都思、施敦力·约翰和美魏茶三位先生与本差会其他有能力的传教士，独立完成旧约的翻译，而不与其他任何机构的代表发生联系。"[83] 但是，麦都思等人在此故意忽略了一个事实，那就是伦敦会理事会的指示是于 1850 年 7 月 22 日发出的，也就是在伦敦大会和美国圣经公会分别做出有关译名问题相关决议前五个月，在他们退出联合翻译工作前七个月。实际上，伦敦会理事会的指示仅仅是对 1850 年 5 月 11 日麦都思在一封信中提出的请求所做出的回应。在那封信中，麦都思抱怨新约修订耗时过长，原因在于常常与美国的传教士委办发生争执。他声称，倘若没有美国人，他们可以在两至三年内完成旧约，而与美国人在一起则需要六年。[84]奇怪的是麦都思在收到伦敦会理事会的指示后，并没有按照指示退出

80　"Proceedings Relating to the Chinese Version of the Bible", *The Chinese Repository*, Vol.20, 1851, p. 221.

81　Ibid., p. 222.

82　Ibid., p. 221.

83　Ibid., p. 221.

84　Margaret T. Hills, *ABS Historical Essay # 16, Part III-G. Text and Translation, 1831-1860, Languages of Asia*. American Bible Society Archives, New York, 1965, p. 58.

联合翻译工作，继续和美国传教士一起完成了新约的修订工作，并继续开展旧约的重译。可能的解释是麦都思一直致力于领导和联合在华所有新教传教士推出统一的圣经汉译本。另外，一个"联合翻译委员会"和统一的圣经汉译本还会获得更多的资助，特别是英国及海外圣经公会和美国圣经公会的资助。

然而，在美国圣经公会和伦敦大会相继做出有关译名问题的决议后，形势发生了急剧的变化，麦都思在译名这一问题上面临着向以裨治文为首的美国传教士投降的境地。这对于在对华传教资历最深，威望最高的麦都思来说显然是无法忍受的，唯有主动退出他一手推动成立的"联合翻译委员会"，从而迫使英国及海外圣经公会和伦敦会支持其译本。因为一旦统一的圣经汉译本无法实现，伦敦会自然只能支持本会传教士麦都思等人的译本，而不可能是裨治文等美国传教士的译本，在圣经汉译事业方面一直和伦敦会密切合作的英国及海外圣经公会也将不得不支持麦都思等人的译本。后来的结果证明了麦都思等人判断，1852 年，在英国及海外圣经公会的资助下，新约修订版在上海出版，"God"一词采用的译名正是"上帝"。

麦都思等人退出联合译经后，裨治文很快就在其主持编辑的《中国丛报》上发表了相关报道，并做出相关评论。裨治文敏锐地指出麦都思等人退出的时间是在伦敦会理事会发出指示七个月之后，从而暗示伦敦会理事会的指示并不是联合译经工作分裂的原因。至此，此次联合译经事业分裂的根本原因已十分清晰，即双方在译名问题上不可调和的矛盾。美国圣经公会就"God"一词译名的公开表态成为压垮联合译经的最后一根稻草，最终迫使麦都思等人退出"联合翻译委员会"。旧约的联合译经工作从 1850 年 8 月 1 日开始到 1851 年 2 月 18 日结束，仅仅持续了六个多月，翻译了《创世记》、《出埃及记》、《利未记》、《民数记》和《申命记》的前九章。[85]

三、翻译原则之争

随着麦都思等英国传教士的退出，新教传教士的联合译经工作也告终结，但无论是以麦都思为代表的英国传教士还是以裨治文为代表的美国传教士都意识到，公开承认分裂势必影响到他们在欧美传教界的形象，并进而损害到

---

85 W.H. Medhurst, John Stronach, William C. Milne, *Strictures on the Remarks Contained in 'Papers relating to the Shanghae revision of the Chinese Scriptures''*, Shanghai, June 16, 1852, p. 1. American Bible Society archives.

他们的在华传教事业乃至之后的译经工作。因此，麦都思、美魏茶和施敦力·约翰等人把退出"联合翻译委员会"解释为伦敦会的指示，并未大肆渲染，但他们的主动退出却让看似占据上风的美国传教士译者陷入一种颇为尴尬的境地。

为了掩盖"译名之争"和联合译经分裂所带来的负面影响，裨治文和克陛存开始转而攻击新约修订时所采用的翻译原则，尽管之前他们至始至终参与了新约的修订工作。裨治文坦诚双方在翻译原则上存在分歧，指责英国传教士"为了追求译文的流畅地道不惜牺牲经文的原义"[86]。这种指责给人以印象：裨治文等美国传教士译者在译经工作中坚持忠实于经文原文的意义，即"信"的翻译原则，而麦都思等人则追求风格优雅的译文，即"达"的翻译原则；考虑到圣经在西方的神圣性，"信"无疑应该排在首位，"达"只能排在次位，麦都思等人的翻译原则无疑损害了经文原文的意义，而裨治文等人的翻译原则才是正确的。裨治文等人通过指责麦都思等人的翻译原则，试图表明联合译经工作之所以分裂，主要原因在于麦都思等人不顾经文原文的意义，固执追求译文的优雅流畅，而他们则是在维护圣经经文原文的神圣性。在 1851 年 4 月 3 日裨治文给美国圣经公会的信函中，他写道：

> 这种翻译方法在新约修订工作中就曾多次引发争论。我们重新翻译旧约的摩西五经以来，这种方法引发的争议更是不胜枚举……危机必然出现，我们所有人都陷入极大的茫然困惑之中。他们强烈坚持译文要极度简洁，并在译文中大量采用意译。而我们认为，在翻译"God"所启示的话语时，一点也不能改动、增加、删除。我们相信所有持我们观点的人都会反对他们那极度随意的翻译方法。[87]

为了详细说明之前的新约译本在多大程度上未能忠实于圣经原文，1851 年 11 月 10 日，文惠廉和克陛存合作执笔完成了一份名为《上海汉语圣经修订事业的相关文件》（*Papers Relating to the Shanghae Revision of the Chinese Scriptures*）的报告，并寄呈给英美两国圣经公会。[88] 在这份 11 页

---

86 "Proceedings Relating to the Chinese Version of the Bible", *The Chinese Repository*, Vol.20, 1851, p. 223.

87 William J. Boone, *Vindication of Comments on the Translation of Ephesians, 1 in the Delegates' version of the New Testament*, Canton, 1852, p.4. American Bible Society Archives.

88 William J. Boone, M.S. *Culbertson, Papers Relating to the Shanghai Revision of the Chinese Scriptures*, Shanghai, Nov. 10, 1851, American Bible Society Archives.

的报告中，文惠廉和克陛存以新约中的《以弗所书》和旧约中的《创世记》、《出埃及记》为样本，强烈批评了英国传教士意译的翻译原则，并大量举例证明译文的不忠实。在文惠廉和克陛存看来，新约译文的不忠实主要体现在以下若干方面[89]：

1. 经文中的代词在译文中经常被替换为名词。
2. 经文中一些中国人感到陌生的修辞手法被忽略或篡改；
3. 为了提高译文的流畅，经文中一些朴素简洁的表达被添加修饰语；
4. 经文中某些涉及到"God"的人神同性之处被忽略，取而代之以解释性语言；
5. 当经文中某些表达无法让中国人感到敬意时，译文根据中国人的惯用表达方式做了修改。
6. 当经文中并列的两个句子表示相同或相近的意思时，其中一句被省略；
7. 当直译难以让中国人明白时，译文添加了解释性句子。
8. 当经文较为晦涩难懂或有多重含义时，译文增添了解释性句子。

对于克陛存和文惠廉的报告，以麦都思为代表的英国传教士译者一直被蒙在鼓里，直到在第二年的二月他们收到英国及海外圣经公会寄来的信函。信函中附有上述报告，但却出于某种原因并未指明作者。[90] 麦都思等人在收到信函及随附的匿名报告后自然是无比气愤。在他们看来，美国传教士是在给英美两国的圣经公会打秘密报告，故意挑起事端，阴谋使圣经公会取消对他们的圣经译本的支持。[91] 作为回应，麦都思、施敦力·约翰和美魏茶三人于该年6月16日联名起草了一份名为《对〈上海汉语圣经修订事业的相关文件〉的驳斥》（*Strictures on the Remarks Contained in "Papers Relating to the Shanghae Revision of the Chinese Scriptures"*）的文件，并同样寄呈英美两国圣经公会。由于文惠廉和克陛存的报告采用了匿名的形式，麦都思等人一开始错误地认为只是克陛存一人所为，于是便把矛头直接指向了克陛存：

---

89 William J. Boone, M.S. Culbertson, *Papers Relating to the Shanghai Revision of the Chinese Scriptures*, Shanghai, Nov. 10, 1851, pp. 1-7. American Bible Society archives.

90 W.H. Medhurst, John Stronach, William C. Milne, *Strictures on the Remarks Contained in "Papers relating to the Shanghae revision of the Chinese Scriptures"*, Shanghai, June 16, 1852, p. 17. American Bible Society archives.

91 Ibid., pp. 16-17.

克陛存所指责的译文是由所有翻译"委办"共同完成，即麦都思、施敦力·约翰、美魏茶、裨治文、叔未士，也偶尔包括克陛存的努力，如果译文质量存在问题，那么克陛存也须承担责任……此外，克陛存最无资格批评译经工作，因为他作为旧约翻译"委办"的时间只有六个月，而他实际参加译经"委办会议"的时间更是只有短短的一个月而已，根本意识不到译经工作的艰巨和中国助手对某些直译译文的反对；而且在所有委办中，克陛存学习汉语的时间最短，毫无汉语翻译的经验。[92]

虽然麦都思等人强烈质疑了克陛存的批评资格，但仍然不得不正面回应克陛存和文惠廉报告中所列举的具体批评意见。麦都思等人指出克陛存所列举的一半以上的翻译错误例子根本就不存在，因为在联合译经分裂后，他们已经进行了修正；其次，余下的很多例子也毫无根据，因为当英国人翻译钦定本圣经时也采取了同样的翻译策略；最后，麦都思等人在近 35 页的篇幅中几乎逐条回应了克陛存和文惠廉的批评。现简单列举若干例子。旧约《创世记》第 2 章第 2 节"And on the seventh day God finished the work that he had done, and rested on the seventh day from all the work that he had done"（RNRV）。"委办本"译文为"七日上帝工竣，乃憩息。"克陛存认为上述译文在翻译该句的第二个分句时，只翻译了 rested 一个字，其余皆未翻。实际上，克陛存和裨治文日后的译文为"至第七日，神以竣所造之工，则于七日，乃息其凡所造之工而自安。"麦都思等人为自己辩护道："'his work which he has made'实际上不过是一个希伯来习语而已，意思就是'his work'，经文原文虽出现两次，但并无任何言外之意，若在汉语译文中重复翻译，效果反而不及。"[93] 又如《创世记》第 29 章第 11 节 "Then Jacob kissed Rachel, and wept aloud"（RNRV）。"委办本"译文"遂与拉结接吻，喜极而流涕。"克陛存等人认为，原文并没有"喜"字，此字乃麦都思等人擅自添加，并在日后翻译为"雅各吻接拉结，举声啼哭。"麦都思则认为，原文中虽无"喜"字，但却有这样的含义，若不添加此字，则中国人有可能误以为是悲伤的眼泪。[94]

---

92 W.H. Medhurst, John Stronach, William C. Milne, *Strictures on the Remarks Contained in "Papers relating to the Shanghae revision of the Chinese Scriptures"*, Shanghai, June 16, 1852, p. 17. American Bible Society archives. bid., pp. 1-2.

93 Ibid., pp. 5-6,

94 Ibid., p. 8

克陛存后来获悉麦都思等人正在撰写回应的文件，并把矛头直接指向他，便于 5 月 29 日主动写信给麦都思，承认《上海中文圣经修订事业的相关文件》系他和文惠廉二人共同撰写。麦都思等人知晓真相后，对文惠廉更是怒不可遏，并直接质疑了文惠廉的人品："相比克陛存而言，文惠廉应该受到十倍以上的批评，因为文惠廉和麦都思等翻译'委办'合作修订新约的时间远较克陛存长，关系也更为紧密，"作为一个任期长达四年的"委办"，"如果其对译经工作有意见，为何不直接向其翻译同工直陈，反而是向手握翻译赞助资金的机构打报告？我们坚信，任何一个正直的人都不会赞成这样的做法……他的目的无非是损害我们作为译经人员的名誉和影响"[95]。此外，麦都思等人还对文惠廉在联合译经中的表现大加批评："文惠廉博士声称由于健康原因，未能直接参见新约的修订工作，却有力气和精神撰写了分别长达 70 页和 170 页的有关译名问题的长篇大论，无论如何，我们是无法接受的……四年之间，每当翻译工作出现争议之时，他从未放弃其作为翻译'委办'的权力进行投票。"[96] 在麦都思等英国翻译"委办"的眼中，"文惠廉在作为翻译'委办'的四年期间，对具体译经工作几乎没有任何贡献，他所做的仅仅是在"God"一词译名问题上不断地火上浇油和推波助澜，导致圣经公会陷入永无止境的困惑，并在相当大程度上延缓了汉语圣经在中国的发行和传播"[97]。在这份文件的最后，麦都思等人总结了自己的翻译原则：

> 在翻译过程中，我们必须对译文语言的表达习惯小心翼翼，否则我们的译文就会模糊不清、晦涩难懂，反而损害到经文的真正意义。我们始终追求在符合汉语表达习惯的基础之上精确表达经文的意义，虽然在某些细微之处可能出现些许遗漏或添加，但这在任何作品的翻译过程中都是难以避免的。如果，人们出于提高译文质量的目的，并采用恰当的方式给予正直的批评，我们都会给予考虑，并心存感激。我们十分希望我们的翻译尽量完美，能够忠实地表达圣灵的思想，并使那些使用汉语的人们认识圣经。总之，我们希望我们的翻译既忠实经文原文也符合汉语的表达习惯。[98]

---

95 Ibid., pp. 25-27
96 W.H. Medhurst, John Stronach, William C. Milne, *Strictures on the Remarks Contained in "Papers relating to the Shanghae revision of the Chinese Scriptures"*, Shanghai, June 16, 1852, p. 17. American Bible Society archives, pp. 21-22.
97 Ibid., p. 21.
98 Ibid., pp. 39-40.

　　在受到以麦都思为代表的英国翻译"委办"愤怒的回击后，文惠廉和克陛存不甘保持沉默。很快，二人分别撰写小册子为自己的行为辩护，并继续攻击先前新约译本的翻译原则。在二人撰写的小册子中，文惠廉和克陛存指出，他们先前撰写的报告是在麦都思等人主动退出联合译经之后，并不是存心刻意诋毁由新约翻译"委办"共同修订的新约译本。其次，他们主张的译经原则和麦都思等人的译经原则长期以来就存在分歧，但是由于麦都思等英国翻译"委办"在"委办会议"中大部分时间处于人数上的优势，他们的意见往往得不到应有的重视，而他们作为译经"委办"，有责任和义务向英美两国的圣经公会和全体新教传教士说明相关翻译情况。[99] 对于这些回应，麦都思、施敦力·约翰和美魏茶自然不会认同，三人在 1852 年底再次联名撰写了抨击文惠廉的名为《对文惠廉博士〈评论〉的回答》（*Reply to Dr. Boone's "Vindication of comments on the translation of Ephes. I. in the Delegates' Version of the New Testament"*）的小册子。

　　无论如何，在联合译经工作分裂之后，由美国传教士文惠廉等人挑起的这场就译经原则进行的争论，进一步恶化了英美两国传教士译者的关系，联合译经再无回头可能。美国传教士通过指责麦都思等人意译的翻译原则和"委办本"译文的不忠实，试图避免联合译经工作分裂的罪责落在美国传教士头上。但是从字里行间不难看出，裨治文对麦都思等人的退出不但没有丝毫的惋惜，反倒是透露出一种得偿所愿的欣喜。裨治文乐观地表示："分开之后，双方可以按照自己的翻译原则进行翻译，经过时间和实践的检验，各自译本的优劣自然会得到评判。"[100] 在给美部会秘书安德森的信函中，他表示："他们的退出，不会令任何人感到遗憾，在我们看来，应该感谢他们帮助大家摆脱了这一十分尴尬的处境……我们有信心承担并完成这一落在我们肩上的事业，我们会以令人满意的方式，给亿万中国异教徒带去神的祝福。"[101]

99　上述观点见 M. S. Culbertson, *Reply to the Strictures on the Remarks made on the Translation of Genesis and Exodus in the Revision of the Chinese Scriptures*, pp. 1-8（《对〈驳斥〉的回答：以创世记和出埃及记的翻译为例》）；William J. Boone, *Vindication of comments on the translation of Ephesians 1 in the Delegates Version of the New Testament*, pp. 1-9（《对"委办本"新约〈以弗所书〉第 1 章译文的评论》）

100　"Proceedings Relating to the Chinese Version of the Bible", *The Chinese Repository*, Vol.20, 1851, p. 223.

101　Bridgman to Anderson, Shanghai, April 16, 1851, ABCFM Papers, reel 259, 16. 3. 8.

需要说明的是，译名问题和翻译原则看似是两个截然不同的问题，但实则紧密相关。不无巧合的是，传教士"委办"对两个问题的分歧阵线是完全相同的，支持"上帝"一词的"委办"毫无例外的选择了意译的翻译原则，而支持"神"字的"委办"则主张严格直译的翻译原则。就译名问题而言，分歧显示的是神学观念和意识形态的冲突：支持"上帝"一词的"委办"相信在中国语言文化中可以找到相应的词汇接受基督教的信息；另一方面，支持"神"字的委办则认为中国文化是彻底非基督教的，只有改造汉语中旧有的词汇（"神"），并赋予和渗透进基督教新的意义，这些旧有的词汇才能接受基督教的信息。在翻译原则之争中，这些观点也得到了完全的反映。麦都思等英国传教士认为，译文应充分尊重汉语的特点，完全不考虑汉语的文体特征是不切实际的，某种意义上，麦都思等人是有意无意之间尝试在汉语的基础上建立基督教话语体系，体现出一种调试策略的神学观念和翻译原则。裨治文和文惠廉等大部分美国传教士则持完全相反的见解，他们认为如何忠实地传达至高无上造物主的话语才是译经工作的首要标准，而对汉语文体特点的考虑只能排在第二位，折射出一种欲对中国文化全盘改造的文化霸权主义。总的来说，译名和翻译原则的问题是相辅相成的，传教士对待中国语言文化的不同态度很大程度上决定了不同的翻译原则和译名选择。

美国传教士在"委办会议"分裂后继续攻击先前他们也参与修订的"委办本"新约，似乎还有另外一个目的，即通过攻击译文的不够忠实打击英国传教士，并试图说服英国及海外圣经公会取消对"委办本"新约的资金支持，从而推广自己的圣经译本。英美传教士的相互竞争和攻击无疑凸显了圣经公会在这项翻译事业中所具有的决定性地位。没有圣经公会的支持，译本将来印刷出版所需的大量资金就没有着落，而这无疑将最终影响到译本的命运。就结果而言，美国传教士的希望破灭了，英国及海外圣经公会并没有受到他们的影响，最后还是支持了麦都思等人的译本，而美国圣经公会则相应地选择了美国传教士的译本。很显然，圣经的汉语翻译虽然是一项看似和政治无关的事业，却反映出英美两国差会当时在中国传教事工方面的竞争。就此次译经工作及"译名之争"而言，除了个别例外情况，几乎所有的英国传教士都选择"上帝"作为"God"一词的译名，而大部分的美国传教士也都毫不意外地支持"神"字作为"God"一词的译名。[102] "译名之争"和译经工作

102 在这些例外中，美国传教士中罗啻（Elihu Doty）支持"上帝"一词，曾在 1850

的分裂固然反映了英美传教士神学观念的差异以及对待中国宗教文化的不同态度，但政治和国别的因素在当时传教的大背景下同样起了极其重要的作用。

四、分裂后的译经工作

麦都思、施敦力·约翰和美魏茶退出"委办会议"后，迅速组建了隶属于伦敦会的"旧约汉语翻译委员会"（The Committee for Translating the Old Testament into Chinese），并邀请理雅各参加他们的工作。但理雅各远在香港，并未参加该委员会和旧约的翻译工作。为了获得更为广泛的认同，该委员会还邀请伦敦会其他传教士"以任何他们认为适当的方式，对翻译工作提供协助"，而其他差会传教士的"评语和建议也会被感激地接受和认真地考虑"[103]。该委员会还表示："最后翻译的汉语圣经将呈给欧洲和美国的圣经公会，供中国所有的新教差会使用"[104]。

由于美国传教士的离开，麦都思等人的译经工作摆脱了原来的羁绊和束缚，旧约的翻译速度极快。到1853年初，整部旧约的翻译工作便告结束。[105]如果从1850年8月1日第一次旧约"委办会议"开始算起，译经工作仅耗时两年半左右。而"委办本"新约即使不考虑各"地区委员会"缓慢的译经工作，从1847年7月第一次"委办会议"开始，到1850年7月完工，也用了三年多时间。考虑到旧约篇幅大概是新约篇幅的四倍，麦都思等人的翻译堪称神速。该旧约译本最后由英国及海外圣经公会出资在1854年出版，名为《旧约全书》，1858年又与新约合并出版。一般人乃至后来的传教士都称这个译本为"委办本"，但严格来说，该版本的旧约不能采用这一名称，因为他的译者均为伦敦会传教士，而麦都思等人退出旧约"联合翻译委员会"后自然也不能继续代表全体在华新教传教士。

年在《中国丛报》上发表 "Thought on the Term Proper for Translating Elohim and Theos in Chinese"（《对"Elohim"和"Theos"汉语译名的一些想法》）；而英国传教士麦克拉奇（Thomas McClatchie）则支持"神"的译法，他曾在"委办会议"分裂后一度加入美国传教士的翻译工作。

103 "Proceedings Relating to the Chinese Version of the Bible", *The Chinese Repository*, Vol.20, 1851, p. 221.
104 Ibid., p. 222, 另见 William C. Milne, *Life in China*, London: G. Routledge, 1857, p. 505.
105 William C. Milne, *Life in China*, 1857, p. 506.

虽然麦都思等人在译经工作之初就违背了英国及海外圣经公会的初衷，采用"四人小组"译本作为修订工作的基础而非马礼逊/米怜译本，英国及海外圣经公会对"委办本"仍感到十分满意。该会在其成立50周年（1854年）的纪念大会上，决定成立一个"百万汉语新约基金会"（The Chinese Million New Testament Fund），打算筹集巨额资金在中国印刷和散发一百万部"委办本"新约。[106] 英国及海外圣经公会没有再次否决麦都思领导翻译的"委办本"，虽然"委办本"在很大程度上秉承了"四人小组"译本的翻译原则，显示出该会对麦都思态度的转变，无论这种转变是出于自愿还是被迫，而这种态度上的转变也反映出英国及海外圣经公会对麦都思在译经事业所取得的领导地位的认可。"委办本"问世后便立即为大部分传教差会所使用，取得了巨大的成功和声誉。后来由于某些传教差会和传教士随意修改该译本的某些译文，为了保持该译本的纯洁性，并为以后的正式修订工作搜集建议，英国及海外圣经公会于1872年还专门成立了一个保存和修订该译本的委员会，并为此专门印刷了该译本的标准版本。[107] 总的来看，"委办本"堪称近代新教译经事业的一个里程碑，其核心译者麦都思在圣经汉译事业上也几乎取得了和马礼逊相同的地位。作为圣经汉译第二代传教士的杰出代表，在从1826年初尝译经工作到1857年去世的三十年间，他领导翻译了"四人小组"译本和"委办本"，对圣经汉译事业应该说贡献颇多。

联合译经工作解体后，裨治文等人也不甘落后，迅速宣布组建新的"委办会议"，吸收新的"委办"参加。英国圣公会差会传教士麦克拉奇（Thomas McClatchie）作为新的上海"地区委员会"代表被选入"委办会议"以顶替麦都思的位置。至于厦门地区的空缺（以前由施敦力·约翰担任），则没有选出任何人。裨治文、文惠廉、叔未士、克陛存和麦克拉奇组成的新"委办会议"立即着手开始旧约《创世记》的翻译工作，并宣称继续代表在华各"地区委员会"。[108] 很显然，裨治文等美国传教士试图继续使用"委办会议"的名称

---

106 *The Jubilee Memorial of the British and Foreign Bible Society,* London: The Society House, 1854, p.166.

107 该委员会成员由英国长老会的杜嘉德（Carstairs Douglas）担任书记，成员包括理雅各、伟烈亚力、慕维廉、杨格菲、艾约瑟、施敦力·亚历山大、湛约翰（John Chalmers），慕家谷（George E. Moule），夏查理（Charles Hartwell）。见 Carstairs Douglas, "The Proposed Revision of the Delegates' Version", *The Chinese Recorder*, 1876, pp. 293-294.

108 "Proceedings Relating to the Chinese Version of the Bible", *The Chinese Repository*, Vol.20, 1851, p. 223.

以显示其"合法性"，对此，麦都思等人表示了强烈的不满和批评。[109] 1851年8月1日，麦都思、施敦力·约翰和美魏茶联名致函《中国丛报》编辑卫三畏，指出随着大量传教士退出"联合翻译委员会"，原来的"委办会议"已不复存在，裨治文和文惠廉等人组成的翻译团体"不应该自称为'委办会议'；或者，如果他们要这样自称的话，他们应向公众说明他们是谁的'委办'，以及他们现在的这个"委办会议"在人员组成原则上和原来的那个有何区别。"[110] 总之，在麦都思看来，八年前由他倡议、策划和曾经主持的联合翻译工作，已经寿终正寝。

美国传教士们于1851年3月17日继续他们的译经工作，由裨治文担任主席，克陛存担任秘书。[111] 在最初的阶段，译经成员还有文惠廉、叔未士和麦克拉奇。不过，麦克拉奇在译经工作中似乎从未起过任何作用，因为在1851年8月8日致美国圣经公会的一封信中，裨治文从"委办"成员的名单中略去了他的名字。[112] 文惠廉和叔未士不久也退出了翻译工作，二人相继于1851年和1852年返回美国，再未踏足中国。于是，译经工作就落在了裨治文和克陛存身上。二人决定首先修订原新约"委办会议"完成的新约，然后重新翻译旧约。后由于裨治文在1852年2月回美国休假超过一年，大部分的工作便落在克陛存的肩上。1855年8月1日克陛存向美国圣经公会报告新约的修订工作已告结束，但美国圣经公会似乎对译文质量信心不足，只是试印行了该译本的部分内容，供传教士使用和提出意见。[113] 整部新约直到1859年才得以出版，名为《新约圣书》。[114] 至于该译本中"God"和"Spirit"等词的译名，"神"和"灵"分别代替了"委办本"的"上帝"和"神"。1861年11月裨治文去世后，克陛存独自于1862年完成了旧约的翻译，不久后也离开人间。旧约译本由美国圣经公会在1863年出版，名为《旧约全书》，主要是供美国传教士使用。这部译本被认为"不适合传教工作，因为他对于不熟悉圣

---

109 Ibid., p. 224; 另见"Letter to the Editor of the Chinese Repository", *The Chinese Repository*, Vol.20, 1851, p. 486.

110 "Letter to the Editor of the Chinese Repository", *The Chinese Repository*, Vol.20, 1851, pp. 485-488.

111 Margaret T. Hills, *ABS Historical Essay # 16, Part III-G. Text and Translation, 1831-1860, Languages of Asia*. American Bible Society Archives, New York, 1965, p. 62.

112 Ibid., p. 55.

113 Ibid., pp. 62-63.

114 John Wherry, "Historical summary of the different versions of the Scriptures", *Records of the General Conference of the Protestant Missionaries of China*, Shanghai: American Presbyterian Mission Press, 1890, p. 53.

经的读者来说是晦涩难懂的"[115]，但由于"忠于经文原文，有助于神学院的学生和传教士研读圣经"[116]。在之后的若干年中，许多美国传教士都曾修订过这部译本，使之不断得到完善，直到 1885 年，美国圣经公会认为当时更为流行的"浅文理"译本理当"优先于对裨治文/克陛存译本的修订工作"[117]，从而结束了修订裨治文/克陛存译本的使命。

最后就两个译本的《约翰福音》、《使徒行传》和《创世记》的部分译文进行简单对比：

《约翰福音传》（"委办本"1-23 节）

元始有道，道与上帝共在，道即上帝。是道，元始与上帝共在也。万物以道而造，凡受造者，无不以之而造。生在道中，生也者，人之光，光照于暗，暗者弗识之。有上帝所遣者名约翰，其至为光作证，使众以之而信。约翰非光，特为光证耳。真光者、临世照万人者也。其在世，世以之而创，世不识之。其至已地，人不受之，受即信其名者，赐之权为上帝子。是非由血气，非由情欲，非由人意而生，乃由上帝也。夫道成人身，居于我侪之间，我侪见其荣，诚天父独生子之荣，以恩宠真理而满也。约翰为之证，呼曰，我言后我来而先我在，以其本先我者，即斯人也。由其盛而我众受恩宠，恩宠益增。例授自摩西，恩宠真理，则由耶稣基督。未有人见上帝，惟独生子，在父怀者，彰明之。约翰之证如左，犹太人自耶路撒冷遣祭司及利未人，问约翰曰，尔为谁。约翰承而不讳，其承曰，我非基督。曰，尔为谁。以利亚乎。曰，否。曰，先知者乎。曰，否。曰，然则尔为谁，使我复遣我者，尔自谓何也。曰，我即声呼于野云，直主道者，如先知以赛亚言。[118]

---

115 诚质怡：《圣经之中文译本》，收入贾保罗编《圣经汉译论文集》，1947 年，第 11 页。

116 John Wherry, "Historical summary of the different versions of the Scriptures", *Records of the General Conference of the Protestant Missionaries of China*, Shanghai: American Presbyterian Mission Press, 1890, p. 53; Marshall Broomhall, *The Bible in China*, 1934, p. 70. 惠志道在谈到裨治文/克陛存的译本时说"印行和流传在半世纪达，但从来没有广为流传。"

117 G. F. Fitch, "On a New Version of the Scriptures in Wen-li", *The Chinese Recorder*, 1885, p. 300.

118 《新约全书》（委办本），香港英华书院活版，1854 年，第 47 页。

《约翰传福音书》（裨治文/克陛存译本 1-23 节）

元始有道，道偕神，道即神。是道元始偕神也。万物为道所造，凡受造者，无不由之而造焉。在道有生，生也者乃人之光。光照于暗，而暗弗识之。有神所遣之人名约翰。彼来作证，即为光作证，俾众可因之而信。彼非此光，惟为光作证耳。斯乃临世之真光，照万人者也。彼尝在世，世为其所造，而世不识之。彼至属己者，而属己者不受之。凡受之者，即凡信其名者，彼赐之权为神之子。此众非由血气，非由情欲，非由人意而生，乃由神也。夫道成肉身，居我侪之间，我侪见其荣，犹天父独生之子之荣，以恩宠以真理充满矣。约翰为之作证，呼曰，我言后我来而先我在，以其本先于我者，即斯人也。且由其充满，而我侪皆受恩宠，加恩宠焉。盖律法授自摩西，恩宠与真理，则由耶稣基督。从未有人见神，惟独生之子，在父怀者，曾彰明之。约翰之证如左，当时，犹太人自耶路撒冷遣祭司与利未人问约翰曰，尔为谁。约翰承而不讳，其承曰，我非基督。又问之曰，尔则谁耶。以利亚乎。曰，我非也。曰，尔为彼预言者乎。曰，否。于是众谓之曰，尔为谁，俾我侪可复遣我者，尔自谓及几何耶。彼曰，我乃呼于野之声云，

直主之路者，如预言者以赛亚言。[119]

《使徒行传》（"委办本" 1-5 节）

提阿非罗乎，我于耶稣诲人行事托圣神，命所选使徒，迄升天日，一一备载前书。耶稣受害后，以多确据，显其复生，凡有四旬，见于使徒，论上帝国之道。耶稣集使徒，命之云，勿离耶路撒冷，以待父所许者，即尔闻于我也。盖约翰施洗以水，惟尔受洗于圣神，不远矣。[120]

《使徒行传》（裨治文/克陛存译本 1-5 节）

提阿非罗乎，我已作前书，述耶稣凡所始作始诲者，迄其托圣灵以命所选之使徒后，升天之日。夫其受害后，以多确据，活现于使徒，使其明见，而与言神国之道，凡四十日。耶稣即与使徒同集，

---

119 《新约圣书》（裨治文/克陛存译本），苏松上海美华书局藏版，1863 年，第 81 页。
120 《新约全书》（委办本），香港英华书院活版，1854 年，第 61 页。

命之曰。勿离耶路撒冷，以待父所许者，即尔闻于我也。盖约翰以水施洗礼，今后不久，尔必以圣灵而受洗礼矣。[121]

《创世记》（"委办本"1-8 节）

太初之时，上帝创造天地。地乃虚旷，渊际晦冥，上帝之神煦育乎水面。上帝曰，宜有光，即有光。上帝视光为善，遂判光暗，谓光为昼，谓暗为夜，有夕有朝，是乃首日。上帝曰，宜有穹苍，使上下之水相隔，遂作穹苍，而上下之水，截然中断。有如此也。上帝谓穹苍为天，有夕有朝，是乃二日。[122]

《创世记》（裨治文/克陛存译本 1-8 节）

元始时，神创造天地。地乃虚旷，渊面晦冥，神之灵覆育于水面。神曰：宜有光，即有光焉。神观光为善，神遂分光暗。神名光者曰昼，暗者曰夜。有夕有朝，是乃元日。神曰，水中宜有穹苍，以分上下之水。神遂作穹苍，使穹苍以上之水，与穹苍以下之水，截然中断，于是有如此。神名穹苍曰天，有夕有朝，是乃二日。[123]

对比上述两个译本所摘录译文，可以发现，内容相似程度较高，明显不同的翻译大体可以分为两类。一类是"委办本"译文多省略或简化经文的主语，而裨治文/克陛存译本则按照经文全部保留。如：

"委办本"	裨治文/克陛存译本
真光者	（斯乃）临世之真光
人不受之	（而属己者）不受之
先知者乎	（尔为）彼预言者乎
曰	（于是众谓之）曰
宜有穹苍	（水中）宜有穹苍
遂作穹苍	（神）遂作穹苍

121　《新约圣书》（裨治文/克陛存译本），苏松上海美华书局藏版，1863 年，第 103 页。

122　《旧约全书》（委办本），香港英华书院活版，1855 年，第 1 页。

123　《旧约全书》（裨治文/克陛存译本），苏松上海美华书馆藏版，1863 年，第 1 页。

　　另一类差异则是"委办本"译文为了更加符合汉语的表达习惯，改变了原文的句型结构，而裨治文/克陛存译本则严格按照经文原文的结构翻译，如：裨治文/克陛存译本中《使徒行传》一书的第 1 节为"提阿非罗乎，我已作前书，述耶稣凡所始作始诲者，迄其托圣灵以命所选之使徒后，升天之日。"这一节中的"我已作前书"在"委办本"中，被置于句末，译为"——备载前书"。该书第 5 节的"今后不久，尔必以圣灵而受洗礼矣"在"委办本"中被改为"惟尔受洗于圣神，不远矣。"总的来看，两个译本的翻译质量都较之前的译本提高不少，"委办本"基于其意译的翻译原则，译文风格更加地道，表达更为流畅，而裨治文/克陛存译本在形式上更加忠实于经文原文。美国长老会传教士惠志道对这两个译本的评价比较中肯："一般认为，较之于裨治文/克陛存译本的译文，'委办本'译文更加流程，但在忠实程度方面稍逊一筹。就那些对基督教义和圣经较为陌生的读者来说，裨治文/克陛存译本由于过于直译，意义往往显得含糊不清，语言也较为粗鄙。不过，裨治文/克陛存译本的一个好处是更加适合那些神学院的学生。"[124]

　　此外，从上述译文来看，两个译本在神学术语的翻译上也有进展，他们所采用的译名几乎都被"和合本"保留下来，成为当今主流译名。对比之前的马礼逊/米怜译本和"四人小组"译本，更能凸显两个译本在圣经汉译和建立汉语基督教话语体系方面的进展和贡献，现就上述译文出现的重要译名进行简单对比：

马礼逊/米怜译本	"四人小"组译本	"委办本"	裨治文/克陛存译本	和合本	英文（NRSV）
神	上帝	上帝	神	神/上帝	God
言	道	道	道	道	Word
生命	生	生	生	生命	Life
暗	暗	暗	暗	黑暗	Darkness
若翰	约翰	约翰	约翰	约翰	John
血	血脉	血气	血气	血气	Blood

124 John Wherry, "Historical Summary of the Different Version of the Scriptures", *Records of the General Conference of the Protestant Missionaries of China*, Shanghai: American Presbyterian Mission Press. 1890, p. 53.

肉欲	私欲	情欲	情欲	情欲	Will of the flesh
人欲	人意	人意	人意	人意	Will of man
肉	肉身	人身	肉身	肉身	flesh
满	盛德	盛	充满	丰满的恩典	Fullness
真	真实	真理	真理	真理/真道	Truth
宠	恩/恩典	恩宠	恩宠	恩/恩典	Grace
例	律例	例	律法	律法	Law
摩西	摩西	摩西	摩西	摩西	Moses
基督	基督	基督	基督	基督	Jesus
使徒	圣差/门生	使徒	使徒	使徒	Apostle
弟阿非罗	提阿非罗	提阿非罗	提阿非罗	提阿非罗	Theophilus
耶稣	耶稣	耶稣	耶稣	耶稣	Jesus
圣风	圣神	圣神	圣灵	圣灵	Holy Spirit
耶路撒冷	耶路撒冷	耶路撒冷	耶路撒冷	耶路撒冷	Jerusalem
洗	洗礼	洗礼	洗礼	洗	Baptize

就上表所列 21 个术语译名来看,马礼逊/米怜译本有 8 个译名为"和合本"所采用,"四人小组"译本提高为 12 个,而此次联合译经所产生的两个译本则为 17 个。应该说,"委办本"和裨治文/克陛存译本在圣经术语翻译方面又前进了一大步。

最后需要指出的是,由于在联合译经工作分裂前英美传教士译者已经合作翻译完了《约翰福音》、《使徒行传》和《创世记》,故以上摘录译文的差异并不特别明显,但若对比两个译本在联合译经分裂后英美传教士各自独立翻译的部分,特别是在以诗歌体写成的《约伯记》、《诗篇》和《箴言》三部书中,差异则较为明显。[125] 现以《诗篇》第 150 章的译文略作对比:

"委办本"

尔曹当颂美耶和华,在圣所者,赞之靡穷,在苍穹者,丕著其能兮。称其经纶,誉其威严兮。当吹厥角,其声嘹唉,鼓瑟鼓琴,

---

125 参见本章第 3 节中《箴言》第 1-7 节译文的对比。

而揄扬之兮。播鼓舞蹈，操弦缦，品箫管，而颂扬之兮。大钹小钹，敲以赞之兮。凡有血气者，必颂赞耶和华，尔曹亦当颂美之兮。[126]

裨治文/克陛存译本

宜赞美耶和华，赞美神于其圣所，赞美之于其有能之穹苍兮。缘其能事而赞美之，循其富有大能而赞美之兮。以角声赞美之，以琴以瑟赞美之。以鼓与舞蹈赞美之，以有弦之乐器与箫赞美之。以大声之钹赞美之，以和声之钹赞美之兮。凡有呼吸者宜赞美耶和华兮，宜赞美耶和华。[127]

可以看到"委办本"此部分译文多采用四字对仗结构，以体现经文原文的诗歌体，译文中"经纬"一词更是体现了中国文化特色，不过译文在一定程度上牺牲了经文原文的意义。这种翻译风格实际上与近代著名士人王韬关系极大，因为此部分的译文是由其襄助翻译。比较之下，裨治文/克陛存译本的译文采用了散文体，未能再现经文原文的诗体结构，但在意义忠实程度上则胜过"委办本"。另外，从用词上来看，两则译文仍然存在一定的相似度。考虑到"委办本"旧约早出版了八年左右，裨治文和克陛存完全可以借鉴参考"委办本"，这也许在一定程度上可以解释译文的相似性。

第三节　作为译经助手的王韬

新教传教士圣经汉译工作中一般都会有中国人的协助，这些中国人往往是他们的汉语老师。中国助手在圣经汉译工作中发挥了重要作用，在译经过程中扮演多种多样的角色，"从笔录传教士的口译、将所译文稿进行润色和校对、誊写修改译稿等创造性较低的工作，到商榷用词、修改语句、提出地道中文、顺达文风等较深入的参与"。[128] 不过令人惋惜的是，一般而言传教士译者对中国助手的名字基本是一笔带过，语焉不详，致使他们的译经工作鲜为人知。然而，参与"委办本"翻译工作的王韬却时常被传教士译者提及，并时常引发争议，堪称近代传教士圣经汉译史上一个独特的现象。

---

126 《旧约全书》（委办本），香港英华书院活版，1855 年，第 543 页。

127 《旧约全书》（裨治文/克陛存译本），苏松上海美华书馆藏版，1863 年，第 105 页。

128 游斌：《被遗忘的译者：中国士人与中文圣经翻译》，载《金陵神学志》，2007 年第 4 期，第 117 页。

一、译经渊源——上海译场

第一次鸦片战争前，由于清廷严厉的禁教政策，无论是马礼逊、米怜还是麦都思等传教士一般没有机会接触到高水平的中国文人，聘请的汉语老师往往来自社会底层，这些汉语老师充当传教士的译经助手自然会影响到译本的质量。但在此次联合译经活动中，这种局面发生了变化，传教士的中国译经助手中出现了具有较高文化水平的中国文人，并直接影响到译本的质量和风格。导致这种局面发生变化的一个重要客观因素便是五口通商和清廷弛教政策的新局面。

1843 年底上海开埠后不久，麦都思和雒魏林便来到上海设立了伦敦会传教站。之后，伦敦会传教士陆续而来。[129] 1846 年 8 月，麦都思等人在洋泾浜与苏州河之间，靠近苏州路和南京路的地方，购买了四英亩的土地，陆续兴建了医院、印刷所和住房。[130] 为了更好地印刷圣经和宗教宣传小册子，该印刷所后来搬迁到江海北关附近的"麦家圈"（今山东中路、天福州路至广东路段两侧一带），并发展成最早采用西式汉文铅印活字印刷术的印刷机构，成为上海近代第一个现代出版社"墨海书馆"（London Missionary Society Press）。与此同时，伴随着传教士来沪的还有形形色色的各种西方政治经济势力，一时之间，"帆樯历乱，浦滨一带，率皆西人舍宇，楼阁峥嵘"[131]。上海随之出现了一批西方政治、经济和文化机构，他们提供了一些待遇颇为优厚的工作机会，吸引了一些中国落第文人先后进入这些机构工作，逐渐形成所谓的"条约口岸知识分子"（intellectuals in treaty port cities）[132]。他们相对游离于古老内陆文化的限制和禁忌之外，成为近代中国最早与西方人士接触，从而对西学有相当认识的一个特殊群体。

---

129 1852 年在上海的新教传教士已经达 28 人，英国传教士有 8 人，7 人属伦敦会，其余 20 人为美国传教士。见 *The Missionary Magazine and Chronicle*, London, London Missionary Society, 1853, p. 25.

130 "Protestant Missions in Shanghai", *The Chinese Repository*, Vol.18, 1849, p. 516.

131 王韬：《漫游随录》（钟叔河主编"走向世界丛书"），长沙：岳麓书社，1985 年，第 58 页。

132 美国学者柯文首创这一概念，指生活在最早开埠的通商口岸，与西方文化密切接触且在中外文化关系的思考方面有所心得的中国士人，如李善兰，华蘅芳，蒋敦复、管嗣复、沈毓桂、王韬、冯桂芬等人。见柯文著，雷颐、罗检秋译：《在传统与现代性之间——王韬与晚清革命》南京：江苏人民出版社，1998 年。

在这样的历史背景下，传教士译者和这些中国文人出于互相需要开始了亲密接触。麦都思等传教士建立"墨海书馆"后，为了翻译出版汉语圣经和各种宗教书籍，雇佣了一大批"条约口岸知识分子"，其中就有王韬。此外，为了配合传教工作，传教士与这批中国文人还合作翻译了大量数学、物理、医学、天文、历史等西方书籍，对近代西学在中国传播起到了重要作用。

1847 年当新约"委办会议"在上海麦都思的家中召开时，参与此次译经工作的传教士"委办"都配有自己的译经助手，并携带他们参与译经"委办会议"。美魏茶曾经这样描述中国助手在译经工作中作用："翻译'委办'都带有自己的中国老师作为译经助手，其中三个参与了我们六年里每一天的翻译工作，提供了极其宝贵的帮助。"[133] 裨治文更为详尽地这些描述中国助手的情况：

> 关于本土助手，或许值得一提，除了翻译"委办"各自带来的之外，另外还有三人参加了"委办会议"：一位是曾陪同美魏茶去过英国的汉语老师，另一位是个秀才（literary graduate），两年前在上海受洗，第三位是本地人，在罗马天主教会的教区中成长，能够阅读伯撒的新约译本，在他的面前经常摆放着那本圣经。这些中国助手来自不同省份，生活习惯和教育背景也截然不同，但都是值得尊重的译经助手。他们都接受过良好教育，才智出众。其中一人精通中文典籍，对于其中的任何段落、短语和词汇可以轻而易举地引用。[134]

从这些积极评价中可以看出中国助手在此次译经活动中发挥了举足轻重的作用，而这样高度的评价在马礼逊和米怜时代却是难觅踪影，反映出这一时期中国助手的文化水平已经有了很大改观，传教士译者也越来越依仗中国助手。不过，即使如此，这些中国助手的名字在传教士译者的报告和信件中也基本付之厥如，唯有王韬的名字时常被提及，显得异乎寻常。

事实上，王韬作为麦都思的翻译助手参与"委办本"翻译工作，缘于其父王昌桂。王昌桂"著籍学官，邃于经学，九岁尽十三经，背诵如流，有神

133 William C. Milne, *Life in China*, London: G. Routledge, 1857, p. 505. 另见 Alexander Wylie, *Chinese Researches,* Shanghai:1897, pp. 103-104.

134 裨治文 1847 年 11 月 22 日致函美国圣经公会，摘引自 Margaret T. Hills, *ABS Historical Essay # 16, Part III-G. Text and Translation, 1831-1860, Languages of Asia.* American Bible Society Archives, New York, 1965, p. 36.

童之誉"，科举失败后，"刻苦自励，教授生徒"[135]。1847 年，因家乡招不到生徒，"饥驱作客"，被迫远赴上海设馆授徒，结识了麦都思等一批在上海活动的传教士。当时，麦都思等人正着手"委办本"新约的翻译工作，急需中国助手，便邀请其襄助翻译圣经。由于经济窘迫，王昌桂接受了邀请，开始协助译经，历时两年左右，直至 1849 年去世。从《马太福音》到《罗马人书》的新约前半部分均是在其协助下完成。麦都思对王昌桂的工作给予了很高评价："我能担保翻译的准确性，因为有一位熟练掌握中国文学的本地人提供帮助。他对中国典籍的知识极为丰富，以致获得了'活字典'的美誉。他突然生病逝世后，我们为他的离去而难过，不仅为他个人，对我们而言，也很难找到其他人来取代他的位置。"[136]

王昌桂去世期间，王韬在家乡私塾教书，收入微薄，维持生计颇为不易。此时，麦都思"遣使再至，贻书劝行"[137]。王韬"固不欲行，眷顾家庭，又难中止"[138]，考虑再三还是决定接替其父，协助麦都思等人翻译圣经。为了方便译经工作，王韬和家眷就住在"墨海书馆"宿舍，室内挂一付对联："短衣匹马随李广，纸阁芦窗对孟光"[139]。不过，王韬实际上早在 1847 年便已结识了麦都思。是年，王韬到上海探望父亲王昌桂，"时西士麦都思主持'墨海书馆'，以活字板机器印书，竟谓创见，余特往访之"，"与麦君同在一处者，曰美魏茶，曰雒颉（罗啻，Elihu Doty），曰慕维廉，曰艾约瑟，咸识中国语言文字"[140]。

二、王韬的译经原则

王韬在"墨海书馆"协助麦都思等人译完了新约的剩余部分以及整部旧约，其主要工作是"疏通句法"[141]。对于王韬在译经过程中所发挥的作用，麦都思给予了高度评价：

135 王韬：《弢园文录外编》，郑州：中州古籍出版社，1998 年，第382 页。

136 Report to London Missionary Society, June, 30, 1849. CWM archives, central China, Incoming letters, 13. 2. 1. Box 1.

137 王韬：《漫游随录》，（钟叔河主编"走向世界丛书"）长沙：岳麓书社，1985 年，第 15 页。

138 王韬著，孙邦华编选《弢园老民自传》，南京：江苏人民出版社，1999 年，第 33 页。

139 王韬：《漫游随录》，（钟叔河主编"走向世界丛书"）长沙：岳麓书社，1985 年，第 16 页。

140 同上，第 58-59 页。

141 同上，第 16 页。

王韬年纪轻轻，才能出众。比之于其父，他在学问上可能稍逊一等，但却更能学以致用。他的文章风格雅致，观点老到。对译经工作充满热情，勤勤恳恳，翻译效果十分令人满意。他的译文经略加修改后，一般都会被接受。对于《约伯记》和《箴言》译文中大量优雅的表达，以及整部译本译文的简洁流畅，他功不可没。[142]

《约伯记》和《箴言》在旧约中属于"智慧文学"，较少谈论"God"的拣选立约和直接启示，更多宣扬人类普遍的生存智慧和伦理道德。相对于圣经中的其他部分，这两部书的基督教神学色彩较为淡薄，与中国儒家学说的道德体系较为接近。就文体而言，这两部书大部分以诗歌写成，"结构讲究对称而工整，技巧追求象征比喻"[143]，翻译难度很大，传教士译者亟需中国文人的协助。王韬谙熟儒家学说，文学造诣深厚，可谓译经助手的不二人选。从最终的翻译效果来看，"委办本"这两部书的译文迥异于近代传教士所翻译的其他译本，体现出王韬独特的翻译风格。《箴言》第1章1-7节是对整部《箴言》的总论，现就此部分译文对"委办本"、裨治文/克陛存译本、和现在通行的"新标点和合本"以及英文"新修订标准本"（NSRV）进行对比，略作分析：

《箴言》（"委办本"1-7节）

"以色列王所罗门，戴维之子也。所著箴言：训人以智，迪人以理。得明至道，得秉公义。使拙者明彻，少者通达。哲者闻此而增其学，明者闻此而益其慧。玩味箴言之微旨，可悟贤人之隐语。其箴曰：寅畏耶和华，是为智之本；愚鲁者流，藐视道学。"

《箴言》（裨治文/克陛存译本1-7节）

"以色列之王戴维子所罗门之箴言，使人识智慧与训；明有智者之言。传承智慧、公义、理鞠、正直之调。致拙者明彻，年少者获知识谋略。智者闻之而进学，明者闻之而益谋；致明夫箴言及其解释，明智者之言及其隐语。畏耶和华之寅畏，乃知识之本，惟愚人藐智慧与训焉。"

142 Report to London Missionary Society, October 11, 1854. CWM archives, central China, Incoming letters, 13. 2. 1. Box 1.

143 王丽娟：《论圣经箴言的文体特点及文化价值》，载《南昌大学学报》（人文社会科学版），2008年5月，第123页。

《箴言》（和合本 1-7 节）

"以色列王大卫儿子所罗门的箴言：要使人晓得智慧和训诲，分辨通达的言语，使人处事领受智慧、仁义、公平、正直的训诲，使愚人灵明，使少年人有知识和谋略，使智慧人听见，增长学问，使聪明人得着智谋，使人明白箴言和譬喻，懂得智慧人的言语和谜语。敬畏耶和华是知识的开端，愚妄人藐视智慧和训诲。"

Proverbs（NRSV 1-7）

The proverbs of Solomon son of David, king of Israel:

For learning about wisdom and instruction,

for understanding words of insight,

for gaining instruction in wise dealing,

righteousness, justice, and equality;

to teach shrewdness to this simple,

knowledge and prudence to the young---

Let the wise also hear and gain in learning,

and the discerning acquire skill,

to understand a proverb and a figure,

the words of the wise and their riddles.

The fear of the Lord is the beginning of knowledge;

fools despise wisdom and instruction.

比较上述三段汉语译文，不难发现，裨治文和克陛存的译文和现今通行的"和合本"译文为了在意义上忠实原文，基本采用了直译的原则，但却牺牲了原文的文体风格，与希伯来原文和英文译文所采用的平行诗体相去甚远。而王韬襄助麦都思等人翻译的"委办本"译文，大量采用四字对仗的方式，与原文文体较为接近，但在意义的忠实程度上却打了折扣。如"训人以智"句仅仅翻译出原文中的"智"（wisdom），漏译了"训诲"（instruction）。接下来的"得明至道，得秉公义"一句中，以"公义"二字翻译"righteousness"、"justice"和"equality"三个词汇同样颇有争议。"玩味箴言之微旨，可悟贤人之隐语"一句中，用"玩味"来翻译"to understand"，用"微旨"来翻译"a proverb and a figure"，用"贤人"来翻译"the wise"，不得不说王韬的翻译充满了中国传统文化色彩。最后一节中用"道学"一词来翻译 "智慧与训诲"（wisdom and instruction），更是使得译文具有强烈的理学色彩。这些带有明显中国传统文人气质的译文无疑出自王韬的杰作，实际上这样的增删、改写在"委办本"《约伯记》和《箴言》两部分中随处可见。总的来看，绝对的忠实远非王韬译经的首要考虑，王韬所要追求的译文是流畅地道的，甚至带有儒学色彩的译文风格。可以说，王韬协助翻译的译文已经在某种程度上超出了翻译的范畴，带有"改译"和"创译"的色彩，若联系到前文裨治文和克陛存就翻译原则对麦都思的抨击，就更不难理解个中原委了。

需要指出的是，在传教士主导的圣经汉译事业中，王韬这种对圣经原文进行大幅增删、改写的翻译方式能够被接受，与麦都思的翻译思想是分不开的，而麦都思偏重意译的翻译原则也决定了其对中国助手的依赖。不同于一般传教士很少在给圣经公会和各自差会的信函报告中提及中国助手的名字，麦都思更愿意提及那些曾经帮助其翻译圣经的中国助手的名字。他曾经评价一位协助其翻译"四人小组"译本的秀才刘泽春（Lew Tse-chuen）是 "一个为了功名极度痴迷于中国经典"的人，"对汉语的把握近乎完美，他提出的很多地道表达都被译本采用"[144]。1836 年在其回英国向圣经公会和伦敦会游说时，他还携带了另一位中国助手朱德郎随行。另外，麦都思还十分关注耶稣会士在华传教和用汉语著述基督教义的活动。他曾格外留意徐光启和利玛窦的合作翻译活动，把徐光启描绘成"一名极具才能和影响力的官员"，并特别强调他在翻译上对利玛窦的帮助，"他精通汉语，译文极其典雅，有助于译本被上层士大夫接受"[145]。基于这种思想，麦都思较为重视对中国上层人士传教，喜欢结交中国知识分子。1845 年，他甚至不顾条约限制，冒险前往中国内地，深入到江西婺源，拜会当地白鹿洞书院的儒士，与他们讨论中国宗教与基督教的问题。[146]在上海传教期间，他通过"墨海书馆"经常向中国士人介绍西方宗教、历史、政治和科学等，周围逐渐聚集了包括李善兰、蒋敦复和王韬等一批晚清著名文人。这些文人与麦都思等传教士合作翻译了大量西方文献，"墨海书馆"也发展

---

144 W. H. Medhurst, *China: Its State and Prospect*, p. 296. 此人由梁阿发受洗皈依基督教。

145 Ibid., P. 227.

146 W. H. Medhurst, *A Glance at the Interior of China: Obtained during a Journey through the Silk and Green Teat Districts Taken in 1845*, Shanghai: Mission Press, 1849. pp.164-169.

成近代很有影响力的翻译机构。麦都思的这种传教方针和翻译思想为其日后在译经工作中和王韬的密切合作打下了良好基础。

"委办本"在当时的传教界引起了不小的争议，有褒有贬。对该译本的批评一般都集中在新约的后一部分和旧约，而这些都是由王韬襄助翻译的。在1890年的上海传教士大会上，美国长老会传教士惠志道就该译本评价道：

> 作为一部文学作品，译文有一种全新的风格，较好地摆脱了生硬的句型结构，是译者学识渊博的纪念碑……对译文最常见的批评并不在于文体风格的华丽，而是没有遵守香港翻译大会的翻译原则，在形式和意义上都未能严格遵循原文……对于神学素养深厚的中文读者来说，译文过于华丽，而那些见识不多、神性不够的中国读者则极易被译文地道的文风所欺，将基督误认作孔子，十分危险。[147]

这种对译本的赞扬和批评，恰恰反证了王韬在该译本翻译过程中所起的巨大作用，更加难能可贵的是他能将儒学的思想观念巧妙地与西方经典揉和到一起。总的来说，该译本由于地道通顺，被英国及海外圣经公会采纳为标准译本，成为在当时中国最广为流行的圣经译本，王韬功不可没。

三、暧昧的译经态度

王韬与基督教的接触是被动而又偶然的，其本人对于襄助西方传教士翻译圣经的态度，以及其本人对基督教的态度至始至终显得相当暧昧。处于条约口岸的特殊文化环境之中，面临"三千年未见之大变局"，在与传教士的日常交往中，王韬逐渐体会和认识到西方文化的独特之处，并逐渐产生一种特殊的感情。从王韬的日记中可以看到其时常"听英人说法"、"受主餐"、"分送圣书"，参加各种宗教活动。但在当时的传统观念中，受雇于传教士，绝非光彩之事。王韬为此辩解道："老民欲窥其像纬舆图诸学，遂往适馆授书焉，顾荏苒至一十有三年，则非其志也。"[148] 又说："韬逐臭海滨，为西人佣书，计非得已，然舍此无可适者。"[149] 后与友人通信之时，王韬屡屡诉说心中的

---

147 John Wherry, "Historical Summary of the Different Version of the Scriptures", *Records of the General Conference of the Protestant Missionaries of China,* Shanghai: American Presbyterian Mission Press. 1890, p. 52.

148 王韬：《弢园文录外编》，郑州：中州古籍出版社，1998年，第382页。

149 王韬著，孙邦华编选《弢园老民自传》，南京：江苏人民出版社，1999年，第30页。

不快、苦恼和无奈："授书西舍，决无善状，局促如辕下驹；笔耕所入，未敷所出"，"佣其家者，驾驭之如犬马，奔走疲困，毫不加以痛惜"[150]。再加上协助传教士翻译，难以自由表达，更为郁闷，"虽有殊才异能，横出侪类，亦不足观也已。删订文字，皆系所主裁断。韬虽秉笔，仅观厥成。彼邦人士，拘文牵义。其词诘曲鄙俚，即使尼山复生，亦不能加以笔削"[151]。

如果说翻译西方科学书籍尚能为时人勉强接受，帮助西人翻译圣经则无异于"变节"。帮助洋人译经，保守之士认为他"获罪名教，有玷清操"，"肆其妄谭"，"加以丑诋"[152]。即便是思想较为开放的知识分子同样也深感不满。当时与王韬同在"墨海书馆"译书的管嗣复[153]曾批评王韬："吾人既入孔门，既不能希圣希贤，造于绝学，又不能襄斥异端，辅翼名教，而岂可亲执笔墨，作不根之论著，悖理之书，随其流，扬其波哉。"[154] 王韬无奈地为自己辩护："教授西馆，已非自守之道，譬如赁舂负贩，只为衣食计，但求心之所安，勿问其所操何业。译书者彼主其意，我徒涂饰词句耳，其悖与否，固与我无涉也。且文士之为彼用者，何尝肯尽其心力，不过信手涂抹，其理之顺逆，词之鄙晦，皆不任咎也。由是观之，虽译之，庸何伤。"[155] 有时，王韬对襄助翻译圣经也颇感后悔，"闻小异（即管嗣复）言，窃自叹矣。当余初至时，曾无一人剖析义利，以决去留，徒以全家衣食为忧，此足一失，后悔莫追。苟能辨其大闲，虽饿死牖下，亦不往矣。虽然，已往者不可挽，未来者犹可致，以后余将作归计矣。"[156] 可见，王韬襄助传教士译经承受着巨大的压力。作为一名深受儒家学说熏陶的中国文人，对于迫于生计而受雇洋人译经，王韬始终怀有矛盾的心情，有时甚至还怀有一丝耻辱感。

在近代新教传教士一百余年的圣经汉译史中，从最初传教士对中国助手名字的甚少提及，到"和合本"正式确认中国文人的译者身份，"中国文人是一个

---

150 王韬著，孙邦华编选《弢园老民自传》，南京：江苏人民出版社，1999 年，第 34-35 页。

151 同上，第 34 页。

152 同上，第 33 页。

153 此人曾协助传教士翻译过《西医略论》、《内科新说》、《妇婴新说》和《美理哥合省国志略》等。

154 方行，汤志钧整理，《王韬日记》，上海：中华书局，1987 年，第 92 页。

155 同上。

156 同上。

持续在场、却始终被人遗忘的群体"[157]。王韬在"委办本"中所起到的巨大作用在此段翻译史上更是一个独特的案例。王韬凭借其"对中国传统语言文化的深刻理解与熟练掌握，深深地影响了委办译本的文风与用词，堪称'委办本'的主要译者之一"[158]。另外，王韬译经能够成为独特的案例也离不开麦都思的翻译思想。在麦都思的心目中，圣经译文应该在语言、风格和句型结构等方面都应符合汉语的表达习惯，成为一部"有价值的汉语作品"[159]。麦都思的这种翻译策略是难能可贵的，为王韬对经文中重要术语和文体结构等进行的改译和创译提供了极大的空间。"麦都思在某种意义上达到了自己的目标，即翻译一部为中国士人所欢迎、中国化了的、精致典雅的中国文化作品。"[160]

本章小结

"委办本"在中国近代圣经汉译历史中具有十分深远的影响，最明显的结果便是英美两国的新教传教士在圣经汉译事业上的分裂，这个分裂持续了很多年，直到1890他们才重新联合起来推出"和合本"的翻译计划。导致分裂的原因是多方面的，但在"God"一词的译名问题上存在的分歧无疑起了最重要的作用。另一个分裂的因素是对翻译原则的互不认同。有趣的是，传教士译者对两个问题的分歧阵线几乎是完全相同的，基本上是英国传教士和美国传教士各为一方。最终，英美两国的圣经公会都选择了支持本国传教士的译本，反映出"译名之争"背后的宗派和国籍因素

另外，作为译经工作主要赞助机构的圣经公会在这次译经过程中的权威作用得到了充分体现，不但承担了几乎全部的译经相关费用，更是在"译名之争"中担当了最终的裁决者。两派传教士译者为了获得圣经公会的支持，都和圣经公会保持着频繁的信函、报告和文件往来。值得注意的是，过去基本由英国及海外圣经公会独自赞助的局面在这次译经工作中完全发生改变。美国圣经公会开始更为积极和主动地介入到圣经汉译工作中，并在译名之争中表现得更为激

---

157 游斌.《被遗忘的译者中国士人与中文圣经翻译》，载《金陵神学志》，2007年第4期，第117页。

158 游斌：《王韬与中文圣经翻译》，载《金陵神学志》，2006年第3期，第110页。

159 W. H. Medhurst, *Reply to Dr. Boone's Vindication of Comments on the Translation of Ephesians I: in the Delegates' Version of the New Testament by the Committee of Delegates, also, a Letter on the Same Subject from J. Legge to Dr. Tidman, Secretary of the London Missionary Society*, Shanghai: London Mission Press, 1852, p. 21.

160 游斌：《王韬与中文圣经翻译》，载《金陵神学志》，2006年第3期，第124页。

进，为美国传教士译者充当了坚强的后盾。这当然在很大程度上和十九世纪中叶美国政治经济的迅速崛起不无关系。在此次译经工作之后的六七十年中，随着美国政治经济的进一步崛起，美国圣经公会更加深入到圣经汉译工作中，和英国及海外圣经公会共同赞助和主导了汉语圣经的翻译和出版发行工作。

　　"委办本"的核心人物无疑是"四人小组"译本的核心人物麦都思。无论在翻译原则还是在译名问题上，"委办本"都基本延续了之前的"四人小组"译本。然而英国及海外圣经公会却否决了"四人小组"译本，接受了"委办本"，并且在之后数十年都给予了高度评价，还专门成立了一个"保存委员会"以维护其崇高的地位。这种高度的评价十分近似对马礼逊/米怜译本的推崇，但对马礼逊/米怜译本的推崇应该是基于马礼逊在华传教和圣经汉译的开创之功，对"委办本"的赞誉则是因为此译本在中国收到的广泛好评。裨治文/克陛存译本在美国各传教差会（美国浸礼会除外）中也得到广泛应用。但对于很多在华传教士而言，他只不过是一部"美国人的译本"而已[161]。就译文内容而言，由于联合译经一直持续到新约的完成和旧约的《创世记》、《出埃及记》、《利未记》、《民数记》和《申命记》的前九章，故两个译本此部分的译文较为相似，之后的译文因系两派人马独立翻译，差异较大。

　　此外，"委办本"获得的成功还离不开王韬的贡献。译本的流畅地道证明了他所发挥的重要作用，该译本也因此备受赞誉。英国及海外圣经公会采用了这个译本，"到 1859 年印行了十一版，直到 20 世纪 20 年代仍在使用"[162]。麦都思宣称："任何一个读到我们的译文的人，都将承认我们是在用汉语写作，并认为他是一部有价值的汉语作品"[163]。但也许正是因为过于追求译文的文学性，许多传教士认为该译本没有充分地忠实于原本，在意义和形式上未能严格遵循经文原文。

---

161 尤思德著，蔡锦图译《圣经在中国：和合本的历史与新教在华传教士译经的高峰》，国际圣经协会，2002 年，第 101 页。

162 费正清编：《剑桥中国晚清史》上册，北京：中国社会科学出版社，1993 年，第 609 页。

163 W. H. Medhurst, *Reply to Dr. Boone's Vindication of Comments on the Translation of Ephesians I: in the Delegates' Version of the New Testament by the Committee of Delegates, also, a Letter on the Same Subject from J. Legge to Dr. Tidman, Secretary of the London Missionary Society*, Shanghai: London Mission Press, 1852, p. 21.

第四章 "译名之争"

虽然在联合译经筹备之前，新教传教士对"God"和"Spirit"等关键神学术语的汉语译名问题上已经存在不同看法，但由于马礼逊和麦都思的强势地位，译名问题为并未引起太多关注。但是当1843年在华新教传教士试图联合起来翻译圣经之时，译名问题最终爆发了，传教士就此问题展开激烈辩论，形成了历史上有名的"译名之争"。"译名之争"的原因并不复杂，就是在圣经汉译的过程中，对采用哪个汉语词汇能最恰当地翻译英文的"God"和"Spirit"二词，传教士译者持不同意见，而"God"一词的译名最为重要，是传教士争论的重中之重。[1] 在这场争论中，传教士围绕译名问题，从中国古代典籍着手对中国人宗教信仰展开论战，并由此延伸到双方在基督教基本神学教义层面的严重分歧。这场争论最终"发展到传教士团体分裂成针锋相对的两个派别，并一度断送了此前新教传教士为赢得'基督教征服中国'而努力结成的圣经

---

[1] 围绕"God"一词汉语译名所发生的"译名之争"最早开始于明末清初的天主教传教士，中外学术界对这一阶段的"译名之争"已有很多研究成果。新教传入中国后，"译名之争"再次爆发，并在1843-1852年和1870年代两个时期表现最为激烈。由于本书的研究时间范围所限，笔者将着重讨论前一时期的"译名之争"。国内外有关 1843-1852 年期间"译名之争"的代表性研究可见：John Chalmers, "The Interminable Question", *China Review*, Vol. 9, No. 3, 1880, pp. 190-192；赵维本：《中文圣经译名初探：神乎？帝乎？》，载香港《中国神学研究院期刊》第 4 期，1998；Irene Eber, "The Interminable Tern Question", in *Bible in Modern China: The Literary and Intellectual Impact*, edited by Irene Eber, Sze-kar Wan, Knut Walf, Nettetal: Institut Monumenta Serica, 1999；吴义雄：《译名之争与早期的圣经中译》，载《近代史研究》，2000 年第 2 期；Michael C. Lazich, *E. C. Bridgman, America's First Missionary to China*（第 6 章）, Lampeter, The Edwin Mellen Press, 2000。

汉译联盟"[2]。

第一节 "God"汉语译名流变

一、新教之前的译名

实际上，如何精确地用汉语表达"God"一词一直是中国基督教史中一个反复争论的话题。最早的译名可以追溯到唐代景教的传入。当时的聂斯托利派传教士把希伯来语"Elohim"或叙利亚语"Eloh"音译为"阿罗诃"，意思是"上帝教"或"信奉上帝的人"。此外，他们有时还借用道教和佛教的用语，如"真主"、"天尊"、"佛"等来表现基督教至高无上造物主。[3] 明末清初天主教传入中国之初，传教士对"God"等神学术语的翻译也一时难以决定，便将拉丁语"Deus"音译为"陡斯"。后来，罗明坚（Michele Ruggleri,1543-1607）又意译为"天主"，即天地的主宰。利玛窦在早期沿用了"天主"二字，后来他在中国古代典籍中看见"天"和"上帝"的名称，是中国古代圣贤用来指天地的主宰，于是改变初衷，把"Deus"翻译成"天"和"上帝"；后来，利玛窦又读到朱熹对"天"的解释，说"天"不过是一种义理，他又以"天主"和"上帝"并用。[4] 不过利玛窦似乎更偏向于"上帝"一名，认为儒家典籍中的"上帝"才真正表达了基督教所认定的最高存在"God"的概念，在其《天主实义》第二篇中他曾这样写道："吾天主，及古经书所称上帝也"[5]。利玛窦也承认中国人对于最高存在的理解与基督教具有很大的差异，但他把这归因于宋代程朱理学对孔子学说的歪曲，认为"它（程朱理学）背离了儒学最初的内容，从原来的有神论走向了泛神论和无神论"[6]。

利玛窦去世后，"天"和"上帝"的译名受到龙华民的反对，他认为这两个译名不足以表现"God"是天地万物的主宰，之所以用这两个译名是出于传

---

2 Michael C. Lazich, *E.C. Bridgman, America's First Protestant Missionary to China*, Lampeter: The Edwin Mellen Press, 2000, p. 263.

3 见杨森富：《唐元两代基督教兴衰原因之研究》，载刘小枫主编《道与言》，三联书店，1996年，第53-54页。

4 上述利玛窦的观点见王治心《中国基督教史纲》，上海古籍出版社，2004年，第115页。

5 朱维铮主编：《利玛窦中文著译集》，复旦大学出版社，2001年，第21页。

6 孟德卫著，陈怡译《神奇的土地：耶稣会士的调适策略与汉学的起源》，大象出版社，2010年，第47页。

教策略上的考虑："徐保罗（光启）坦率地向我承认，他坚信'上帝'不可能是我们的'天主'，古今文人均对'天主'一无所知。但我们的神父们出于好意和特别是为了不使儒生们感到反感，认为应把'天主'称为'上帝'，如果把大家归于真正'天主'的所有特征也赋予'上帝'，那同时也是很正确的做法。"[7] 后来，龙华民走的更远，"干脆抵制使用"上帝"和"天主"这两个中文词汇，而主张将拉丁文中"Deus"音译成中文来代替"[8]。之后随着多明我会、方济各会、巴黎外方传教会和传信部传教团陆续入驻中国，中国传教区的格局发生显著变化，各宗教团体的传教思想不同，彼此间的利益冲突日益明显，于是有关译名问题和利玛窦传教策略的争论逐渐从耶稣会士内部探讨扩展为各修会间不同传教方针的冲突。"上帝"和"天"的译名遭到了耶稣会外其他修会更为激烈的反对，他们认为中国人不具有任何关于最高存在的认知，任何将"上帝"和"天"与基督教的"God"相提并论的企图，都是对异教观念及思想的妥协，都无异于是对"God"的亵渎。维护利玛窦传教思想和策略的耶稣会士则针锋相对与其他修会进行了持续的论战。论战的中心也逐渐从术语问题转为祭祖祀孔的礼仪问题，此即历史上有名的"礼仪之争"。不同于新教的是，天主教具有一个最高权威机构，即罗马教宗。历经数次讨论，罗马教宗克莱芒十一世（Clement XI）于 1704 年否决了以利玛窦为代表的耶稣会士所奉行的调适策略，并做出决定：禁止以"天或上帝"称"天主"，禁止礼拜堂里悬挂有青天字样的匾额，禁止基督徒祀孔祭祖，禁止牌位上有灵魂等字样。[9] 罗马教廷的决定彻底激怒了康熙皇帝，他开始严格限制传教士在中国的活动，并下令将所有不愿认同中国人信仰与习俗的传教士驱逐出境。从某种程度上说，内部的不团结和斗争是导致清初天主教在中国传教崩溃的原因之一。

大约一个世纪后，当新教传教士来到中国后，鉴于之前的历史教训，他们对自身内部不团结可能造成的危害有着清醒的认识。米怜就曾这样强调："有理由这样认为，和所有外在的迫害相比，（天主教）传教士内部的分歧和由此引发的怨恨与嫉妒给他们的事业造成了更为严重的实质性损害。"[10] 遗憾

---

7 转引用自谢和耐著，耿升译《中国与基督教——中西文化首次撞击》，上海古籍出版社，2003 年，第 21 页。

8 邓恩著，余三乐、石蓉译《从利玛窦到汤若望——晚明的耶稣会传教士》，上海古籍出版社，2003 年，第 270 页。

9 王治心：《中国基督教史纲》，上海古籍出版社，2004，第 119-120 页。

10 William Milne, *Retrospect of the First Ten Years of the Protestant Mission to China*, p. 13.

的是，米怜的告诫未能引起之后的新教传教士足够的重视，围绕"God"一词译名问题所引发的争执还是破坏了首次联合译经的尝试和努力。

二、新教的早期译名

新教虽然较天主教更早推出完整的圣经汉译本，但其所采用的译名则受到了后者的影响，"上帝"和"神"两个译名都能从天主教找到相应的源头。马礼逊的译经工作在很大程度上受到了白日升译稿的影响，把"God"一词译为"神"。马礼逊认为，既可以用"天主"，也可以用"神"来作为"God"一词的译名，但他选择用"神"来翻译，因为这个词可以表达"中国人普遍理解的高级存在"，而天主教传教士的实践表明，使用'天主'这一译法并没有使中国人归依基督教，而是使中国人将之与'菩萨'混为一谈"[11]。之后，随着对中国语言文化的认识加深，马礼逊的看法发生了一定的变化。他发现，单靠"神"字，不足以向中国人表现基督教的神圣性，于是在其翻译的《神天圣书》中也使用过"真神"、"神天"和"神主"等译名。而在其1831年发行的一部传道册子中，马礼逊为了更加清楚明白地表达基督教的"God"一词，又采用了"神"、"真神"、"天"和"神天上帝"等多种译名。[12] 可见，虽然马礼逊更倾向于"神"的译法，但其对待"God"一词汉语译名的态度总的来说是较为灵活的。

和马礼逊一同翻译圣经的米怜对"God"一词译名的态度则有着较为明显的变化，从早期跟随马礼逊采用"神"字到后来更倾向"上帝"一词。在他看来，汉语中"神"字意义过于宽泛，可能会误导迷信思想严重的中国人，而"上帝"一词拥有九大优点，能够在最大程度上避免其他译名的缺点。米怜这种态度上的变化并没有改变马礼逊的观点，也没影响到《神天圣书》译文中所采用的译名，但却很可能为后来发生在新教传教士之间的"译名之争"埋下了伏笔。作为"上帝"一词忠实拥趸的麦都思于1817年来到马六甲时，其主要任务是负责印刷工作，协助米怜进行传教工作。从那时起，米怜实际上就成为了其汉语学习和神学思想上的"导师"。虽未见直接证据表明麦都思

---

11 Eliza .A. Morrison ed. *Memoirs of the Life and Labors of Robert Morrison*, Vol.1, p. 201.

12 W.H. Medhurst, "An Inquiry into the Proper Mode of Rendering the Word God in Translating the Sacred Scriptures into the Chinese language", *The Chinese Repository*, Vol.17, 1848, pp. 342-343.

"上帝"译名的思想来源于米怜，但作为米怜的助手，麦都思在一定程度上受到米怜的影响则是可以确定的。1827 年，郭实腊也来到马六甲，并认识了麦都思，一段时间内过往甚密。在其主编的《东西洋考每月统记传》中，郭实腊使用了"神天皇帝"、"神天上帝"、"皇上帝"和"上帝"等，但越到后来就越常用"上帝"和"神天"两个词。[13] 米怜和马礼逊相继去世后，麦都思逐渐成为当时在华传教的核心人物。1836 年在其致英国及海外圣经公会的《就汉语圣经新译本给英国及海外圣经公会的报告》一文中，麦都思首次公开批评了"神"这一译名，他认为："早期译本采用的'神'字意思实际是'灵'（Spirit），传教士、信徒和异教徒都认为这个译名是不恰当的。"[14] 在其领导下翻译的"四人小组"译本也最终把"神"字改成了"上帝"一词。

第二节 "委办"的争论

在 1843 年 8 月的香港翻译大会期间，传教士译者们就修订和翻译计划基本达成了一致，但在把"God"和"Spirit"两个重要术语译成汉语的问题上出现了意见分歧。一派传教士赞成使用汉语典籍中的"上帝"或"帝"来表达"God"一词，用"神"来表达"Spirit"一词；另一派则主张用"神"和"灵"来表达这两个英文词汇，而最核心的问题还是"God"一词的译名。除了理雅各[15]，大部分英国传教士主张采用"上帝"或"帝"，而以裨治文为代表的美国传教士则主张用"神"。由于两派传教士均坚持己见，会议最终未能就"God"一词的汉语译名问题形成一致决议。会议结束后，各翻译"地区委员会"开始执行相应的译经任务，译名问题再也无法拖延，一些译经人员开始陆续撰写和发表有关译名问题的各种论辩文章、小册子和书籍，以期能够说服对方接受自己主张的译名，"译名之争"就此形成，并一直持续到此次联合译经结束。[16]

---

13 爱汉者等编，黄时鉴整理《东西洋考每月统记传》，中华书局，1997 年，第 13 页。

14 W. H. Medhurst, "Memorial addressed to the British and Foreign Bible Society on a New Translation of the Chinese Scriptures", Hackney, Oct. 28, 1836, *Documents Relating to the Proposed New Chinese Translation of the Holy Scriptures*, p. 10, British and Foreign Bible Society archives.

15 理雅各后来改变了自己的观点转而认同"上帝"的译法，并在麦都思独木难支的时候提供了极其重要的帮助。

16 此次联合译经结束后，有关"God"一词译名问题的争论沉寂了一段时间，但随着白话文和浅文理圣经翻译工作的进行，"译名之争"再次卷土重来，并在 1877 年召开的第一次中国新教传教士大会前后到达高潮。

根据争论的具体情况，此次"译名之争"大概可以分为两个阶段。从 1843 年的香港翻译大会到 1847 年召开的"委办会议"为第一阶段，也是争论的初期阶段。这一时期，两派传教士一边在各自的传教地区翻译圣经，一边发表文章为各自主张的译名摇旗呐喊，为即将到来的"委办会议"做好准备，参与争论的主要人物是裨治文、娄礼华、和麦都思，而三人后来也都成为新约译经"委办"。从 1847 年 6 月新约"委办会议"的召开到 1851 年 2 月旧约"委办会议"的破裂为第二阶段，是此次争论的高潮，代表人物是文惠廉和麦都思。

一、"委办会议"之前的争论

就"God"一词译名所产生的分歧在此次联合译经活动伊始便暴露出来。在香港传教士翻译大会上，由麦都思和理雅各二人组成了专门负责讨论"God"一词译名的"委员会"，但二人各执己见，无法达成一致。最后，大会只好如此决议："由于难以决定采用何种词汇作为'God'一词最适合的汉语译名，各'地区委员会'可以先暂时使用自己喜欢的词，留待'联合委员会'的最后裁决。"[17] 翻译大会后，各地区传教士纷纷开始了自己的翻译工作，译名问题得以暂时搁置，但随着"委办会议"的日益临近，译名问题逐渐引起关注，并摆上桌面。刚开始，传教士们普遍还是对此持有乐观的态度，认为只要深入研究中文典籍，就能为译名问题找到一个令人满意的答案。传教士们一致坚信，只要本着学术考证与理性讨论的精神，所有的分歧最终都能得到解决。本着这种精神，裨治文表示希望"那些能胜任此项工作的同仁，对相关译名以及圣经中的其他专业术语展开充分全面的讨论"[18]。为推动译名问题的解决，裨治文还宣布将在其主编的《中国丛报》上开设一个论坛，公开讨论关于这一问题的研究。随后，《中国丛报》上涉及"译名问题"的文章逐步增多，并成为此次联合译经活动期间"译名之争"的主阵地。

1、裨治文的观点

作为《中国丛报》的编辑，裨治文在此次论证中处于较为有利的地位。1845 年 1 月，他在《中国丛报》上发表了第一篇有关译名问题的文章，名为

---

17 "New and Revised edition of the Bible in Chinese", *The Chinese Repository*, Vol.12, 1843, p. 533.

18 E.C. Bridgman, "Revision of the Chinese version of the Bible", *The Chinese Repository*, Vol.15, 1846, p. 165.

《〈约翰福音〉第 1 章第 1 节 6 个译本之比较》。为了吸引传教士对译名问题的关注和避免因"God"一词译名所产生的争论给联合译经事业带来负面影响，裨治文在这篇文章中并未直接表明自己的观点，而是选择就圣经中一系列重要神学术语进行较为概括的探讨。裨治文就《约翰福音》第一章第一节中的出现的三个重要术语进行了简单对比，即"word"、"God"和"beginning"。在罗列了当时存在的六种译法后，裨治义委婉地指出："截至目前，我们较为偏爱'道'（word）和'神'（God）的译法，希望其他同仁就此问题发表不同意见"[19]。不久，裨治文又在下一期的《中国丛报》上发表了第二篇有关译名问题的文章，名为《对'God'、'Spirit'、和'Angel'汉语译名的讨论》。文中，裨治文进一步呼吁传教士就神学术语的译名进行探讨："为了尽量完美地完成圣经汉译这项工作，考虑到传递'God'话语的重要性、神圣性和汉语词汇的极其丰富，花再多的时间和精力也应毫不怜惜。"[20] 除"God"一词的译名外，裨治文还特别提醒传教士关注"spirit"、"soul"、"conscience"、"faith"、"repentance"、和"angel"等术语的译名，并就"angel"的几种译法进行了专门的论述。

经过前两篇文章的铺垫之后，裨治文开始转入正题。1846 年 4 月、1847 年 1 月和 5 月，裨治文在《中国丛报》上相继发表了两篇专门讨论"God"一词译名的文章，主要从中国宗教的性质入手分析了"God"一词的翻译策略。裨治文认为译名问题颇为棘手，因为"圣经所承载的大量历史事件、思想观念和情感意识对那些没有领悟神圣启示的人来说是完全陌生的，（翻译）这些却必须使用中国人熟知的词语来表达"，然而当"基督徒和异教徒在使用他们各自语言中最适合的词语谈及"God"、"天堂"、"地狱"、"永恒"等事物时，他们的想法却可能大相径庭"[21]。可以看出，在裨治文心目中，译名问题的复杂性主要归因于中国人的宗教观念和基督教存在着本质上的差异，那么如何准确定位中国宗教的性质呢？通过对中国宗教和古希腊宗教进行的简单对比，裨治文表示："中国人与古希腊人、古岁马人的宗教信仰极为相似，都是多神崇拜，但就对至高主宰的认识而言，中国人又远远逊色于古希腊人和古

---

19 E.C. Bridgman, "Comparative view of six different versions in Chinese of John's Gospel, Chapter 1 verse 1st", *The Chinese Repository*, Vol.14, 1845, p.54.
20 Ibid., p. 146.
21 E.C. Bridgman, "Revision of the Chinese Version of the Bible", *The Chinese Repository*, Vol.15, 1846, pp. 162-163.

罗马人，翻看中国古代和现在的所有书籍，没有一处可以明确看到他们对至高主宰的认识。"[22] 裨治文进一步提出："中国语言中没有任何称谓能表现基督教中的'God'和'deity'等词语所体现的概念，甚至可以说，中国语言中不仅没有任何字眼，甚至是没有任何词组或短语，包含或者表达了那些受到感召的作者所给予的"true God"，永恒的耶和华这样的概念。"[23] 既然如此，选择一个中国宗教中最高神祇的名字来翻译"God"一词，显然是不准确和不恰当的。对于麦都思等人所主张的"上帝"一词，裨治文表示反对："在一位中国助手的帮助下，我们详细考察了《尚书》里有关'上帝'的词条，发现'上帝'在书中共出现32次……然而我们却发现他们没有体现出一丝一毫的神性，中国文人在注释中写道'上帝即天，天也是理'。"[24]

从上述分析可以看出，裨治文通过否定中国人具有"one true God"的概念，从而否定了那些试图使用中国宗教中最高神祇的名字来翻译"God"一词的策略。那么该如何把"God"一词翻译成汉语呢？裨治文的观点是，应该采取那些使徒先辈们在向多神崇拜的古希腊人和古罗马人传播基督教时的做法。古希腊人的最高神祇是宙斯（Zeus），但早期使徒却采用了"Theos"来表示至高主宰，而实际上，"Theos"只是一个集合名词，被古代希腊人用来指称一切神祇。早期使徒通过翻译改变了"Theos"在希腊文中的原意，把古代希腊宗教中的所有神祇全部打成伪神，从而有力地体现圣经中的旨意，即除了以色列的"true God"，禁止崇拜其他任何神祇。为了使自己的主张更有说服力，裨治文援引一位欧洲神学教授的观点，即"所有异教徒国家所使用的用来指称'God'的译名的含义都须经过修正，也就是说这个译名在其原来语言中的意思必须发生变化"[25]。在这样的情况下，传教士译者的任务就是找到一个汉字或词语，其在用法和普遍意义上能最接近希腊文中的"Theos"一词。

那么，汉语中的哪个词语符合这样的标准呢？裨治文认为，汉语虽然没有一个词语表达了至高无上耶和华的观念，但却有着与"Theos"相似的词语

---

22 E.C. Bridgman, "Chinese Terms to Denote the Deity: Views of Drs. Morrison, Marshman, and others, Communicated in Former Volumes of the Chinese Repository." *The Chinese Repository*, Vol.16, 1847, p. 125.

23 Ibid., p. 100.

24 Ibid., pp. 100-101.

25 E.C. Bridgman, "Chinese Terms to Denote the Deity: Views of Drs. Morrison, Marshman, and others, Communicated in Former Volumes of the Chinese Repository." *The Chinese Repository*, Vol.16, 1847, p. 124.

来翻译"God"一词。当然，这个词语一旦被确立为正式的汉语译名之后，它在汉语中的原义也将随之发生变化，既指耶和华也指中国宗教中的一切神祇，不过这些神祇将全部变为伪神。裨治文选择了"神"这一译名，在他看来："古希腊人有众多的神。中国人也是如此，他们通常用'神'这一词来表达他们崇拜的诸多神祇。这个词是由'申'（意为表达说明）和'示'（意为天上的征兆）这两部分构成……我们早就表明我们倾向于使用'神'字"[26]。在裨治文眼中，汉语中"神"字是最接近"God"一词的词语，它代表了中国人所崇拜的众多具有崇高地位的存在，故可被传教士用来表示基督教的最高存在，也可表示其他伪神，而这样的翻译策略正是沿袭了早期使徒的做法。为了增加说服力，裨治文在其文章中还回顾了天主教传教士和新教传教士在译经工作中所选择的译名：

> 最早一批的天主教传教士乃饱学之士，他们采用的即是"神"这一译名……后来天主教传教士也曾使用过"上帝"，但这一译名很快就被抛弃了……最终他们采用了"天主"……新教传教士中最早的圣经译者马士曼、马礼逊和米怜都采用了"神"而非"上帝"，我们对"上帝"这一词语很不满意，因为它在任何程度上，都不符合希腊文中的"Theos"和希伯来文的"Elohim"意思。[27]

综上所述，裨治文在其四篇文章中通过对中国宗教性质和相应的译名策略的简要论述，表明了自己对"神"和"上帝"两个译名的不同看法。他的观点被之后赞成"神"这一译名的传教士译者所继承，并发扬光大。不过，裨治文的四篇文章篇幅都较为短小，对"God"一词译名所涉及到的诸多问题只是进行了较为概括的论述，对"神"和"上帝"两个词汇的在汉语语境中的不同意义也未作详细讨论。

2、娄礼华的观点

在译名问题上，第一个公开声援裨治文的是娄礼华。他于 1842 年被美国长老会海外传教部（Board of Foreign Missions of the Presbyterian Church）派遣到宁波传教。娄礼华从 1845 年 2 月到 1847 年 1 月在《中国丛报》上连

---

26 E.C. Bridgman, "Revision of the Chinese version of the Bible", *The Chinese Repository*, Vol.15, 1846, p. 163.
27 E.C. Bridgman, "Chinese Terms to Denote the Deity: Views of Drs. Morrison, Marshman, and others, Communicated in Former Volumes of the Chinese Repository." *The Chinese Repository*, Vol.16, 1847, p. 102.

续发表了三篇文章，明确表示支持"神"的译法，反对"上帝"或"帝"的译法。

娄礼华从分析"God"一词在希伯来文的原始意义入手。他提出："圣经原文中的"Elohim"一词并不是任何神祇的名字，而是代表一种神性，既用来指至高无上耶和华，也用来指其他伪神，既可以用作单数，也可以用作复数。"[28] 之后，娄礼华结合圣经中的具体经文分析认为："这个词语（Elohim）是一个类名（Generic name）"，"古希伯来人不仅用他指代真正的最高存在耶和华，也指代一些其他民族的伪神和偶像"，在古希腊语新约圣经中，七十子把他"翻译成'Theos'，同样是一个类名"[29]。在这里，娄礼华发展了裨治文的观点，如果这一观点成立，那么把圣经翻译成其他语言时，也必须采用类名，既能指代基督教的最高存在，也能指代各异教民族文化中的伪神。为了支持这一观点，娄礼华分析了"Elohim"一词在欧洲不同时期被翻译成其他民族语言的情况：

> 古希腊人的最高神祇是宙斯（Zeus），古罗马人的则是朱庇特（Jupiter），北欧国家则为欧丁（Odin）和沃登（Woden）。这些神祇均是各自民族神祇谱系中的最高神祇而受到崇拜。但使徒先辈以及他们的继承者都没有采纳这些名字来指代基督教的最高存在。在翻译工作中，他们均采用了类名而非这些具体神祇的名字，从而使得译名符合圣经中"Elohim"一词的原始意义，表达出唯一的神性。希腊语采用了"Theos"而非宙斯，拉丁语采用了"Deus"而非朱庇特，英语采用了"God"而非"Woden"，德国人采用了"Gott"。[30]

通过上述介绍，娄礼华想要告诉读者"Elohim"一词无疑是一个类名，而就其翻译历史来看，"Elohim"同样被翻译成了类名，故这种采用类名的翻译策略应该适用于一切基督教广泛传播的地区，中国也不例外。娄礼华进而提出："汉语中如果有一些名称被用来指代一些具体的神祇，这样的名称也应该被传教士译者弃用，即便他们是中国神祇谱系中的最高神祇，就像宙斯、

---

28 W. M. Lowrie, "Remarks on the Words God & Spirit, and the Transference of Proper Names into Chinese", *TheChinese Repository*, Vol.14, 1845, p. 101.

29 W. M. Lowrie, "Remarks on the Words and Phrases Best Suited to Express the Names of God in Chinese", *The Chinese Repository*, Vol.15, 1846, pp. 569-570.

30 Ibid., p. 573.

朱庇特等被使徒先辈们弃用一样，而如果汉语中存在神祇的类名，并和'Elohim'、'Theos'、'Deus'和'God'的意义完全吻合，那么就没有理由不采用这样的名称。"[31] 而在娄礼华看来，"神"字就是符合上述要求的一个类名，这个字在汉语中具有普遍性的意义，常被用来指代中国人崇拜的各种神祇，完全可以被用来翻译"Elohim"、"Theos"、"Dues"和"God"。

为了证明汉语中"神"字所具有的类属性，娄礼华引用了中国古代典籍和注疏书籍中的相关例句。譬如：《孟子》中的"圣而不可知之谓神"[32]、"夫君子所过者化，所存者神"[33]；《易经》中的"神也者妙万物而为言者也"[34]、"阴阳不测之谓神"[35]；《四书合讲》[36]中的"天地山川，风雷，凡气之可接者，皆曰神"、"祭，祭先祖也，祭神，祭外神也"、"外神谓山林溪谷之神"。不过，娄礼华也注意到一些不利于"神"字的因素，即在某些情况下，"神"也可以用来指代人的灵魂和动物的鬼魂。娄礼华对此的解释是："出现这种情况时，'神'之前一般会加上"精"字，从而形成一个比较固定的词组。"[37] 另外，娄礼华还认为，即便"神"单独出现且被用来表达人的灵魂，也不能否定它所代表的神性，某种程度上，这种情况"反而更加有力地证明了它所代表的神性"[38]，因为"在中国人的宗教观念中，'人'同样是神性的一部分"，"人"死后就会成为某种"神"，而被后人所崇拜，故"'人'和'天'、'地'并列为三种主要力量"[39]。为了证明自己的这一观点，娄礼华引用朱熹的"天地本吾一体，吾之心正则天地之心亦正矣"和孟子的"天视自我民视，天听自我民听"来说明，"人"在中国人的宗教观念中的确具有神性。当然，娄礼华也并不认为"神"这一译名是完美的，"无可否认，当中国人用'神'来指称'God'，他们的思想可能和圣经中的'God'迥然不同，但

---

31 Ibid., pp. 573-574.

32 出自《孟子·尽心下》。

33 出自《孟子·尽心上》。

34 出自《易经·说卦传》。

35 出自《易经·系辞上》。

36 娄礼华没有明确说明此书书名、作者和版本，只是简单提及"合讲"，估计为清代《四书合讲》的一个版本；娄礼华所引用的书中例句是对《论语》中的"季路问鬼神"和"祭如在，祭神如神在"两句的注疏和解释。

37 W. M. Lowrie, "Remarks on the Words and Phrases Best Suited to Express the Names of God in Chinese, *The Chinese Repository*, Vol.15, 1846, pp. 585-586.

38 Ibid., p. 586.

39 Ibid..

这并不是反对‘神’这一译名的理由。汉语所能提供的词汇中，它无疑是最合适的，我们只需更正中国人对这一词汇的错误理解即可”[40]。

至于“上帝”这一译名，娄礼华引用了中国古代典籍中有关“上帝”的若干词条予以说明，例如《诗经》中的“上帝耆之”[41]，《尚书》中的“予畏上帝”、“敬事上帝”、“商王受弗事上帝神”[42]，《礼记》中的“祈于上帝”[43]、“天子将出类乎上帝”和“天子祭天地诸侯祭社稷大夫祭五祀”[44]等。不过娄礼华认为：“中国人对‘上帝’的崇拜和其他偶像崇拜国家的情况类似，‘上帝’只不过是中国人所崇拜的众多神祇中的一位，虽然他具有最高的地位。”[45] 另外，娄礼华还指出，中国似乎不仅仅只有一个“上帝”，例如在“玉皇大帝”、“四时迎气祭五天帝于四郊”[46]和“明堂祀五帝之神新礼五帝即上帝即天帝也”[47]等词条中的“上帝”。不过可能缘于对中国语言文化的不自信，娄礼华也承认“这些不同的称谓也可能就是同一个‘上帝’”[48]，但是这种不自信丝毫也不妨碍娄礼华对“上帝”的判断，即中国人崇拜的一个偶像而已。根据这样的判断，娄礼华对“上帝”一词持完全的否定态度，他这样写道：“如果采用这一译名，就会使中国人认为我们所崇拜的耶和华仅仅就是他们的一个神祇而已，而我们将会很难向中国人解释我们所说的耶和华和他们所说的‘上帝’的区别，中国人会说‘你们指的就是玉皇大帝，他的确应该受到崇拜’。”[49]

可以看出，娄礼华在文章中力图证明，中国典籍中的“上帝”在很大程度上等同于其他异教民族信仰中的宙斯、朱庇特和沃登之类的概念，仅仅是

---

40 Ibid., p. 103.

41 出自《诗经·大雅》。

42 出自《尚书·泰誓上》，原文为“今商王受，弗敬上天，降灾下民，沉酒冒色…惟受罔有悛心，乃夷居，弗事上帝神祇。”

43 出自《礼记·月令》，原文为“是月也，天子乃以元日祈谷于上帝。”

44 出自《礼记·王制》。

45 W. M. Lowrie, "Remarks on the Words and Phrases Best Suited to Express the Names of God in Chinese", *The Chinese Repository*, Vol.15, 1846, p. 589.

46 出自《礼记·正义》，原文为“‘天子祭天地’者，祭天谓四时迎气，祭五天帝於四郊，各以当方人帝配　之。”

47 出自《晋书》志第九《礼上》，原文为“挚虞议以为：“汉魏故事，明堂祀五帝之神。新礼，五帝即上帝，即天帝也。明堂除五帝之位，惟祭上帝。”原文未标明出处。

48 W. M. Lowrie, "Remarks on the Words and Phrases Best Suited to Express the Names of God in Chinese", *The Chinese Repository*, Vol.15, 1846, p. 592.

49 Ibid., p. 597.

某种具体的偶像，无论其地位多高，也无法表达出圣经中"Elohim"的类属性和至高无上，而"神"就其普遍性意义而言和基督教圣经中的"God"一词是吻合的。不过娄礼华也承认"不管选用哪一个词，我们都会发现它或多或少偏离我们的用法与意义"，但是他仍坚持"神"是唯一正确的译名，因为它"除了不具备'the true God'的概念外，与希伯来语中的'Elohim'在所有其他层面上都是相当的，而据我们所知，中国人没有'the true God'的概念，因此他们也就不可能赋予'神'这种意义，除非有外人教他们这么做"[50]。

和裨治文相比，娄礼华更为鲜明地主张采用"神"这一译名，他强调了"God"一词的类属性，并通过引用中国典籍及相关注疏书籍中的有关词条具体探讨了"神"和"上帝"二词的意义。但总的来说，他的论述方法和观点基本上完全继承了裨治文，这主要表现在他对中国宗教观念和相应翻译策略的分析。考虑到娄礼华在1842年才到中国，仅仅三年之后，便能撰文反对在中国语言文化上浸淫三十年的麦都思，这无疑是难以置信的。更加可能的情况是，他的大部分观点是出于裨治文授意。在《中国丛报》成为传教士译者的就"God"一词译名进行论争的主要阵地后，作为该报主编的裨治文如果一开始就表现出过于激烈的好斗性无疑是不合适也不明智的。"他显然希望在这场争辩中置身幕后，即便实质上他是主张'神'这一译名的主要鼓吹者。"[51]

3、麦都思的观点

主张采用"上帝"来翻译"God"一词的核心人物是麦都思。作为当时最为资深的新教传教士，麦都思学习中国语言文化已近三十年。为了证明自己的观点，麦都思于1846年10月在"墨海书馆"出版了自己翻译的英文版《尚书》。麦都思翻译此书的一个直接原因应该是，《尚书》可能是中国典籍中"上帝"一词出现最为频繁的一部作品，共计达32次之多，而麦都思在"译名之争"中恰好主张用"上帝"来翻译圣经中的"God"一词。

为了驳倒美国传教士的观点，麦都思可能认为有必要向美国传教士展示一下其"深厚"的中国文化造诣。因此麦都思采取了学术性极强的"丰厚翻译"（Thick Translation）策略，即"在对原作进行翻译的过程中，考虑到读

---

50 Ibid., pp. 588-589.
51 Michael C. Lazich, *E.C. Bridgman, America's First Protestant Missionary to China*, Lampeter: The Edwin Mellen Press, 2000, p. 262.

者的接受问题，译者会增添大量的评注文字"[52]。麦都思的《尚书》英译本包括六部分："译者序"（Preface by the translator）、"蔡沈《书集传》序"（preface by the commentator Tsae-Ch'hin）、"原文、译文和译注"、"《纲鉴易知录》选译"（Extract from Chinese History）、"附录一：中国的星象"（Appendix A. Chinese Constellations）和"附录二：中国的天文学"（Appendix B. Chinese Astronomy）。

在第一部分"译者序"中，麦都思简要介绍了《尚书》的基本内容、成书过程和今古文问题，并对《尚书》做出了较高评价："我们不能忽视书中蕴含的中国道德哲学和政治经济学，不论何时书中的实用主义智慧对所有国家都有借鉴意义。在经历了启蒙运动的欧洲，在世界文明高度发展的当下，《尚书》里面的某些内容仍然值得学习。"[53]

在第三部分"原文、译文和译注"中，译者采取了逐字或逐词翻译的方法，并把每个字或词的译文插入到原文之中，现举一段译文说明：

> On the 正 first 月 month, and the 上 first 日 decade（B.C.2286），Shun 受 received 终 the conclusion（of Yaou's government）于 in（the temple of）文 the accomplished 祖 ancestor.（Shun）then 在 examined the 璇 pearl-embellished 玑 sphere, and the 玉 gem-constructed 衡 scale，以 in order 齐 to arrange 七 seven 政 controllers. Shun 肆 then offered a 类 sacrifice of the same class （with the border sacrifice）于 to the 上帝 Supreme Ruler, 禋 he presented a pure offering 于 to the 六 six 宗 objects of veneration，望 he looked with devotion 于 towards 山 the hills 川 and rivers，and 徧 glanced around 于 at the 群 host of 神 spirits.

应该说，上述译文编排方法比较少见，不利于译文进行流畅的表述，算不上理想的翻译方法。麦都思的翻译作品很多，但采用此种编排方式和翻译方法的，《尚书》英译本是唯一一例。在笔者看来，这种把译文逐字逐词插入原文的翻译方法和编排方式应该和"译名之争"有关。可以看到，上述译文

---

52 张佩瑶：《传统与现代之间：中国译学研究新途径》，湖南人民出版社，2012.第 7页。

53 W. H. Medhurst, *Shoo King: The Historical Classic*. Shanghai: Mission Press,1846. P. vii

中的"上帝"一词被译成"The Supreme Ruler"，一般而言，"The Supreme Ruler"一词在基督教语境下和"God"一词是完全等义的。麦都思通过这种逐字逐词的翻译可以更加清晰地向反对他的美国传教士圣经译者表明其对待"God"一词汉语译名的态度，即应该采用《尚书》中反复出现的"上帝"一词。

针对当时在基督教内部较为流行的一个观点，即中国古书中的"上帝"一词在很多情况下就是"天"，不能用来翻译圣经中的"God"一词，麦都思在其《尚书》英译本中对"上帝"和"天"这两个关键文化负载词做了截然不同的处理。在《尚书》中，"上帝"一词出现了 32 次，30 次被译为"The Supreme Ruler"，2 次被译为"The Supreme"，且首字母都大写。对于"天"字以及包含"天"字的词汇，麦都思所采用的译名如下：

天	heaven
天命	heaven's decree, the decree of heaven, the decisions of heaven
天道	the heaven's way, the will of heave，the celestial way
昊天	expansive heavens
皇天	imperial heaven, high heaven
天下	the empire, throughout the empire;
天之历数	the celestial destinies
天禄	celestial revenues
天秩	the heavenly order
上天	high heaven
天灾	celestial calamity
天心	mind of heaven
天胤	a celestial posterity
天地	heaven and earth
天威	the celestial dignity
天之罚	the inflictions of heaven
暴殄天物	oppressing heaven's creatures
天子	the son of heaven
天明	celestial intelligence

可以看到，"天"单独出现时被译为"heaven"，和其他字构成词时，除了"天下"一词被译为"the empire"，其他均被译为"heaven"或"celestial"。通过这样的翻译，麦都思严格区分了"上帝"和"天"的内涵，因为"heaven"或"celestial"在一般情况下并无基督教色彩，但"the Supreme Ruler"和"the Supreme"在基督教文化语境中则基本等同于"God"。麦都思借助英译《尚书》这本中国传统社会最为重要的儒家经典向美国传教士表明，"上帝"才是"God"一词最佳的汉语译名。

译本第四部分是麦都思对清朝颇为流行的一本历史书籍《纲鉴易知录》的节译和编译。该书主编是清人吴乘权，是《古文观止》的编者之一。《纲鉴易知录》全书共 107 卷，180 多万字，上起盘古开天辟地，下迄明朝灭亡。该书由于纪事简明，通俗易懂，所以叫做《纲鉴易知录》。"为了使西方汉语学习者更全面地了解《尚书》"[54]，麦都思对《纲鉴易知录》中和《尚书》有关的夏商周三代的内容进行了编译，共计达到 70 页。译本最后的附录一介绍了中国文化的 28 个星座，附录二则谈论了《尚书》中有关天文学的知识，并用数学公式去解释。

应该说，麦都思采用学术性很强的"丰厚翻译"策略，在很大程度上是在向美国传教士炫耀其中国文化造诣，并利用书中频繁出现的"上帝"一词，试图说服他们在"译名之争"中知难而退，同意其用"上帝"来翻译圣经中的"God"一词。

英译《尚书》之后，麦都思开始在《中国丛报》上发表系列辩论性文章驳斥裨治文和娄礼华。麦都思指出："'上帝'并不是中国主神（chief idol）的名号，在没有附加其他形容词的情况下，'上帝'一词在中国重要典籍中至始至终表达的是唯一的、至高无上的存在。"[55] 麦都思也承认"上帝"作为"God"一词的译名并非完美，"中国的世俗社会的确会导致中国人某些时候会把'上帝'的概念和有形的天地混淆起来，"但是"其他译名就不会出现这种情况吗？就此而论，'神'比'上帝'要糟糕一千倍，更易导致出现这样的情况"[56]。就"神"这一名号的意义，麦都思认为他"只是一种精神上的、看不见的、较

---

54 W. H. Medhurst, *Shoo King: The Historical Classic*. Shanghai: Mission Press,1846. P. 329

55 W.H. Medhurst, "Remarks in Favor of Shangti and against Shin, as the Proper Term to Denote the True God, Addressed to the Editor of the Chinese Repository", *The Chinese Repository*, Vol.16, 1847, p. 34.

56 Ibid., p. 35.

为低级的存在的总和，大概相当于古罗马人神话中的冥界幽灵（Dii immortales）和一些西方民族中的魔仆（genii）"[57]。至于早期使徒们采用"Theos"和"Deus"二词来翻译圣经中的至高无上存在，麦都思认为这并不构成"神"字就是最佳译名的原因。麦都思的解释是："古希腊语和拉丁语的词汇存在单数和复数之分，使徒先辈们为了表达一种统一的存在，就把单数的'Theoi'和'Dii'变成了复数的'Theos'和'Deus'，但本质上，他们还是表达的唯一存在；但汉语词汇无单复数之分，若不加以限定，汉语词汇本身即可表达复数的概念。"[58]

在《中国丛报》发表文章后，麦都思并未就此罢手。1847年，他在"墨海书馆"出版了长篇巨著《中国人之神学观——兼论至高无上造物主的最佳汉语译名》（*A Dissertation on the Theology of the Chinese with a View to the Elucidation of the Most Appropriate Term for Expressing the Deity in the Chinese Language*）。该书篇幅长达284页，实为麦都思就中国宗教而撰写的一部系统性论著。在此书序言中，麦都思明确表示了自己的写作动机，即"旨在为用汉语撰写中国宗教材料的人和圣经译者提供帮助，以确定'God'一词的最佳汉语译名"[59]。麦都思在书中第一次明确表示中国"存在着自然宗教的基本教义，至高无上造物主并没有遗忘这个东方民族"[60]。麦都思的解释是，"孔子的时代虽然也存在着一定范围的偶像崇拜，但那一时期的中国典籍中蕴含大量有关至高存在的内容，"只不过，"随着时间的流逝，至高存在的概念被各种迷信所混淆和腐化。"[61]麦都思进一步指出，"最高主宰的形象不应与中国庙宇中所供奉的神像相混淆。这些神像为后世所塑造，在孔子时代并不存在"[62]。在这一点上，麦都思与利玛窦的看法是相似的。利玛窦同样认为中国上古时期曾经有过类似基督教"至高存在"的概念，但是"这些正确的洞见随时间的流逝而变得模糊了，部分原因是受佛教、道教的影响，佛道唯物主义的和形而上学的概念影响尤其显著"[63]。

---

57 Ibid..

58 Ibid., pp. 35-36

59 W. H. Medhurst, *Dissertation on the Theology of the Chinese: with a View to the Elucidation of the Most Appropriate Term for Expressing the Deity in the Chinese Language*, printed at the Mission Press, 1847, p. iii.

60 Ibid., p. iv.

61 Ibid..

62 Ibid., p. 270.

63 柯毅霖著，王志成等译《晚明基督论》，四川人民出版社，2003年，第74-75页。

为了论证"神"和"上帝"二词在中国语言文化中的真正含义，麦都思在书中不厌其烦地列举儒释道典籍相关文献和注疏中的相关词条。就"神"字相关词条，麦都思研究了所有的四书五经和朱熹的注疏，宣称"一共发现了 800 个含有'神'字的词条，而其中'神'和'鬼'二字搭配使用的情况最多，共出现 330 次，'神'字单独出现或其他情况一共 470 次"[64]。麦都思根据具体意义把这 800 个词条又细分成 35 类，并分别进行分析，从而得出"神"字在儒家典籍中的的含义：

> 在儒家经典文献中的所有"神"字词条中，没有一条显示"神"字被用来指代至高存在。这个字的主要含义为一种大自然的延伸和内化，并在某种高级力量的指导下，掌管人和其他生物的繁衍生长、天体出没、刮风下雨和电闪雷鸣。在接受祭祀之后可以起到护佑作用，但却总是在一个高级存在的意志之下，从未被认为是独立的、至高的终极存在。因此，根据中国人的风俗，他们并不是什么神祇，而不过是些地位低下的的灵魂、精灵和鬼怪而已。[65]

考察儒家经典后，麦都思还对道家和佛家的某些文献进行了研究。这些文献包括道家的《道德经》、《三官妙经》和佛教的《金刚经》[66]、《成道记》。经过上述对儒释道三类文献的考察之后，麦都思对"神"字的意义得出了最后结论：

> 在查阅了儒释道三类相关典籍和文献后，我没有发现一个词条表明"神"能够表达至高存在。绝大部分情况下，"神"字的意思是灵魂、鬼怪，或者一些低级存在。在中国人历史的后期，这个词可能混入了一些偶像的意义，一些愚昧迷信的人可能用这个词表达了某些神祇，但它绝不是一种至高存在，也不是"God"所对应的类名。虽然也有"拜神"这么一个词汇，但它的意思仅仅是崇拜一些较为低级的精神存在。[67]

---

64 W. H. Medhurst, *Dissertation on the Theology of the Chinese: with a View to the Elucidation of the Most Appropriate Term for Expressing the Deity in the Chinese Language*, printed at the Mission Press, 1847, p. 186.

65 Ibid., p. 190-191.

66 麦都思宣称在这一重要的佛教经典中，他没有发现一处有关"神"的词条。

67 W. H. Medhurst, *Dissertation on the Theology of the Chinese: with a View to the Elucidation of the Most Appropriate Term for Expressing the Deity in the Chinese Language*, p.203.

通过上述论述，麦都思试图告诉读者，"神"并非宗教意义上的一种高级存在，也就更谈不上可以作为一个类名来表达高级存在，因此用它来翻译"God"一词显然是不恰当的。

麦都思接下来开始考察"上帝"一词在中国典籍文献中的意义，其研究方法和对"神"字的研究如出一辙，即在儒释道相关文献中寻找相关词条。麦都思所查阅的文献包括：古代的四书五经、《道德经》、《三官妙经》、《神仙通鉴》、《成道记》和清代的《御制文集》、《御制诗》、《康熙字典》。此外，麦都思还注意到林则徐编撰的《四洲志》和魏源的《海国图志》中对基督教的描述。麦都思宣称："从儒家典籍中发现的所有词条中，'帝'等于'上帝'的词条有90处，应该被翻译成基督教的至高存在'God'，另有16处，'帝'被用作指代各种元素和季节的神祇；而在道家和佛教的相关文献中，大量的'帝'被用来表示至高存在的概念，有时也用来指罗汉和道家一些想象的神祇。"[68] 经过上述考察，麦都思表示不能同意其对手将中国与古希腊、古罗马的多神信仰在本质上混为一谈的做法。他认为："古代西方的诸神是人神同形同性的，古希腊（原文如此）主神朱庇特所具有的骄奢淫逸的性格，是我们在任何中文典籍中都找不到的。中国的最高神祇既没有形体也没有情感，'上帝'一词在中文中仅指至高无上的权威，超越一切的力量、正义、荣耀与主宰。"[69] 麦都思对于"帝"和"上帝"的最后结论是："仅仅'帝'字就可以表示基督教的至高存在，同时它也被用来表示各种不同等级的神祇和世俗的君主，可以说'帝'毫无疑问就是'Elohim'，是'God'对应的类名。如果添加'上'字，则完全表达了至高存在的概念，及大写的'God'"。[70] 麦都思还结合具体实例来说明采用"上帝"翻译"God"一词是非常恰当的。例如：I am the Lord your God. You shall have no other gods before me.（《出埃及记》第20章第2-3节）可以翻译成"吾乃上主尔之上帝，在余面前尔不可有别帝也"；If the Lord be God, follow him: but cry aloud, for Baal is a god.（《列王记》第18章第21节）可翻译为"若上主乃上帝则从之，尔当高呼也，盖巴勒真是个帝。"[71]

显而易见，麦都思的中国宗教观与裨治文和娄礼华存在较大差异，这种差异在很大程度上导致了对"上帝"还是"神"这两个译名的不同选择。在

68 Ibid., p. 277.
69 Ibid., p. 273.
70 Ibid., pp. 277-278.
71 Ibid., p. 278.

麦都思看来，中国人的"上帝"或"帝"本身就是远古时代中国人对基督教至高存在的认识，选择这两个词汇作为"God"一词的译名，能更好地唤醒中国人头脑中早已存在的至高存在。而在裨治文和娄礼华眼中，中国人的脑海中根本就不具备基督教至高存在的概念，"上帝"不过是中国人众多偶像中地位较高的一个而已，只有选择"神"这一类名，从而改造中国人的宗教思想，才能让中国人明白基督教最高存在的"神"，而其他皆是伪神和偶像。但是，麦都思对用类名来翻译"God"一词的策略表示了一定的认同，只不过他认为"帝"才是合适的类名，特别适和用来翻译小写的"god"，即当"god"在圣经原文中被用来表达伪神和偶像时，而翻译大写的"God"时，则添加"上"字，即"上帝"，来表达至高存在。

二、"委办会议"期间的争论

从 1845 年 1 月裨治文在《中国丛报》上发表第一篇有关译名问题的文章到 1847 年 6 月传教士译者第一次"委办会议"在上海麦都思的家中召开的时候，两派传教士译者通过对中国宗教文化进行的研究，对译名问题进行了初步讨论。他们的各种著述大量介绍了中国古代典籍及相关注疏中许多从前不被西方所知的新知识，为西方人了解中国的宗教观念提供了许多新线索。但是这些从中文资料中找来的大量新证据并没有帮助他们解决译名问题，反而使争论愈演愈烈，导致双方更加坚持自己的主张。当译经"委办"们于 1847 年 6 月在上海召开"委办会议"以决定最终的汉语译文时，有关"God"一词译名的分歧很快便暴露出来，经过三天毫无结果的争论后，"委办会议"无奈之下决定将翻译工作暂时搁置，以便有充分的时间解决这一问题，并谨慎地"将关于两个译名的争论限制在书面形式的讨论"[72]。译名问题至此已成为联合译经的最大障碍。裨治文在向美部会汇报情况时写道："这项工作任务艰巨、责任重大、耗时费力，我们殚精竭虑、小心谨慎。为我们祈祷吧。"[73]

此时，"委办会议"是由美国圣公会的文惠廉、美国长老会的娄礼华（后由伦敦会的美魏茶接替）、美国美部会的裨治文、英国伦敦会的麦都思和施敦力·约翰共同组成。遗憾的是，经过四个多月的深入研究和争论后，译经"委

---

72 E. C. Bridgman & S. M. Williams, "Revision of the Chinese Version of the New Testament", *The Chinese Repository,* Vol.17, 1848, p. 53.
73 Bridgmen to Anderson, Shanghai, June 28, 1847, ABCFM Papers, reel 259, 16. 3. 8

办"们还是无法达成一致，"委办会议"只好决定"继续译本的修订工作，'God'一词暂不翻译，待双方将各自观点向公众及相关人士陈述后再做决断"[74]。1848年1月，裨治文和卫三畏联名通告《中国丛报》读者，声称鉴于"译名问题至关重要，迄今遭遇颇多困难。我们多次呼吁广大同仁关注和就此展开讨论，并已于本刊发布了各方观点。本刊将继续努力，并确信在不远的将来，译名问题的真正意义定会显现，并得出令人满意的结论"[75]。很快，译经"委办"们便把前四个月书面形式的辩论整理成正式文章发表于《中国丛报》，而其他传教士的各种辩论短文也相继出现，一时之间《中国丛报》上充斥了大量有关译名问题的各类文章。下面选取文惠廉和麦都思这两名译经"委办"的两篇文章进行评述。

1、文惠廉的观点

文惠廉系美国圣公会传教士。1837年7月，他来到雅加达，一边学习汉语，一边尝试向当地华人传教。鸦片战争后，他首先进入厦门传教，1844年被美国圣公会任命为中国教区主教。1845年他进入开埠不久的上海，开辟江苏教区。1864年7月16日文惠廉在上海去世。[76] 中国传教期间，他完成了不少汉语译著，并曾用上海方言翻译了部分圣经。[77] 1847年8月19日，在前一阶段"译名之争"中表现积极的"委办"娄礼华命丧中国海盗之手，文惠廉很快替代娄礼华成为"神"派传教士中最为活跃的辩手。1848年1月文惠廉在《中国丛报》上发表了其第一篇有关译名问题的文章《论"Elohim"和"Theos"的汉语译名》（"An Essay on the Proper Rendering of the Words Elohim and Theos into the Chinese Language"）。此文长达71页，较为全面地阐述了文惠廉在译名问题上的观点，同时也反映出其基督教神学理念和对中国宗教文化的认识。

---

74 E. C. Bridgman & S. M. Williams, "Revision of the Chinese Version of the New Testament", *The Chinese Repository*, Vol.17, 1848, p. 53.

75 Ibid., p. 54.

76 Alexander Wylie, *Memorial of Protestant Missionaries to the Chinese*, Shanghae: American Presbyterian Mission Press, 1867, pp. 99-100.

77 文惠廉翻译的上海话圣经包括：《马太传福音书》、《马可传福音书》、《约翰传福音书》和《使徒保罗　至罗马人书》；其译著的中文书籍包括：《进教要理》、《圣教幼学》、《教子有方》、《圣会论》和《常年早祷》等。见 Alexander Wylie, *Memorial of Protestant Missionaries to the Chinese*, pp. 101-102.

文惠廉在文中首先为"God"一词的翻译设定了一个前提，即"在异教徒的语言中，根本就不可能找到一个词语来准确表达唯一至高存在的概念，这种概念是从远古语言的用法习惯中沿袭下来的，而且只能通过启示而获得"[78]。而"使异教徒拥有至高存在的些许知识只能是传教士艰苦工作的目标，如果传教士传教伊始就期待异教徒已经拥有那些知识，那无疑将是极其荒谬的"[79]。在这样的前提条件下，采用何种汉语词汇来翻译"God"一词首先必须搞清楚一个问题：中国人是一神论者还是多神论者？换句话说，中国人是异教徒还是具有对至高存在的某种认知？文惠廉认为这个问题的答案只有一个，那就是："中国人自始自终都是多神论者，没有至高存在的概念，而且就这一点而言，所有的新教传教士都应该没有异议。"[80]

既然中国人一直是异教徒，那么"God"一词的汉语译法就只存在两种翻译策略供选择："一种策略是采用中国人主神的名号，另一种就是采用中国人众多神祇的通用名称，即能够表达所有神祇的类名。"[81] 文惠廉解释道，"主神"是指"中国人把最荣耀的属性归给的那一个神祇"[82]，而类名则指"中国人把宗教上的崇拜所献给的那一类高级存在的名号"[83]。文惠廉认为："麦都思等人是在寻找中国人所知道的最高存在的名号来翻译'God'，而他和其他美国传教士则是在寻找中国人在宗教崇拜中所崇拜具有普遍意义的高级存在的名号。"[84] 但是由于中国人是异教徒，没有至高存在的概念，文惠廉很容易就得出了结论：麦都思等人的译法不言而喻是错误的，因为用一个多神论民族的主神的名号来翻译"God"一词是完全不能被接受的，合适的选择只能是"God"的类名。为了进一步说明用类名来翻译"God"一词的合理性和重要性，文惠廉给出了四个理由：第一，他强调"希伯来语圣经中的'Elohim'一词，并非至高存在的专有名称，而只是一个类名，可以同时指代异教的神祇和基督教的耶和华"[85]。第二，"当'七十士译本'的译者把'Elohim'一字翻译成希腊文时，他们所选用的是类名'Theos'，而不是希腊人主神宙斯

---

78 William Jones Boone, "An Essay on the Proper Rendering of the Words 'Elohim' and 'Theos' into the Chinese Language", *The Chinese Repository*, Vol.17, 1848, p. 17.
79 Ibid., p. 18.
80 Ibid., pp. 18-19.
81 Ibid., p. 19.
82 Ibid..
83 Ibid., p. 24.
84 Ibid., p. 19.
85 Ibid., p. 18.

（Zeus）的名号。而在把新约圣经翻译成拉丁语的过程中，使徒先辈们也采用了相同的策略，没有采用罗马人主神朱庇特（Jupiter）这一专名，而是采用了类名 'Deus'"[86]。第三，文惠廉认为"要想把十诫中的第一诫，以及圣经中其他很多有关禁止多神崇拜的经文正确地翻译出来，采用类名来翻译 'God' 一词是不二法则"[87]。第一诫的内容为"I am the Lord thy God who brought thee out of the land of Egypt, out of the house of bondage. Thou shalt have none gods but me"。文惠廉宣称："如果读者用朱庇特，或他所认识的任何多神体系中的一个主神的名号，分别取代了第一句中的"God"和第二句的"gods"，他就会发现，这种译法将使经文教义对多神主义的影响变得毫无价值。"[88] 类似的经文还出现在《以赛亚书》中，例如："Is there a God beside me? Yea there is no God, I know not any.（44：8）和 I am the Lord, and there is none else; there is no God beside me.（45:5）"。如果同样用朱庇特或是其他主神的名号取代经文中的"God"，情况也是一样。文惠廉认为："此类经文的目的是要禁止人把任何信任、希望和依靠，寄托于 'God' 以外的其他神祇，并且要引导人以 'God' 作为宗教崇拜的唯一对象。"[89] 通过上述具体翻译实例的分析，文惠廉呼吁广大传教士"从实际需要出发，把对抗多神主义作为在中国的首要任务，要通过类名而非专名把此类经文的意思清楚正确地翻译出来，从而更加有效地对抗多神崇拜"[90]。另外，为了说明专名的译法会在多大程度上消解传教士对抗多神崇拜的力量，文惠廉以耶稣会士的情况进行说明。由于他们使用"天"、"上帝"和"天主"等专名来翻译"God"，"当他们要求康熙皇帝归信和接受洗礼时，康熙就常常以自己所崇拜的与他们所崇拜的对象相同而推脱拒绝"[91]。在文惠廉看来，康熙的这种做法是"极其自然"的，而他的推辞也将采用专名即中国人主神名号的译法的弱点暴露无遗。最后，文惠廉认为："使用任何异教神祇的名号来翻译 'God' 一词，都会损害耶和华的荣光和尊贵，实际上若非多神主义盛行，根本就不需要有类名这种事情"[92]。他指出："事实上，异教民族的所有神祇都是虚构出来的，而非真正存在。耶和华拥有取代所有异教神祇的

86　Ibid., p. 20.
87　Ibid..
88　Ibid..
89　Ibid..
90　Ibid..
91　Ibid., p. 21.
92　Ibid., p. 22.

绝对权利，他不是要在多神主义的体系中被拥立为主神，而是要彻底取代他们。耶和华不会同意自己被当作异教徒的朱庇特、海神、天或佛。就此而论，我们必须采用类名来翻译。"[93]

从上述四条理由来看，文惠廉的观点不算新颖，其对中国宗教观念和基督教神学教义的分析在很大程度上不过是对裨治文和娄礼华观点的稍加发展，并辅之以具体翻译实例。总之，在美国传教士眼中，中国人奉行的无疑是多神主义，必须采用类名，而非一个中国人的主神名号来翻译"God"一词。那么接下来的问题便是选择一个什么样的类名。经过"委办会议"之前的争论，麦都思基本认同了"God"一词应该被翻译成类名，但是他认为"帝"同样是类名，因此，文惠廉所面临的任务就是证明"神"比"帝"更加合适用作"God"一词的译名。

"神"作为"God"一词汉语译名面临的第一个棘手问题在于其在汉语中意义较为复杂，既可以表达中国宗教中的很多神祇，也存在其他所指的情况。文惠廉把这种现象归因于汉语的独特性，即同一个汉字在不同的语境下会有不同的意思，"神"字自然也不例外。因此文惠廉具体分析了"神"字在汉语中的复杂所指。他认为：

> "神"字的确在不少的情况下可以用作形容词，甚至在极少数情况下也被用作动词，但在大部分情况下，这个字被用作名词；而就名词而言，'神'字的所指又分为抽象和具体两种，在后一种情况下，"神"正是中国人所崇拜的各种无形存在的名号，而这种意义在汉语中最为常见，也正是在这个意义上，"神"可以用作"God"的译名。[94]

同时，文惠廉察觉到反对"神"作为"God"一词汉语译名的主要意见在于"神"的抽象意义，即有时也表达诸如"神力"和"气"的情况。针对这种反对意见，文惠廉辩解道，"汉字多义是一个普遍现象，我们只需明白地告诉读者我们所取的那个意思，这个问题便迎刃而解"[95]。在这里，文惠廉以汉字多义为理由把"神"字的所指具体定位在中国人崇拜的无形存在，排除了其他所指，从而为"神"作为"God"一词译名奠定了基础。

---

93 Ibid..
94 Ibid., p. 25.
95 Ibid., p. 26.

接下来，他只需证明那些被称为"神"的无形存在就是中国人所崇拜的高级存在即可。为了增强说服力，文惠廉优先选择的材料竟然是由麦都思本人于 1846 年用英语翻译的《尚书》。他所引用的相关词条有："帝曰咨四岳有能典朕三礼"[96]。根据麦都思翻译的相关注疏，所谓"三礼"，是指"天神人鬼地祇之礼"，而"礼以事神为主"。但是，文惠廉把本句中的"主"字理解为"最高统治者"而非"主要"。[97] 文惠廉想借此告诉读者，中国古代典籍中早已记载有关崇拜"神"的事情，并且把"神"奉为高级存在。简单考察麦都思翻译的《尚书》后，文惠廉又引用麦都思 1847 年出版的《英汉字典》中有关"God"的部分解释："当中国人要表达 gods, or invisible beings in general 的相关概念时，他们会用'神'、'神祇'、'鬼神'、'神明'、'神仙'等词。"[98] 文惠廉想要表达的是，麦都思本人也同意"神"字被中国人用来表达普遍意义上的各类神祇。

在对麦都思的相关译著进行一番分析之后，文惠廉注意到《周礼》中有关"神"的词条。例如："以吉礼事邦国之鬼神示"和"惟王建国辨方正位体国经野设官分职以为民极乃立春官宗伯使帅其属而掌邦礼以佐王和邦国"。[99] 对于前一个词条中鬼、神、示这三个字在中国经书中的出现次序有所不同的问题，文惠廉引述的注释是："若出现的次序是'神鬼示'，目的是要显示上（天）与下（地）的分别；若出现的次序是'鬼神示'，则是显示与人的关系的紧密程度，故在此祖先的亡魂放在最前；若出现的次序是'神示鬼'，则要显明三者所分别具有的尊贵程度，即是说'神'是最尊贵的"[100]。文惠理借此说明：在国家祭祀中只提及三种崇拜的对象，其中以"神"最尊贵，而无麦都思所推崇的"帝"。对于后一个词条的理解，文惠廉引用注疏："天子立宗伯使掌邦礼典礼以事神为上"。文惠廉同样把本句中的"上"字理解为"最

---

96 文惠廉所引用的麦都思英文翻译为 "The Emperor （Shun） said, Oh, you （President of the four） mountains, is there any one who can regulate for me the true ceremonies." 出自《尚书·舜典》，原文为：帝曰："咨！四岳，有能典朕三礼？"

97 文惠廉把"礼以事神为主"翻译为 "the object of these rites was to serve the gods （shen） as Lords".

98 William Jones Boone, "An Essay on the Proper Rendering of the Words Elohim and Theos into the Chinese Language", *The Chinese Repository*, Vol.17, 1848, p. 59.

99 两句均出自《周礼·春官宗伯第三》。

100 William Jones Boone, "An Essay on the Proper Rendering of the Words Elohim and Theos into the Chinese Language", *The Chinese Repository*, Vol.17, 1848, p. 31.

崇高"的意思。[101] 因此，他认为上文已清楚显示：在国家礼仪中，中国人以"神"作为最高级的崇拜对象。[102]

此外，文惠廉还简单回顾了马士曼、马礼逊和米怜的译经工作，指出他们在把"Elohim"和"Theos"译成汉语时，不论所指的是伪神还是真正的"God"，都是一律采用"神"字。虽然，麦都思和郭实腊之后把"神"改成了"上帝"，但他们采用的是中国人主神的名字（即"上帝"）来表示"God"，这种做法当然犯了严重的错误，因为"上帝"不是一个类名。[103]

接下来，文惠廉用了更大的篇幅来说明，"上帝"和"帝"这两个词汇为什么不能作为"God"一词的译名。由于麦都思认为"帝"字同样是类名，从而直接构成了对"神"字的威胁，文惠廉在文中便把矛头直接对准了"帝"，用了大量的笔墨来驳斥这一观点。他指出："'帝'字在汉语中不是神祇普遍意义上的总称，也并非任何神祇的名号，他只不过是中国人给予那些他们自远古便开始崇拜的人和无形存在的头衔（Title）而已。"[104] 为了证明自己的观点，文惠廉主要研究了三种中国词典的解释。

文惠廉首先考察了汉代许慎的《说文》，并摘录了书中对"帝"字所下的定义："帝，谛也"、"王天下之号"。文惠廉认为所谓"谛"就是审判者的意思，和国王、皇帝和统治者是近义词，至于"王天下之号"则是指帝国统治者的头衔，故他认为许慎绝无意思要把"帝"字用作神祇的总称。[105] 文惠廉援引的第二部词典是宋代戴侗的《六书故》，他注意到书中有一句"帝主宰之尊称故天曰上帝五气曰五帝天子曰帝"。文惠廉的解释是："帝"是对一个统治者的尊称，所以"天"称为"上帝"，即高高在上的统治者；管理五种元素的"神祇"称为"五帝"，即五个统治者；天的儿子则称为"帝"、"统治者"或"皇帝"。根据上述解释，文惠廉指出"帝"字仍然只是一个头衔，而不是某一类存在的总称，是指一个拥有权柄的统治者，既可以是管理世间的人或管理五种元素的神祇，也可以是管理万事万物的天。[106]

---

101 文惠廉把本句翻译为 "The Emperor oppointed the tsung peh to superintend the national rites; these rites were to serve the （Shen） gods as the highest"。

102 William Jones Boone, "An Essay on the Proper Rendering of the Words Elohim and Theos into the Chinese Language", *The Chinese Repository*, Vol.17, 1848, p. 31.

103 Ibid., pp. 63-64.

104 Ibid., p. 73.

105 Ibid..

106 Ibid., pp. 73-74.

文惠廉最后考察的是《康熙字典》。他发现《康熙字典》对"帝"字的解释，除了先前提到的"帝，谛也"和"王天下之号"，还多了"君"（a prince）的意思，另外这部字典还摘录了一些汉语典籍中有关"帝"字的词条，例如《白虎通》中的"德合天者称帝"，《尚书》中的"昔在帝尧聪明文思光宅天下"和《周礼》中的"五帝"等。文惠廉在附加的英文解释中把上述相关词条中的"帝"统统解释为一种头衔，并认为"'帝'并不是作为无形存在的总称，乃是作为一个头衔，用来把不同个体所属的类别分别出来。"[107]

经过上述一番分析之后，文惠廉在文章末尾总结了其反对"帝"字作为"God"一词译名的理由，共有六条：1."帝"字仅仅是某些神祇或人的头衔而已，并非中国人崇拜的神祇的总称；2. 在所有由中国人和外国人编纂的各类词典中，"帝"字意思均为审判官或统治者；3.由于"帝"字的意义是统治者，所以不适合用来表明基督教三位一体的基本教义；4. 在中国的官方宗教体系中，只有不超过六个神祇被赋予了"帝"字的头衔，而其中至少有五个现在已不再被崇拜，普通老百姓则从来没有崇拜过他们；5. 若用"帝"字来翻译十诫第一诫，该诫的意思就变成了禁止人类政府的建立[108]；6. 若要消除当前在中国进行的百分之九十九的偶像崇拜，"帝"字将无能为力。[109] 至于"上帝"或"天帝"这类译名，文惠廉认为既然"帝"字并非各类神祇的汉语类名，所以即使加上形容词"上"字或"天"字，也不能成为神祇的类名。因此，他断言不论把"Elohim"和"Theos"翻成"上帝"或"天帝"，都是不正确的。

纵观文惠廉的此篇论辩长文，可以发现，他的思路是，首先认定中国人从古至今都不具备对"God"的认知，是一个多神崇拜的民族。在这样的前提条件下，文惠廉明确了一个根据早期使徒经验基础之上的有关"God"一词翻译的总策略，即在异教国家要么选择一个主神的名字（专名）或是一个具有普遍意义的高级神祇的总称（类名），而为了表达"God"的唯一地位，消除多神崇拜，后一个选择才是正确的。接下来的问题便是如何在"帝"字和"神"字这两个类名中做出一个正确的选择。文惠廉通过对各类字典和汉语相关文献的研究和征引，试图证明"帝"在汉语中仅仅是某

---

107 Ibid., pp. 74-78.
108 文惠廉认为如果采用"帝"字翻译成"帝曰除我以外尔不可有别帝也"，"不可有别帝也"中的"帝"就包括了中国政府的"皇帝"。Ibid., p. 85.
109 William Jones Boone, "An Essay on the Proper Rendering of the Words 'Elohim' and 'Theos' into the Chinese Language ," *Chinese Repository*, Vol.17, 1848, p. 87.

些凡人和神祇的头衔而已，表明某种具体的职务，一般被认为是管理某一领域的统治者，从来没有被作为中国宗教信仰中神祇的总称，而"神"才是一个具有普遍意义的高级神祇的总称，是一个类名，也是"God"一词唯一恰当的汉语译名。

2、麦都思的回应

面对文惠廉的公开挑战，麦都思随后在《中国丛报》上发表了两篇长文作为回应，即《试论圣经汉译中"God"的汉语译名》（"An Inquiry into the Proper Mode of Rendering the Word God in Translating the Sacred Scriptures into the Chinese Language."）和《就文惠廉博士有关"Elohim"和"Theos"汉语译名文章的回答》（"Reply to Essay of Dr. Boone on the Proper Rendering of the Words Elohim and Theos into the Chinese Language."），几乎是逐条反驳了文惠廉《论"Elohim"和"Theos"的汉语译名》一文的观点，现做简要评述。

面对文惠廉就中国人是多神崇拜还是一神崇拜问题上咄咄逼人的态度，麦都思没有选择直接回应，而是转而论述何谓多神崇拜和一神崇拜。麦都思提出："不能仅仅就中国人崇拜的那些众多的被称之为'神'的无形存在，就断定中国人是一个多神崇拜的民族，只有能够证明中国人把他们所崇拜的那些无形存在当作最高存在，才能说中国人是一个绝对的多神崇拜民族。"而在麦都思看来，中国人从来就没有把那些神祇当作高级存在，"虽然我们承认中国人在远古时期就存在多神崇拜，但这种多神崇拜一直和一神崇拜是并存的。"[110] 显然，麦都思并不认为中国人是绝对的多神主义者，为了更好地描述中国人的宗教观念，麦都思甚至杜撰了一个词语"多灵主义（poly-pneumatists）"用来表达中国人的宗教崇拜。最后，麦都思认为，如果在承认并崇拜一个至高存在，万物主宰的同时也崇拜一些无形的存在，而这些无形的存在位居至高存在之下，这种崇拜实际上也是一神崇拜。[111]

至于采用汉语类名来翻译"God"一词，麦都思虽然表示了认同，但却有着和文惠廉不同的理解。他给神祇的"类名"提供了一个不同于文惠廉的定义："中国人把最尊贵的属性归给的那一个存在或那一类存在的名号。"[112] 也

---

110 W.H. Medhurst, "Reply to Boone's Essay on the proper rendering of the words 'Elohim' and 'Theos' into the Chinese language", *The Chinese Repository*, Vol.17, 1848, p. 490.
111 Ibid., pp. 490-491.
112 Ibid., p. 499.

就是说，所要采用的类名"必须含有高级存在相关的神性"[113]。麦都思以此为据批驳了文惠廉先前提出的的四项理由。

麦都思强首先调译经人员不能采用那些不能表达高级存在含义的各种灵魂和低级存在的名号，否则中国人就可能被误导。至于文惠廉认为若采用朱庇特的名字来翻译"God"或"god"，便会使圣经经文的诫令对多神主义的影响变得毫无价值，麦都思批评这种说法"毫无意义"，因为"朱庇特仅仅是一个个体的专名，具有他自己的特性，在翻译"God"一词时，没有人会采用一个专名来作为他的译名"[114]。麦都思强调："他所建议采用的'帝'或'天帝'，并不是专名，因为根据中国人的看法，这两个词汇含有某种至高无上的含义，也可以指代那些管理五种元素的无形存在；信仰道教和佛教的中国人也用这两个名字来指那些他们致以最高敬意的无形存在。"[115] 这种情况和古希腊人对朱庇特的崇拜完全不同，因为朱庇特是可见的、有具体形象的，也有妻子和女儿，比较而言中国人的"帝"或"上帝"在指代无形存在时，则没有如此荒谬的情形，显得更加纯洁。[116] 对于康熙以他所崇拜的对象与天主教传教士所崇拜的对象相同作为借口拒绝皈依基督教一事，麦都思认为即使传教士所用的译名是"神"而不是"天"或"上帝"，康熙也可以用相同的借口来拒绝："你们崇拜'神'，我也崇拜'神'"[117]。虽然麦都思也承认中国人对至高存在的概念是不准确的，但解决问题的办法应该是"教导他们有关至高存在的真理，而不是拒绝接受他们所惯用的表达至高存在的名号"[118]。最后，就文惠廉"使用任何异教神祇的名号来翻译'God'一词，都会损害耶和华的荣光和尊贵"的观点，麦都思表示认可，但不同意文惠廉把"朱庇特、海神、天或佛"相提并论。他认为："'天'并非一个异教徒神祇的名号，后来的犹太人就经常使用这一名号，他也被所有民族普遍使用以表达一种至高无上的含义。在这样的意义下，它也可在圣经汉译中使用。"[119]

通过上述麦都思的回应，可以看出，麦都思虽然认可采用类名来翻译"God"一词的观点，但却对"God"的类名有着和文惠廉不同的理解，更强

---

113 Ibid., p. 492.
114 Ibid., p. 494.
115 Ibid..
116 Ibid., p. 496.
117 Ibid., p. 495.
118 Ibid..
119 Ibid., p. 497.

调类名必须具备高级存在的含义。在其心目中，"帝"、"天"、"上帝"和"天帝"都是有别于朱庇特之类西方神祇的类名，表达了某种高级存在的含义。为了证明上述译名比"神"字更为适合翻译"God"一词，麦都思开始逐条批判文惠廉就中国典籍对上述译名所做的解释。

麦都思认为"神"字是"所有无形的能力或影响力的名号，当其在宇宙间运作时，人们便可看见"，具体来说，"神""既存在于人的身体当中，也存在于运动的非生物之中，思想意志和管理山水的低级存在就属于那种无形的能力"[120]。可以看出，麦都思对"神"的解释比较类似于中国人常说的"精神"、"气"或者"灵"，显然不具备高级存在的含义。麦都思认为，中国人一般不会对他们进行宗教意义上的崇拜。

至于文惠廉所引用的中国典籍的解释，麦都思一一做了回应，认为文惠廉完全误解了中国典籍的原义。就《周礼》注疏中"礼以事神为主"和"天子立宗伯使掌邦礼典礼以事神为上"中的"主"和"上"二字，麦都思认为应分别解作"主要的事情"和"最重要的"，而非文惠廉解释的"最高统治者"和"最崇高的崇拜对象"。当然，麦都思也指出，两句中的"神"并不是什么高级神祇（gods），不过是"灵"而已。[121] 对于《周礼》中"鬼神示"，麦都思同样指出他们表达的是三种"灵"即人的"灵"、天上的"灵"和地下的"灵"，而非文惠廉理解的神祇。就此而论，这三种"灵"的排序问题也就无足轻重了，虽然麦都思也做了不同的解读，并指出："'神'、'鬼'、'示'这三个名词的意义其实十分接近，只有属天或属地、亲近或疏离、高贵或低下的分别，除此以外，他们之间没有本质上的差别，均为一些无形的灵；这三个名词也是可以互换的，'鬼'与'示'也经常被称为'神'，因此若认为'神'必然地高于'鬼'或'示'也是不妥当的"[122]。麦都思强调，只有在把"神"与中国人心目中的至高无上的"天"联系在一起的时候，"神"才会被认为是尊贵的，当把"神"与星宿、山河或人类联系在一起时，他便不会再被认为是尊贵的了。[123]

对于文惠廉引用中国各种字典指责"帝"仅仅表明某种职务和头衔，是审判者或统治者的意思，既可以用来指管理上天的统治者"上帝"，也可指管

120　Ibid., pp. 499-500.
121　Ibid., pp. 508-511.
122　Ibid., p. 511.
123　Ibid., pp. 510-511.

理五种元素的"五帝",而在更多情况下则指管理人间的"皇帝",麦都思同样进行了反驳。他承认,"帝"字意义的确是审判者,但最初作为"天"的名字,"帝"字仅用来指"天",而"天"作为审判者,"统辖万物,无私忘我,施正义与公平于任何地方"[124]。也就是说,"帝"具有最高的道德水准。后来,"帝"字也逐渐被用于管理五种元素的"五帝"和管理人间的"皇帝",但原因是,"五帝"也"拥有类似于'天'的正确原则和标准,能够施行管辖和审判"[125],至于凡人被称为"皇帝",也同样是因为"他具备了某些类似'天'的德行"[126],所以才有"德合天者称帝"的说法。麦都思特别强调了最后一点,他认为"远古时代的中国人以尊敬神祇的态度对待他们的帝王,或者因看见帝王所表现出来的神性而把他们奉为超越平常的人,这是很正常的事。"[127]就此而论,"帝"和"上帝"完全具备类属名的性质,可以用作"God"一词的汉语译名。"虽然在某些方面,他们可能不能被归为同一类,但就他们均被称为帝且具有共同的尊贵神性而言,他们是可以被归为一类的。"[128]至于"王天下之号"一句中的"号",麦都思简单地表示,"号"字就是"名"的意思,类似于西方人的别名。

最后,麦都思还就十诫第一诫翻译所引起的问题进行了解释。根据经文原文,译文"帝曰除我以外尔不可有别帝也"中的两个"帝"字的意义应该是相同的。文惠廉把第一个"帝"字解作宇宙间的至高统治者,却把第二个"帝"字解作人类政府的皇帝,并宣称上述第一诫的译文是要禁止人类政府的成立,这无疑是"毫无逻辑"的。正确的理解应为:"宇宙间的至高统治者说,除我以外,你不可把别的存在视为宇宙间的至高统治者。"[129]

可以看到,麦都思不愿完全放弃中国人在某种程度上具备至高存在的概念,但基本同意文惠廉"God"一词应该采取类名的观点。二人的分歧主要是在于选择哪一个类名来翻译"God"一词。实际上,二人的选择只是体现了不

---

124 W.H. Medhurst, "An Inquiry into the Proper Mode of Rendering the Word God in Translating the Sacred Scriptures into the Chinese Language", *The Chinese Repository*, Vol. 17, 1848, p. 110.

125 Ibid., pp. 110-111.

126 Ibid., p. 111.

127 W.H. Medhurst, "Reply to Boone's Essay on the proper rendering of the words 'Elohim' and 'Theos' into the Chinese language", *The Chinese Repository*, Vol.17, 1848, p. 628.

128 Ibid..

129 Ibid., pp. 643-644.

同侧重点。文惠廉看重"神"字所具有的更为普遍的意义，并认为"上帝"或"帝"不是类名，而只是中国人心目的偶像，有时也具有世俗的意义。在麦都思看来，"帝"或"上帝"就是类名，而且是代表中国各类宗教的具有崇高地位的各种神祇，而"神"字在多数情况下指的是"气"和"灵"，在少数情况下也仅仅指代一些地位较低的神祇。双方虽然都试图从各种汉语典籍和字典中寻找证据，但由于中国典籍的浩繁艰深和传教士自身的汉语修养，双方基本上都是断章取义地寻找有利于自己一方的证据，而对不利于己方的证据则基本视而不见或是故意歪曲。

在这样的情况下，到 1848 年底，论战双方的主要人物均对说服战胜对方不再抱有任何期待。于是，他们将各自努力的重心转移，分别向英美主要差会和圣经公会寻求支持。英国及海外圣经公会最早提出了自己的意见，他们在 1848 年 11 月 28 日做出一个决定，表示虽然他们还不能就最佳的译名做出最后裁决，但"神"字绝非将"Elohim"与"Theos"译成汉语的适当选择。[130] 但该年年底，该会又转变态度认为"神"的译法虽然过于宽泛，但仍不失为可以接受的译名。[131] 同时该会还对正在发生的论战表达了遗憾之情，并建议传教士们不要继续各执己见，应该共同寻求解决问题的途径。当联合译经进入到 1850 年，新约的翻译任务即将完成之时，译名问题仍旧未能得到解决。由于迟迟未能获得英国及海外圣经公会对译名"上帝"或"帝"的支持，为了解决争端，1850 年 1 月，麦都思、施敦力·约翰、美魏茶、雒魏林、慕维廉和艾约瑟 6 名英国传教士联名发出《致香港和中国五口岸新教传教士的一封信》（"To the Protestant Missionaries laboring at Hongkong, and the Five Ports of China"），表示他们愿意进行某种妥协，提议采用音译法，将"Elohim"（"God"）一词译为"阿罗诃"。麦都思等人在信中表示"我们倾向使用一个通用的音译词来表达'El'、'Eloah'、'Elohim'、'Theos'和'Theoi'"，并认为"遵循圣经中已有的先例，是最安全的做法"。[132] 不过，裨治文和文惠廉等美国传教士仍然固执地坚持"神"这一译名。就在双方传教士僵持不下，而英美两国圣经公会即将做出最后裁决的关键时刻，重新回到中国不久的理雅各站了出来，为此次译名之争增添了新的辩论话题。

130 W. H. Medhurst, "To the Protestant Missionaries laboring at Hong Kong, and the other five ports of China", Shanghai, Jan. 30, 1850, p. 3, American Bible Society Archives
131 Ibid..
132 Ibid., p. 9.

第三节 理雅各的介入

理雅各于 1815 年 12 月 20 日出生于苏格兰阿伯丁郡的汉德利（Huntly, Aberdeenshire）。1829 年，他进入阿伯丁语法学校学习拉丁语，表现出杰出的语言天赋，后考入阿伯丁国王学院。毕业后在经过短暂的教师生涯后，于 1837 年进入位于伦敦的海伯雷神学院（Highbury Theological College）学习，决心成为一名传教士。1839 年 4 月 25 日，理雅各被伦敦会按立为传教士，因当时清廷禁教政策，伦敦会计划派遣他到马六甲一带华人地区传教。同年 7 月 28 日，理雅各携夫人和另外两名传教士美魏茶、合信从英国出发，翌年 1 月 10 日到达马六甲的伦敦会传教站，并很快接替去世的埃文斯担任英华书院院长。[133] 第一次鸦片战争后，清廷把香港割让给英国，1843 年，理雅各随即把英华书院迁到香港，并在伦敦会的建议下着手改革书院，以使其成为一所专门培养中国本土神职人员的神学院。[134] 该年，理雅各还参加了在香港召开的传教士圣经翻译大会，开始涉入到传教士的圣经汉译工作。遗憾的是，那时的理雅各更倾向采用"神"字来翻译"God"一词。在香港翻译大会上，他和麦都思组成的译名"委员会"负责商定"God"一词的汉语译名，他坚持采用"神"字，不肯向麦都思妥协。

1845 年底理雅各因健康原因返回英国，修养两年后，理雅各于 1848 年 7 月 22 日重新回到香港，依旧担任英华书院校长一职。[135] 理雅各一返回中国，就积极地参与到译名问题的争论之中，为这一旷日持久的事件增添了极富争议色彩的新观点。实际上，自 1843 年香港翻译大会以来，理雅各在该问题上的立场已经发生变化，由此前赞同"神"字，改为提倡使用汉语典籍中的"上帝"来作为"God"一词的译名，而这时麦都思及"委办会议"中的英国传教士们恰恰已经开始考虑放弃"上帝"转而主张采用"阿罗诃"这一音译词汇。

一、新观点的引入和文惠廉的回应

理雅各在 1850 年先后发表了名为《论"God"的汉语译名》（"On the Rendering of the Name 'God' in the Chinese Language"）的短文[136]和名为《论

---

133 John Wylie, *Memoirs of Protestant Missionaries to the Chinese*, pp.117-118.

134 Ibid., p. 118.

135 Ibid..

136 James Legge, "On the Rendering of the Name 'God' in the Chinese Language", Hong Kong, *China Mai*, June 20, 1850.

"上帝"作为"Elohim"和"Theos"的汉语译名：对文惠廉主教所持"神"的观点的批判》（*An Argument for Shang Te as the Proper Rendering of the Words Elohim and Theos, in the Chinese Language: with Strictures on the Essay of Bishop Boone in Favor of the Term Shin*）的小册子，旗帜鲜明地表示了对"上帝"一词的支持和对"神"字的反对。特别是在后一部小册子中，理雅各就文惠廉对中国宗教的认识和基督教神学观点都进行了全方位的批判。理雅各在小册子中毫不犹豫地表示："中国人完全认识至高存在，我十分高兴地承认中国典籍中的'上帝'和中国人头脑中的'上帝'就是至高无上、永远得享荣耀的'God'。"[137] 此外，理雅各还认为："'God'一词根本不是一个类属词，而只是一个关系词（relative term）。"何谓关系词，理雅各给出的解释是"表示某种相互关联，相辅相成关系的词汇"，在理雅各看来，"'God'一词并不能表达存在本质（essence）或是任何有关耶和华存在的概念，其真正意义是来自'God'与其所主宰的世间万物所构成的关系"[138]。为了进一步阐明这种概念，理雅各列举了诸如父子、夫妻和君臣等关系词。理雅各的例子可谓十分巧妙，暗藏动机，因为父子关系、夫妻关系和君臣关系实际上即儒家学说中的"三纲"概念。理雅各通过这些例子可能是试图暗示基督教和中国儒家学说所存在的一致性，从而进一步证明"上帝"一词作为"God"一词译名的合法性。

理雅各的上述两个基本观点完全推翻了文惠廉立论的基础。更为重要的是，他的论述不但涉及到中国宗教观念，还牵扯到基督教自身的神学教义，而他的观点在那个时代无疑是异常激进和大胆的。相较而言，麦都思本人对中国人头脑中是否有基督教至高存在概念则是前后徘徊、踌躇不前；而对"God"一词所表达的至高存在的本质性和绝对性方面，他更是和文惠廉等美国传教士的观点完全一致，而且麦都思在辩论中也很快认同了文惠廉所提出的"God"一词作为类属词的观点。

理雅各的此部小册子犹如一枚重磅炸弹，把此次"译名之争"推上了新的高潮，裨治文和文惠廉等美国传教士对此的反应则是异常震惊和无比愤怒。他们迅速调转枪头，指责理雅各是在亵渎和背叛基督教的核心教义。裨治文

---

137 James Legge, *An Argument for Shang Te as the Proper Rendering of the Words Elohim and Theos, in the Chinese Language: with Strictures on the Essay of Bishop Boone in Favor of the Term Shin*, Hongkong: Hongkong Register Office, 1850, p. 32.
138 Ibid., p.5, p. 24.

后来在向美部会秘书安德森报告时表示，理雅各"认为中国人是一神论者"，并且"似乎也认为他们对真正的'God'有所认知"，"如果基督教世界居然相信中国人是一神教教徒，而且这个神就是真正的'God'，那么毫无疑问，魔鬼听到这一消息，一定会万分欣喜，因为如此一来，他便可以继续获得中国人的崇拜"[139]。文惠廉更是不顾"欠佳的健康状况"，在1850年的《中国丛报》上连续五期刊载了《驳论"Elohim"与"Theos"的汉语译名》（"Defense of an Essay on the proper rendering of the Words Elohim and Theos into the Chinese Language"）一文，前后长达167页，不仅为自己的观点进行辩护，更是对理雅各的大胆言论猛烈抨击。[140]

针对理雅各的两个基本观点，文惠廉分别进行了反驳。他指出，如果理雅各认为"中国人的'上帝'就是真正的'God'，那么他必须证明这个'上帝'不可抗拒、无所不知、无处不在、永恒不变、至善至美、万物由他而造，因他而存在"[141]。至于理雅各所主张的"God"一词实际上是一个关系词，文惠廉相对震怒，他指责理雅各的错误在于"将'God'一词当成了'概念的符号'，而没有将他视为绝对至高存在"[142]，"事实上，'God'一词所要表达的是至善至美，而'Father'则表达了某种等级关系和某种特定的存在方式，但理雅各荒谬地将两者混为一谈"[143]。文惠廉宣称："按照各个时期基督教会正统的习惯用法，'God'一词绝非表达相对概念的关系词（relative term），而是表达独立存在的绝对词（absolute term），确切地表达了耶和华的本质。"[144]

面对文惠廉的指责，理雅各丝毫没有退却，充满自信地接受了文惠廉的挑战，撰写了一篇洋洋洒洒的小册子：《中国人对"God"与"Spirits"的定义：就〈驳论"Elohim"与"Theos"的汉语译名〉一文进行探讨》（The Notions of the Chinese Concerning God and Spirits: With an Examination of the Defense of an Essay, on the Proper Rendering of the Words Elohim and Theso, into the Chinese Language）。在这部长达166页的小册子中，理雅各在回应文惠廉的批

---

139 Bridgmen to Anderson, Shanghai, July 12, 1849, ABCFM Papers, reel 259, 16. 3. 8

140 William Jones Boone, "Defense of an Essay on the Proper Rendering of the Words 'Elohim' and 'Theos' into the Chinese Language." *The Chinese repository*, 1850, pp. 345-385, 409-444, 465-478, 569-618, 625-650.

141 Ibid., p. 361.

142 Ibid., p. 348.

143 Ibid., p. 417.

144 Ibid..

评之外，更加详细系统地讨论了其在《论"上帝"作为"Elohim"和"Theos"的汉语译名：对文惠廉主教所持"神"的观点的批判》一文中所持的两个和译名问题紧密相关的核心观点，即中国人具有对"God"的认知和"God"一词的相对性。

二、"上帝"即"God"

理雅各在《中国人对"God"与"Spirits"的定义：就〈驳论"Elohim"与"Theos"的汉语译名〉一文进行探讨》这部小册子中，开篇便一针见血地提出一系列问题：中国人是否具有关于真正"God"的认知？在他们所崇拜的众多存在中，是否有一个最为突出、最为崇高、最与众不同的，以至于我们可以确定无疑地认识到他的威严与崇高？他是否为立于天地万物之中永德荣耀的唯一的主宰？万事万物是否因他生成，归他所有，为他而存在？[145] 理雅各告诉他的读者，他本人对这一关键问题的回答是"坚信不疑，绝对肯定的"，"中国人拥有对'God'的认知，他们所崇拜的最高存在正是我们所崇拜的至高存在。只不过，他们对至高存在的崇拜同时混入了大量的其他迷信和错误的存在"[146]。

为了证明这一观点，理雅各进一步说："中国的历史文献为此提供了充分的证据，我深信，任何一个对中国历史文献有过研究的人，都难以得出相反的结论。"[147] 但考虑到"中国拥有四千多年的历史，超过二十多个朝代，如果逐一考察每个朝代的宗教情况，这项工作无疑是漫长的。实际上，这项工作无须如此麻烦，因为每个朝代在这方面的情况基本类似"[148]。在理雅各看来，只要通过"研究与中国宗教信仰有关的正确的文献"，就能真正理解中国人的宗教信仰。他宣称已经"找到了大量不为人知的证据，这些证据足以让人得出这一愉快的结论：这个拥有最多人口的国家对'God'并非一无所知"[149]。理雅各所说的证据来自《大明会典》，内含各种礼乐、祭祀以及每年皇帝祭天大典的详细记录。

---

145 James Legge, *The Notions of the Chinese concerning God and spirits: with an examination of the defense of an essay on the proper rendering of the words Elohim and Theos into the Chinese language by William J. Boone,* Hongkong: Hongkong Register office, 1852, p. 7.

146 Ibid., p.7, p. 23.

147 Ibid., p. 7.

148 Ibid., p. 23.

149 Ibid., p. 22.

理雅各充分利用了这部此前未被其他传教士发现的典籍。他提出："中国传统观念对'God'的认知与亚伯拉罕、以撒、雅各对'God'的认知更为接近，而且，皇帝的祭天仪式就像'所罗门的圣殿'里的一样，也有"祭坛、燔祭品和供桌"，而犹太人的崇拜仪式中，同样可以发现舞蹈形式，各种乐器演奏者和歌手，以及呈给'God'的各种祭祀品。"[150] 实际上，当时中国官方宗教中的"上帝"是被当作"至高无上"来崇拜，从而与其他"神祇"分离开来。为了回击文惠廉的质疑，理雅各断言："中国人与其他异教徒的截然不同体现在以下两个方面：其一，"上帝"一词的所指是贯彻始终的；其二，他们从未将任何其他存在与之对等起来。在中国人看来，他是造物主，是至高无上的主宰，他神圣、公正、仁慈，这一点从来没有改变过。从来没有任何其他存在"与他相同"[151]。理雅各列举了《大明会典》中有关祭祀的大量例子证明上述观点，现列举一二：

> 仰惟玄造兮于皇昊穹，时当肇阳兮大礼钦崇。臣惟蒲柳兮蝼蚁之衰，伏承春命兮职统群工。深怀愚昧兮恐负洪德，爰遵彝典兮勉竭微衷。遥瞻天阙兮宝辇临坛，臣当稽首兮祇迓恩隆。百辟陪列兮舞拜于前，万神翊卫兮以西以东。臣俯伏迎兮敬瞻帝御，愿垂歆鉴兮拜德谒穹。[152]

在这段祷文的英文翻译中，"玄造"被理雅各译成"mysteriously-working Maker"，即"神秘的造物主"，而中国的皇帝则带领他的臣民在祭坛向造物主"帝"拜倒，并承认自己的权力来自"帝"。"万神翊卫兮以西以东"被翻译成"all the spirits accompany Thee as guards from the East to the West"。在理雅各看来，这里"神"实际上指代的是圣经中"Spirit"，而非伪神或偶像。理雅各借此告诉读者，"神"才是"Spirit"合适的译名。理雅各所引用另一处祷文为：

> 大明嗣天子御名谨文移告于大明之神，夜明之神，五星列宿周天星辰之神，云雨风雷之神，周天列职之神，五岳五山之神，五镇五山之神，基运翔圣神烈天寿纳德五山之神，四海之神，四渎之神，际地列职祇灵，天下诸神，天下诸祇，戊戌太岁之神，十月神将直

---

150 Ibid., pp. 27-28.
151 Ibid., p. 33.
152 Ibid., p. 25. 原文出自《大明会典》卷八十二。

日功曹之神，郊坛司土之神，曰，朕只于来月朔旦，躬率臣民，上尊皇天上帝泰号，仰高支九重，预告于诸神众祇，烦为朕运尔神化，昭雨灵显，通朕微衷于上帝：祈赐允鉴之慈，享朕钦荐之号，为此文告，神宜悉知，谨告。[153]

理雅各在这里试图告诉读者，在明代皇帝的眼中，惟有"上帝"高高在上，而其他各种神祇都位于皇帝之下。理雅各对皇帝祭天的歌曲也极感兴趣，比如《大明会典》第八十二卷中的"帝辟阴阳兮造化张。神生七政兮精华光。圆覆方载兮兆物康。臣敢只报兮。拜见帝曰皇。"理雅各认为在这首歌曲中，"帝"无疑是造物主，而皇帝对他则自称为臣"[154]。通过对《大明会典》所载祭祀情况的研究，理雅各宣称："从上述祷文和歌曲中不难发现中国人崇拜的对象到底是什么，我可以肯定的回答，他就是万事万物之主宰、至善至爱、无处不在、至高无上、独一无二的且永恒的存在。'神灵'和人类都赞美他，歌颂他，并因他而存在，因他而喜悦。他就是中国人在其最高规格的祭祀中所崇拜的'上帝'，也是我们的'God'。我坚信基督教世界都会同意我的上述观点"[155]。

理雅各也承认不能把中国的宗教观念同基督教新教相提并论，认为中国的自然神论存在一些迷信思想。这些迷信思想的第一个"错误"主要表现为伪神崇拜，理雅各把其归因于中国人没有得到圣经启示的相关指导，主要表现为：

中国人错误地把他们看到某些自然现象和虚无的守护神联系起来，例如太阳、月亮、星星和所有的山川河流。对这些神，中国人都给予了崇拜和祭祀……虽然圣经中也有"spirit"作为"God"的仆人，但他们只是执行"God"交给他们的具体任务而已，而不是作为一种有着具体功能的存在，但中国人却崇拜他们，虽然这种崇拜远远比不上对至高存在的崇拜，但这仍然是错误的。[156]

---

153 James Legge, *The Notions of the Chinese concerning God and spirits: with an examination of the defense of an essay on the proper rendering of the words Elohim and Theos into the Chinese language by William J. Boone,* Hongkong: Hongkong Register office, 1852, pp. 26-27. 原文出自《大明会典》 卷八十二。

154 Ibid., p. 28.

155 Ibid., p. 31.

156 Ibid., pp. 53-54.

理雅各认为中国人思想中的第二个主要"错误"便是崇拜祖先和逝去的圣人。在他看来，"这种崇拜构成了崇拜'God'的陷阱和绊脚石，因为祖先崇拜会导致中国人的思想被占据，而那里只能安放'God'。基于同样的理由，崇拜逝去的圣人也是应该被谴责的。对逝去圣人的怀念当然是应该的，但是建造庙宇并献上祭品，以此希望得到他们的帮助，则是毫无根据和错误有害的"[157]。但理雅各对这种崇拜也表现出一定的理解，认为中国人从来没有把他们的祖先和逝去的先人称为某种神灵，在很大程度上他不过是一种孝顺的表现。

至于中国宗教最早在何时被迷信思想所腐蚀，理雅各表示不能确定。他引用一些天主教传教士的观点，认为这种错误的伪神崇拜可能发生在黄帝统治时期，大概在耶稣诞生2600年前。理雅各自己则根据五经的叙述推测："这种腐蚀至少在舜统治时期已经发生，因为舜在祭祀'上帝'的同时，也向六种伪神献上了祭品，根据相关注疏，他们分别是四季、冷热、太阳、月亮、星星和掌管干旱洪水的神祇。"[158] 不过，理雅各对中国人迷信思想的批评并不影响其对中国宗教文化的肯定态度。他就偶像崇拜问题对比了古代犹太人、罗马人和中国人的异同：

> 古代犹太人中的偶像崇拜始终是存在的……诺亚的曾孙宁录就曾背离"God"的旨意，进行偶像崇拜，而舜和宁录几乎就是同时代的人物。亚伯拉罕的爷爷拿鹤（Nahor）比舜晚生了大概八十年，同样有过偶像崇拜的历史。既然和中国古代舜同时代的诺亚的后代发生了同样的堕落，为什么我们却始终坚持指责中国所存在的偶像崇拜呢？……古罗马帝国也不例外，即便是在古罗马帝国皈依基督教后，当时著名的米兰大主教安布罗斯（Ambrose of Milan）也发展了偶像崇拜，宣称要崇拜"守护天使"（guardian angels）。这种错误崇拜仅仅是发生在早期使徒们的谆谆教诲后不到三个世纪，而且尚有圣经的指导。然而即使在这样的情况下，偶像崇拜在基督教会内部都可以发生，那么我们还有什么理由去指责中国人的偶像崇拜和英雄崇拜呢？尤其难能可贵的是，中国人从没有把"God"的名字给予诸如太阳、月亮之类的天体，也没有给予他们逝去的英雄和圣

---

157 Ibid., pp. 54-55.
158 Ibid., p. 55.

人。实际上，中国人从没有把他们和"God"混淆起来。可以说，作为偶像崇拜者，中国人和罗马天主教并无不同，既然我们没有把罗马天主教称为多神教，那么我们也就不应该把中国人的宗教称为多神教。[159]

理雅各在这里想要表达的是，既然古代犹太人和罗马人尚且存在严重的偶像崇拜，那么还有什么理由去指责中国人呢？中国人宗教思想的"错误"并不足为奇，完全可以理解。一番简单对比之后，理雅各仍没有满足，他进一步论述了中国人宗教道德水准：

中国人的庙宇不像罗马人神庙那样充满可憎的欲望。中国人也不会对诸如角斗士那样的游戏和演出趋之若鹜。虽然我并不是要赞美中国人的道德水平或是把这个民族打造成道德楷模，但是这个国家在世界上所有异教国家中的确占有独特的地位。这个国家历史悠久，人口众多，注重礼仪，在文明上优越于其他东方民族，考虑到这些事实，我实在无法想象这个民族无论是在过去还是在未来都不具备对"God"的认知。当我想起索多玛（Sodom）和蛾摩拉城（Gomorrah）因为找不出十个有德行的人而被"God"从地球上抹去；古代犹太人因背离"God"，崇拜太阳神巴尔（Baal），而被驱逐出应许之地；当埃及人、亚述人、波斯人和希腊人的王国兴起、衰落并最终被摧毁，而中华帝国则不断前进，直到现在。我实在无法相信在他们的语言中找不到一个合适的词汇表达"God"，实际上在经过调查之后，我十分高兴地发现中国人对"God"有着大量的认知，没有把他的荣光给予其他存在。[160]

可以看出，在理雅各心目中，中国人的宗教道德水准还在古罗马人之上，中华文明的悠久历史也远胜过其他许多文明。也许这种文明高低程度的对比在政治上并不正确，但理雅各对中国文化无疑是充满好感的，而考虑到十九世纪的中西方力量对比，这种精神尤为难得。当然理雅各对中国这一"他者"文化的偏爱并非空穴来风，他在文中该部分论述的最后总结道：

一想到如果一代又一代的中国人走向坟墓，却没有一个人的头脑中有"God"，或念叨过"God"的名字，这种想法就让人不寒而

159 Ibid., pp. 65-57.
160 Ibid., p. 59.

栗。实际上，一个民族如果丝毫不知"God"的存在，就不能延续
到现在……中国人的宗教无疑是一神教，而这和他们延绵不绝的悠
久历史绝非毫无关系。而且我坚信，和其他因素比起来，这种一神
教无疑对中国文明的不断繁衍生息作用最大。中国独特的地理位置
的确可以避免其他强大国家的入侵，其对孝的推崇和通过考试系统
选拔优秀人才也能够维持其政府的良好运作，并在很大程度上拟制
了无政府主义运动，但真正能够保持中华帝国发展，避免走向腐朽
崩溃的主要原因是这个民族从古至今都保持着对独一无二"God"
的崇拜。[161]

理雅各的总结可谓"精辟"，其对中国人宗教崇拜的"一神教"的判断和
中华帝国得以避免"腐朽崩溃"的主要原因的诠释不能不令人联想到一种西
方基督教中心主义观的"东方主义"。较之裨治文和文惠廉，乃至麦都思，理
雅各对中国人的宗教观念无疑是最为欣赏和同情的，但他的表述同样带有强
烈的主观色彩，也是不准确的，在很大程度上可能并不是一种历史存在的真
实再现，而是在东西方对立的模式下以西方为中心投射出来的产物，是传教
士的一种文化构想和话语实践。实际上，理雅各的表述"必然深深嵌于表述
者的语言和表述者所厕身其中的文化、制度和政治环境，因而这种表述本身
不可能是超然中立的，它只可能是自身所处的那套语言的一部分"[162]。

针对中国人思想中的无神论观点，理雅各也没有回避。文惠廉曾在其文
章中指出，以朱熹为代表的宋代思想家把"太极"、"理"、"道"以及"气"
作为万事万物的根源和主宰，完全与基督教观念背道而驰。理雅各指出，人
们之所以错误地认为基督教的造物主"God"与"上帝"是截然不同的，是因
为他们没有研究有关中国传统宗教的原始文献。在理雅各看来，"宋代思想家
的错误与很多欧洲机会主义思想家一样，最终陷入了无神论的泥沼，或者至
今还在泥沼中挣扎"[163]。就此而论，理雅各的观点与利玛窦、麦都思的观点
并无太多不同。三人基本都认为中国古代典籍中的"上帝"就是"God"，并

---

161 Ibid., pp. 58-59.

162 萨义德著，王宇跟译《东方学》，三联书店，2007年，第272页。

163 James Legge, *The Notions of the Chinese concerning God and spirits: with an examination of the defense of an essay on the proper rendering of the words Elohim and Theos into the Chinese language by William J. Boone,* Hongkong: Hongkong Register office, 1852, p. 17.

通过对宋代程朱理学思想的批判来重新纠正中国人和美国传教士对"上帝"的错误认识。

三、类属词还是关系词?

通过对《大明会典》的考察，理雅各明确表示中国人存在对"God"的认知，而中国典籍中的"上帝"就是"God"。之后，他接着批判文惠廉的第二个主要论点，即"God"、"Elohim"和"Theos"均是类名，他们的汉语译名因此也须是类名。

理雅各首先从词汇学意义上来分析类属词的定义和性质。他指出："类属词作为某一类事物的统称，其所指包括众多个体，但不论这些个体相同与否，他们在这一类属词下地位平等。"[164] 理雅各以"狗"和"树"这两个字为例具体说明何谓类属词。理雅各认为这两个词汇均为类属词，就词汇学意义而言，不论是何种狗，所有的狗都是平等的，也不论是何种树，所有的树都是平等的。在理雅各看来，一个类属词无疑表达了很多个体的存在，并且就某一特定类属词所蕴含的共同性质而言，所有个体都是平等无差别的。厘清类属词在词汇学上的性质之后，理雅各反问道："难道'God'一词是类属名吗? 难道有很多其他存在具有和'God'相同的属性，并且就这一属性而言，那些存在和'God'是平等的吗? "答案显然是否定的，因为"God"是独一无二的。"按照文惠廉的观点，即'God'一词作为类名，既表达了至高存在，也指代其他并不存在的所有伪神，我们岂不是让一个类名在肯定其名下的某一个存在的同时，又否定另一个存在? 我们怎么能认为一个词是类属词，却又能表达其所指称的那一类事物的既存在又不存在呢? 这无疑是荒谬的。"[165]

既然"God"一词不是类名，那么它是一个什么性质的词汇呢? 理雅各告诉读者："'God'一词是关系词，表达一种相对的概念。"[166] 理雅各这一观点在当时可谓相当激进，因为在大部分西方人士头脑中，"God"一词从来都是表达的一种绝对存在。裨治文和文惠廉等美国传教士对此自然是感到无比震怒和气愤。为了表明自己并不是孤立无援，理雅各引用了当时都伯林英国国教大主教惠特里（Whately）的观点："当一物体被认为是整体的一部分，并作为整体或整体中另外一物体的参照物，表达这一关系的这个名称就是个关系

---

164 Ibid., p. 75.
165 Ibid., p. 76.
166 Ibid..

名词（Relative-term）。它的对立面是绝对名词（Absolute-term），一个绝对名词的所指即构成一个整体，不会被用作其他物体的参照物。例如，'父亲'、'儿子'、'指挥官'等等都是关系名词，他们的所指是作为一个更为复杂的整体的一部分；而诸如'一个人'（a man）和'一个生物'（a living being）这样的词汇的所指则是绝对的。"[167] 理雅各的解释是：

> 当我谈到"一颗树"（a tree），我头脑中的概念便是一个独立的物体，它本身就是作为一个整体而存在，而不需要其他存在来作为参照。相反，"父亲"一词则让我想到的是一个相对的客体，一种和其他存在（"孩子"）密切相关的存在……当我想到最高存在耶和华，他在我的头脑里自然是一种绝对存在，因为他就是他，他就是一个整体，他的存在无需任何其他存在来作为参照物。但当他作为"God"时，他在我的脑海里便和其他存在紧密相关，其他存在因他而存在，我的存在也因他而存在。[168]

为了详细说明自己的观点，理雅各继续从词汇学的角度展开论证：

> 一个类名可以用来指称很多物体，但如果要具体指称某一物体，则必须加上限定词或短语。例如，作为类名的"树"和"市"只有变成"这棵树"和"伦敦市"，才能指称某一具体的树和城市。但一个关系名词则无需加上这样的限定性词汇或短语，因为它本身就含有这种限定性概念。例如"父亲在叫你"、"主人叫你来"和"维多利亚女王深受爱戴"中的"父亲"、"主人"、和"女王"就是关系名词。因为，一个家庭只有一位父亲，一户人家只有一个主人，一个国家只有一位女王，这些词汇所表达的关系已经足够限定它们的具体所指，所以它们无需其他限定性或修饰性词汇。[169]

经过上述一番理论和逻辑上的证明之后，理雅各并未罢休，他以圣经中的具体例子来证明"Elohim"和"God"两词是关系名词。他以圣经开篇第一节（"Elohim/God made the heavens and the earth."）为例说明自己的观点。根据理雅各的理论，"God"和"Elohim"两个词汇之前并无任何限定性词汇或短语，因为这两个名词本身即含有限定性意义，故它们应该不是类名，而只可

---

167 Ibid..
168 Ibid., pp. 76-77.
169 Ibid., p. 77.

能是关系名词。理氏进一步指出："在整部圣经旧约中，"Elohim/God"共出现2555次，其中有1476处，这两个单词单独出现，没有任何限定词；有722处是作为介词短语的形式出现；即便在剩下 357 处，虽然添加了定冠词，但其所指并未发生变化，而一个类名在添加了定冠词后，其所指立即就会发生变化。"[170]

此外，由于文惠廉在其《驳论"Elohim"与"Theos"的汉语译名》一文中曾攻击理雅各把"God"一词看作是关系名词，违反了基督教正统神学观念，理雅各还援引了几位著名神学家和哲学家的观点。例如，宗教改革家加尔文认为："只有耶和华作为'God'的名字才是一种存在，而其他名字均不过是尊号而已。"[171] 大主教霍斯利（Horsley）也曾说过："'Elohim'一词是表达关系的词汇，而且是一种不平等的关系，凸显了最高级的存在，这种高级存在才是绝对的，但这个词汇的所指只有和依赖其存在的其他物体才能构成一个完整的系统。"[172] 大物理学家兼神学家牛顿（Isaac Newton）也曾明确表示："'God'一词是关系名词，这个名词的意思就是主（Lord）。"[173]

理雅各最后总结道："'Elohim'一词既不是表达一种本质上的存在，也不是表达耶和华的存在。在犹太人的头脑中，'Elohim'一直就是一个关系性的概念，是一个审判者（Judge）和一个最伟大的主宰（Powerful Ruler）。"[174]

纵观理雅各对文惠廉等美国传教士的批判，可以看到其两个最为核心的观点：其一，"God"一词是关系名词，而非绝对名词和类属词；其二，中国人具有对"God"的认知，中国人的"上帝"即基督教的"God"。前一个观点涉及基督教自身神学，反映出其不同于美国传教士的神学理念，后一个观点则和中国宗教文化密切相关，表现出其与美国传教士对待中国宗教文化的不同态度。在此次译名之争之后，理雅各开始系统研究中国经典，并先后完成了《论语》、《大学》、《中庸》、《孟子》、《春秋》、《礼记》、《书经》、《孝经》、《易经》、《诗经》、《道德经》、《庄子》等的翻译工作。1877年，当新教传教士在上海召开第一次中国传教士大会时，理雅各提交了论文《儒教与基督教之关系》（"Confucianism in Relation to Christianity"），再

---

170 Ibid., p. 78

171 Ibid., p. 82.

172 Ibid., p. 83.

173 Ibid., p. 86.

174 Ibid., p. 83.

次宣称:"中国经典中的'帝'和'上帝'就是'God',就是我们的'God',真正的'God'。"[175]

第四节 祷文伪作事件

就在麦都思与文惠廉等人就译名问题不断争执之时,发生了一起颇为有趣的事件,给译名问题这一严肃话题带来一丝戏剧性的色彩,也可能暗示了某些思想较为开放的中国士人开始主动参与到这一问题的讨论之中。

一、《祷天神祝文并序》

1851 年 1 月,也就是麦都思、美魏茶和施敦力·约翰退出"委小会议"之前一个月,文惠廉在《中国丛报》刊登了一篇名为《祷天神祝文并序——两广总督、钦差大臣、太子少保耆英之祷文》("Testimony to the truth to Christianity, given by Kiying, late governor-general of Canton, minister plenipotentiary, guardian of the heir apparent")的文章。该篇文章称,当时在福州传教的美国传教士怀德在福州购得一部由耆英撰写的书籍,是由一位福州文人在北京得到,并将其带回福州老家,之后这位文人将此书转售给怀德,而书中的一篇祷文将为"神"这一译名提供强大证据和支持。[176] 随后,文惠廉附上了这篇中文祷文:

> 祷天神祝文并序 (两广总督耆英撰):按康熙字典云,耶稣西国称救世主也。西人翻译之本。述其行迹甚详。其教以礼神悔罪为主。意谓世间独此一位造化天神,能主宰万有,无所不在,无所不知。因鉴观下土,悯念群生,命帝子耶稣,降生尘网,捐躯救世,死而复生,诸多奇迹。但凡信之者,惟勿拜诸偶像,或公处,或暗室中,洗心悔过,向空中造化之神,跪拜谢罪,祈福而已。余自客岁,出使两粤,并奉招抚各外洋。因查究西人所习教,是否邪正。及前后观察,知其所传,是无不善,自宜具奏闻,请免驱除以示柔

---

175 James Legge, "Confucianism in Relation to Christianity", Shanghai, Kelly & Walsh, 1877, p. 3. 可能由于此文在当时的传教士看来观点过于激进,此次传教大会记录没有刊载该文,只是在会议摘要中列出此文篇名。

176 Williams Jones Boone, "Testimony to the truth of Christianity, given by Kiying, late governor-general of Canton, minister plenipotentiary, guardian of the heir apparent", *The Chinese Repository*, Vol.20, 1851, p. 41.

远。适幕友李公，自述其前冬得病，鬼神医卜，一切罔效。偶闻西人所传祈福之事，遂向空中叩请，称天神，并耶稣名。翌日病愈。此后有求辄遂。因属余作祝文，誌其灵感之异，以备广记拾遗之一考。云惟神无私，开天劈宇，万象岈懞，群灵鼓舞。悯念群黎，鉴观下土，无所不闻，无所不见，巍乎神功，聿昭万古。嗟尔众生，罔知神主，饱食暖衣，弗感神赐，奸诈贪嗔，甘遭神怒，辗转死期，冥刑痛楚，我愿世人，悔心自处，作善降祥，千秋格语，从此礼神。有求辄许，拔尔永刑，救尔罪苦，神之格思，万福临汝，尚饗。[177]

可以看到，祷文《祷天神祝文并序》中出现了不少"天神"和"神"等词汇，并把它们看作是基督教的"God"一词。实际上，怀德发现书中的这篇文章后如获至宝，认为："这篇祷文无疑为'神'的译法提供了坚实的证据。"[178] 之后怀德马上写信告知了上海的裨治文和文惠廉等人这一令人兴奋的消息。裨治文和文惠廉对这一发现也是欣喜若狂，认为此文具有十分重要的价值，因为"一个地位如此显贵的人物在北京竟然发表了这样的文章……这一事实表明基督教在这个庞大帝国的传播远远超出了我们的想象"[179]。高兴之余，他们甚至幻想"这位显贵的政治家能够更加关注福音，并最终懂得得救的道理"[180]。更为重要的是，在文惠廉和裨治文看来，耆英的这篇祷文无疑就是把"God"一词翻译成"神"的铁证。之后，文惠廉附加了此片祷文的英文翻译，并给予相关注释和评论。文惠廉不无得意地说："麦都思和他的朋友在1850年1月30日的文章宣称，如果用'神'来翻译'Theos',将会损害圣经译本的经典性和严肃性，耆英对此显然作出了不同的回答，他在文中频繁地使用了'神'字，并认为这就是造物主，开天劈宇的造物主。"[181] 文惠廉最后自信的宣布："某些人认为把'God'一词翻译作'神'会导致中国人对'God'的轻视，但根据耆英这篇祷文，上述观点无疑是荒谬的。"[182] 文惠廉确信，这一证据可以彻底驳倒麦都思等人认为"神"字作为汉语译名与中国人的宗教观念相悖的观点，于是他立即向英美两国的圣经公会和美部会提交了该文

---

177 Ibid., p. 42.
178 Ibid..
179 Ibid., p. 45.
180 Ibid., p. 41.
181 Ibid., p. 45.
182 Ibid., p. 48.

的译文和他的评论。该年 2 月 18 日，麦都思等人宣布退出旧约译经"委办会议"。似乎这个材料起了一定的作用，麦都思可能是想避免这一新证据对他的论点造成毁灭性的打击。

然而形势不久便发生了逆转。理雅各不久从传教士柯林处得到了这本文集，并很快发现《祷天神祝文并序》完全系伪造之作。经过一番仔细研究之后，他不无嘲讽地说："与其说这篇文章的作者是耆英，还不如说是英国及海外圣经公会的主席……我完全可以想象，这样一个拙劣的仿作在中国学者手里不到一个小时就会原形毕露。那些福州的传教士仿佛只是阅读了那部文集里的那一篇祷文，便以为如获至宝，认为耆英用'神'字来表达至高存在，而对于整部文集里的其他文章则一页也未阅读。"[183]

虽然是伪作，理雅各还是清醒地认识到这篇伪作可能会给英美两国圣经公会在译名问题上的最后裁决和译名之争带来的负面影响。因此，理雅各迅速将真相公之于众，试图扭转负面影响。在给英国及海外圣经公会书记梅勒的信中，他写道："一些人把此篇伪作视为把'God'一词译为'神'的证据，他们在中国的很多朋友也持相同看法，英美两国也可能有许多人同意他们的观点，因此很多人，可能也包括您所在的圣经公会，对这一极其严肃而重大问题的最终裁决可能或多或少受到了影响，但实际上只要稍加谨慎，这部伪作在十分钟之内就会原形毕露。"[184]

实际上，裨治文和文惠廉手中并没有那本书，自然也就没看过，他们在《中国丛报》刊登的那篇祷文也不过是从怀德的信函中摘录而出。[185] 在获悉理雅各的发现后，二人才急忙寻获到那部书籍和那篇祷文，经过一番研究，终于发现，怀德购得的那部书实为一部名为《榕园全集》的文集，刊印于二十年前，作者是福建一位名叫李兰乡的地方官，而那篇祷文的印刷纸张和字体与该书其他部分截然不同，连页码和目录也有明显的改动痕迹。[186] 无疑，那篇所谓的耆英的祷文是被人故意粘进了《榕园全集》。面对这一尴尬的情况，裨治文也不得不在《中国丛报》上承认，《榕园全集》的确是假借耆英之名的

183 Legge to Mellor, Hong Kong, May 13, 1851, ABCFM Papers, reel 258, 16. 3. 8
184 Ibid..
185 Williams Jones Boone, "Testimony to the truth of Christianity, given by Kiying, late governor-general of Canton, minister plenipotentiary, guardian of the heir apparent", *The Chinese Repository*, Vol. 20, 1851, p. 42.
186 E. C. Bridgman, "The Yung Yuen Tsiuen Tsih, 榕园全集 or Complete Collection of the Garden of Banians", *The Chinese Repository*, Vol.20, 1851, p. 342.

一部伪作，并把责任推到怀德身上，认为"如果怀德在购买此书时稍加注意，就不会出现这一情况"[187]。但为了减轻这一事件所带来的恶劣影响，裨治文仍然认为，这篇文章仍然可能是耆英本人所做或是耆英的一个姓李的部下所做，无论如何，这篇文章的存在表明有中国人用'神'来表达基督教中的至高存在。[188] 对于裨治文来说，这就够了。但理雅各却不这么认为，感觉这份伪作可能是中国人玩弄的把戏："我越读这篇文章，越感觉到一种讽刺的意味。难道不会是这个作者在讽刺很多传教士所用的汉语译名吗？那个文中的李先生祈祷之后便得偿所愿的故事难道不是在挖苦基督教吗？炮制如此拙劣的伪作无疑本身就表达了一种轻蔑。"[189] 理雅各的看法虽然仅仅只是一种猜测，但却不是完全没有道理。从《祷天神祝文并序》中所载内容来看，首先可以排除是麦都思等英国传教士所为，因为"天神"或"神"的译名与他们的主张完全是背道而驰；其次，也不太可能是裨治文和文惠廉等美国传教士，因为他们的汉语能力不太可能达到《祷天神祝文并序》的水平，即便达到，那么也不应该出现"天神"这一译名。故基本可以肯定，《祷天神祝文并序》的真实作者应该是一位对基督教已有相当理解的中国士人。由于缺乏直接证据，已很难准确考证出此人的姓名。但在裨治文和文惠廉刊登《祷天神祝文并序》两个月前，福建巡抚徐继畬和英国传教士四美（George Smith）的一次会谈或许能为此起伪作事件提供些许线索。

二、徐继畬与四美的会晤

徐继畬于 1844 年担任福建布政使，主要负责对外事务交涉。1846 年，徐继畬升任福建巡抚，并兼任闽浙总督，后因"神光寺事件"于 1851 年被革职回京。在福建为官七年期间，徐继畬不同于清廷一般官员，思想较为开放，是近代最早放眼看世界的少数中国人。他在对外交涉中采取理性态度，对传教士态度较为宽容。[190] 在担任福建布政使期间，他结识了美国传教士雅裨理，并多有交往。据雅裨理日记中的描述：

---

187 Ibid., p. 341.
188 Ibid., pp. 343-344.
189 Legge to Mellor, Hong Kong, May 13, 1851, ABCFM Papers, reel 258, 16. 3. 8
190 有关徐继畬与传教士的交往可参见吴义雄的《西方人眼里的徐继畬及其著作》，载《清史研究》，2009 年第 1 期。

他是我迄今所遇到过的最好学的中国高级官员。有一次他提出了许多有关外国的问题，我们建议下次带一本地图册，来介绍他感兴趣的地区和国家，他高兴地同意了。后来，我们将收集到的一些资料送给了他，包括一些有关基督教的书籍，其中包括《新约全书》。[191]

实际上，徐继畬撰写《瀛环志略》曾得到雅裨理的帮助。从书中叙述来看，徐继畬对基督教已有相当认识。对于犹太教和基督教的"God"，徐继畬曾在《瀛环志略》一书中有如此描述，"事天神，始于摩西，时在有商之初（沃丁年间），托言天神降于西奈山（在阿剌伯境内）垂十诫以教世人"[192]。对于新教和天主教的渊源，徐继畬认为："欧罗巴诸国，自汉以后皆奉洋教，教王居于罗马，操列国兴废之权。明初日耳曼人路得别立西教，自是诸国从洋教者半，从西教者半，君民之相仇戮，列国之相攻伐，半由争教而起。然所谓洋教者即西教，其书同而讲解异，其余教规大致相同"[193]。《瀛环志略》于1848年出版后，也引起了传教士的关注，美国传教士卫三畏就曾写过一篇长达二十五页的书评，刊登在1851年的《中国丛报》上。总之，在当时传教士的心目中，徐继畬作为当时中国思想较为开放的高级官员和著名学者，有着良好的声誉。[194] 这也为他后来和四美（George Smith）的会谈奠定了基础。

四美系英国圣公会传教士，最早曾于1844年来到中国传教，1846因健康原因回国，1849年受命出任香港维多利亚主教，并与1850年3月再次来到中国。[195] 在华期间由于亲自目睹"译名之争"及其所引发的传教士内部分裂而感到极其惋惜，多次呼吁两派传教士相互妥协，团结一致。1850年12月，四美在英国福州代理副领事兼译员的星察理（C.A. Sinclair）的陪同下来到福州专门拜访了徐继畬，进行了长达一个半小时的会谈，"God"汉语译名的问题也成为此次会谈的一个重要话题。[196] 四美在给英国及海外圣经公会编辑委员会书记梅勒的信中解释了此次会晤的动机："我并不指望我和他（徐继畬）的

---

191 "Notices of Amoy and its inhabitants: extracts from a Journal of the Rev. D. Abel at Kulang su", *The Chinese Repository*, Vol 13, 1844, p. 236

192 徐继畬:《瀛环志略》，上海书店出版社，2001年，第90页。

193 同上，第115页。

194 *Letter from the Bishop of Victoria, on the Chinese Version of the Hole Scriptures*, 20th August, 1851, printed at the China Mail Office, Hong Kong, p. 21.

195 Alexander Wylie, *Memorials of Protestant Missionaries to the Chinese*, 141-142

196 *Letter from the Bishop of Victoria, on the Chinese Version of the Hole Scriptures*, 20th August, 1851, printed at the China Mail Office, Hong Kong, p. 5

讨论能够彻底解决‘God’一词的汉语译名问题，但却希望能为此问题的最终裁决提供更多的材料……就其对基督教书籍和圣经的了解来看，他很可能是中国高级官员中最能正确认识基督教的一位。”[197] 总之，在四美看来，拜访这样一位具有广泛影响力而又对基督教有所认识的中国高级官员兼著名学者应该会对解决"译名之争"大有裨益。

在会谈中，四美就"神"和"上帝"等汉语译名和徐继畬进行了咨询和讨论，并将徐继畬的回答总结为八点：1. "上帝"在中国人的头脑中并非偶像或是某个"神祇"，而是宇宙的最高主宰，和西方国家的"God"、"天主"是相同的。徐继畬对"上帝"的定义和康熙皇帝的"天上之主"极为相似。2. "天主"一词在中国人中普遍被认为是西方基督教的主宰。3. 徐继畬多次强调"神"字首要的和本质的意义是表达一种无形的存在。4. 中国的"上帝"和基督教国家的"天主"不能被看作是崇拜对象的"神"，但作为一种无形的和非实体的存在，可以被称之为"一种神"。5. 尽管"上帝"是最容易被中国人理解的译名，但汉语圣经中的"天主"同样是一个很好的表达唯一存在的译名。但是，徐继畬主动建议采用"神天"或"天神"（徐继畬更倾向后者）作为汉语"God"一词的译名。6. "天神"在古时和"地神"、"鬼"是有区别的，但现在，这种区别已经没有了，"神"这一术语可以统称"天神"、"地神"和"鬼神"，可以用来混称一切本质上看不见的神秘的东西。7. "灵魂"指的是活人之灵，圣人死后的灵魂则成为"神灵"。8. "神灵"和"神祇"在意义上基本完全一致，几无差别（徐继畬同样反复强调了这一点）。[198]

从上述四美的叙述来看，在徐继畬心目中，"God"一词的译名可以是"上帝"、"天主"、"神天"和"天神"，而他最为推崇的还是"天神"。实际上，"天神"也正是徐继畬在其《瀛环志略》一书中对"God"一词的翻译。之后，四美对麦都思和文惠廉等先前发表的各种论辩小册子经过一番仔细研究后，基本认可了"天神"作为"God"的译名，并希望两派传教士能够在此译名的基础上达成妥协。他在给梅勒的信中写道："我所做的不过是努力想在这场导致

197 Ibid., p.1. p.21
198 *Letter from the Bishop of Victoria, on the Chinese Version of the Hole Scriptures*, 20th August, 1851, printed at the China Mail Office, Hong Kong, pp.22-23 也可参见 "Notes of an interview between H.E. Su Ki-yu and other Chinese officers, and the Bishop of Victoria, held at Fuhchau, Dec. 7th, 1850", *The Chinese Repository*, 1851, p. 247.

新教传教士分裂的'译名之争'中扮演一个中间调停者的角色,"[199] 而"那位福建巡抚主张采用"天神"这个译名,在我看来这个译名可能会是双方达成一致的基础,须知这位巡抚也是一位具有崇高威望的学者。我也查阅了两派传教士的各种辩论小册子,这些小册子也都提到了这一译名(天神),我认为我们应该格外关注这个译名,虽然这个译名并非完美,但却可能是唯一的能使双方达成妥协的译名"[200]。

对此,坚决拥护译名"神"的美国传教士并不买账,卫三畏很快在其主编的《中国丛报》上刊登了四美和徐继畬会谈的记录,并附加了自己的评论。他承认鉴于徐继畬在中国士人心目中的崇高地位,他的一些观点是有价值的,但是和他谈论宗教话题则必须清醒地意识到,他对真正宗教的认识是有缺陷的。因为,"一个异教徒如果没有圣经中圣灵的教导,就不可能认识到'God'的唯一性;他也不会认识到他的祖先和先贤们一直崇拜的,包括他自己被教导要崇拜的对象都不是所谓的神祇,而仅仅只是一种虚无(Nothings)。"[201] 总之,在卫三畏看来,中国人自始自终都不具备对"God"的认知,无论是麦都思、理雅各还是徐继畬,把汉语典籍中的"上帝"或"天神"同圣经中的"God"等同起来都是不能被接受的,而徐继畬作为一名异教徒,在如何选择"God"一词译名这一问题上根本不具有任何发言权。卫三畏和大多数美国传教士一样,都主张将"God"一词译为"神",将"Spirit"一词译为"灵"。他曾说过:"人们都以为朱庇特和宙斯就是'God',但是犹太人、使徒先辈和基督徒并不这样认为;保罗曾经在路司德一座朱庇特神庙前当着祭司们布道,通过朱庇特来讲解'God'的存在和特质,他把朱庇特称作'虚妄',我以为中国人的'上帝'也是一样。"[202]

当理雅各发觉《祷天神祝文并序》系假借耆英之名的一篇伪作后,曾猜测这起事件的幕后人士是一位嘲讽传教士的中国士人。虽然仅仅是一种猜测,但如果把这起伪作事件和徐继畬、四美探讨"God"一词汉语译名一事联系起

---

199 *Letter from the Bishop of Victoria, on the Chinese Version of the Hole Scriptures*, 20th August, 1851, printed at the China Mail Office, Hong Kong, p.1.

200 Ibid., pp. 5-6.

201 "Notes of an interview between H.E. Su Ki-yu and other Chinese officers, and the Bishop of Victoria, held at Fuhchau, Dec. 7th, 1850", *The Chinese Repository*, 1851, p. 249.

202 卫斐列著,顾钧、江莉译《卫三畏生平及书信》,广西师范大学出版社,2004年,第 94 页。

来，便会发现其中若隐若现的联系。从时间上来看，徐继畬和四美的会谈发生在 1850 年 12 月 7 日，而《中国丛报》则是在 1851 年第 1 期刊登了那篇祷文，两件事情发生的时间基本吻合。从对待"God"一词汉语译名的态度来看，徐继畬几年前已经开始在《瀛环志略》一书中采用"天神"，而且在与四美的谈话中也主动建议传教士采用"天神"这一译名，而那篇祷文同样采用了"天神"作为"God"一词的译名。从那篇祷文对基督教的叙述来看，特别是从诸如 "独此一位造化天神"、"帝子耶稣，降生尘网，捐躯救世，死而复生"、"凡信之者，惟勿拜诸偶像"这样的句子来看，此篇祷文的作者对基督教已有相当的认识，在 1850 年左右的中国，对基督教具有这种认识的中国士人显然不多，而徐继畬显然具备了这样的认识，这从其《瀛环志略》一书中便可看到。另外，实际上收录那篇祷文的《榕园全集》的作者也是福建一位本地官员，因而对《榕园全集》做手脚也更为容易，特别是考虑到当时较为落后的印刷技术和交通条件。最后，那篇祷文假借耆英之名，在当时的中国，估计一般士人和低级官吏也不太敢假冒他的名字，而徐继畬作为福建巡抚和闽浙总督，和耆英的政治地位基本对等。

考虑到徐继畬对西方文化一直较为关注，属于清廷中最早放眼看世界的人士，其在福建为官期间，作为当地的最高行政长官，对新教传教士的活动情况应该具有相当的掌握。总的看来，虽无直接证据，但徐继畬完全有可能策划这起伪作事件，不过其目的可能不一定如理雅各推测的那样是为了讽刺基督教和传教士。更加可能的情况是，徐继畬在了解到传教士内部发生的译名之争之后，对译名问题同样产生了兴趣，并认为"天神"才是"God"一词的最佳译名，但作为中国的著名文人和高级官员，在当时极为保守的舆论环境下，直接参与无疑是不合时宜的，于是便假借耆英之名策划了这起祷文伪作事件。只不过，当怀德、裨治文和文惠廉等人发现这篇文章后，他们更多地关注到文中"造化之神"、"惟神无私"、"巍乎神功"、"罔知神主"、和"甘遭神怒"等句子中的"神"，并借此向麦都思等上帝派传教士发难，而对文中几次出现的"天神"却视若无睹，因为在他们看来，一切含有天、帝等字样的合成词都是极其令人生厌的，因为"用汉语固有的或者用于伪神的特有词汇来称呼'God'，都是对耶和华的亵渎"，只有"用类属词'神'作为译名才可以正确地传达摩西十诫中第一诫以及圣经中的其他教义"[203]。正

203 Williams Jones Boone, "Defense of an Essay on the proper rendering of the Words

如裨治文给美部会秘书安德森的信函中所写的那样"'神'是我们可以采用的唯一译名,实际上,我们没有其他更好的选择"[204]。

实际上,祷文伪作事件的始作俑者是谁并不重要,但却表明在圣经汉译这一中西文化交流事件中,中国人已经开始参与其中。虽然在之前的翻译过程中,传教士的某些翻译助手也曾表达过翻译"God"一词的意见,但多是无意识地、被动地参与,但祷文伪作事件却是中国士人自觉地、主动地,并站在中国文化立场上对基督教核心教义的诠释。二十多年后,中国基督徒围绕汉语典籍中的"上帝"和基督教圣经中的至高主宰的关系在《万国公报》上掀起了一场沸沸扬扬的"圣号之争",轰动一时,也宣告了中国人不再集体缺席圣经汉译这一中西文化交流事件。[205]

本章小结

围绕"God"一词译名所引发的争论最早可以追溯到清初来华的天主教传教士,并最终引发了那场著名的影响了东西方世界的"礼仪之争"。两个世纪之后,当新教传教士首次来到中国,同样的历史仿佛将要再次重演,只不过,物是人非,东西方世界的力量对比已经失衡,新教传教士们自然不会再次遭到清初天主教传教士在中国的厄运。但同样发生在他们身上的"译名之争"仍然对基督教在近代中国的传播乃至对中国文化产生了深远的影响。时至今日,当中国人一谈到基督教,便会不假思索的说出"上帝",但时下中国出版的汉语圣经却多采用"神"这一译名,个中缘由耐人寻味。

"回顾早期来华新教传教士的经历,有许多耐人寻味的事件,但没有哪一件事情像'译名之争'那样引人注目,也没有哪一件事曾引起过如此多的争议。"[206]美国长老会传教士狄考文(C.W. Mateer,1836-1908)曾说:"传教士们走遍了地球上几乎所有的异教国家,向他们传播基督教和翻译圣经,但在为'God'一词寻找一个恰当的译名问题从没有遇到在中国这样严重的困难。"[207] 狄考文

Elohim and Theos into the Chinese Language", *The Chinese Repository*, Vol.19, 1850, pp. 346-347.

204 Bridgmen to Anderson, Shanghai, Feb. 16, 1850, ABCFM Papers, reel 259, 16. 3. 8

205 有关这场"圣号之争"可参见李炽昌主编《圣号论衡——晚清〈万国公报〉基督教'圣号论争'文献汇编》,上海古籍出版社,2008年。

206 Michael C. Lazich, *E.C. Bridgman, American's First Missionary to China*, The Edwin Mellen Press, 2000, p. 253.

207 C.W. Mateer, "The Meaning of the Word 神", *The Chinese Recorder*, 1901, p. 61.

的话其实已经无意中道破了"译名之争"的玄机所在。当传教士怀揣把福音传播到地球上的每一个角落的宏大计划时，他们在很多地区都取得了成功。但当他们来到中国之后，立即发现他们面对的是一个历史极度悠久、文明高度发达的民族，中国人的头脑中已经充满了各种根深蒂固的文化概念，没有留下太多空白等待他们来书写。显然，传教士面临的任务已经不再是简单地把福音告知中国人，而是如何成功地在汉语言文化框架内植入基督教信仰，但这样做就不可避免地造成信仰与文化的紧张，圣经汉译已经不再是一个单纯的语言转换问题，而是涉及到深层次的基督教神学和中国宗教哲学的文化问题。"译名之争"实际上深刻反映了圣经汉译过程中文化概念移植中的种种困境。就此而论，发生在此次联合译经期间的"译名之争"以及由此展开的对基督教神学和对中国传统宗教文化的讨论也就不足为奇了。可以说，这场"译名之争""在一定程度上可以视为清初那场耶稣会士和罗马教廷之间关于传教策略和礼仪之争的回响"[208]。在所有参与此次"译名之争"的传教士中，对中国传统宗教文化持肯定态度最坚决的无疑是理雅各，他坚定不移地认为中国人自始自终具有对基督教"God"的认知，中国古代典籍中的"上帝"就是"God"，而麦都思等人虽然也抱有这样的观念，但面对裨治文和文惠廉等人的咄咄逼人，则一度犹豫徘徊。至于中国古代典籍中的"上帝"是否在某种程度上等同或类似于基督教的"God"，在倡导多元文化的今天，这一问题对于普通人来说也许并不重要，但对于研究人文社会科学，特别是对中西文化交流来说，对这一问题的回答则仍需要学者的努力。

此外，"参与此次论战的主要人物对中国语言和文化都很有研究，论战本身又促使他们在这些方面做进一步探讨，而他们对中国语言文化的研究，又构成早期西方汉学的一个特殊部分"[209]。他们为解决"译名之争"，埋头扎进中国古代典籍之中，并出版发表了为数不少的相关文章、小册子、字典、译著和专著。理雅各和卫三畏等人后来也都成为著名的汉学家，在西方大学中教授中国语言文化。"可以说，'译名之争'成为传教士研究中国文化的动力之一，也推动了近代西方汉学的产生和发展。"[210]

208 李炽昌主编：《圣号论衡——晚清〈万国公报〉基督教'圣号论争'文献汇编》，上海古籍出版社，2008年，第13页。
209 吴义雄：《译名之争与早期的圣经中译》，载《近代史研究》，2000年第2期，第222页。
210 同上。

结　语

　　在笔者看来，1807年到1862年是近代新教传教士圣经汉译事业的早期阶段。排除浸礼会独立的翻译工作，这一时期在中国境内出现了四个圣经汉语全译本，它们一脉相承，关系密切，反映出传教士译者在十九世纪上半叶就圣经汉译持续不断的探索和努力。这些探索和努力主要表现在传教士译者对译文语体、翻译原则、神学术语、和译经组织模式等方面的思考和选择。

　　就译经组织模式而言，这一时期的译经工作经历了从某一传教差会的某一名传教士单独翻译发展到由几个差会的传教士联合翻译的过程。这种发展的过程既反映出圣经翻译的复杂性和艰巨性，也凸显了圣经汉译的客观要求。新教要想在中国取得成功，统一的圣经汉译本无疑是极为重要的前提条件，因为不同译本的存在和散播势必会让中国人感到疑惑，从而影响到传教事业的发展。实际上，著名的希腊文"七十子译本"和英文"钦定本"就是联合译经的产物。值得指出的是，麦都思对于译经活动具体组织模式的建立作用甚大。1838年他在《中国的现状与传教展望》一书中对"四人小组"译本的经验教训进行了反思，并针对以后的译经工作模式进行了详细的理论设计，明确了传教士所属的传教差会、圣经公会和传教士译者各自在译经工作中所应承担的角色。在之后"委办本"新约联合译经工作中，无论是译经总原则的制定、"联合翻译委员会"的设立、各"地区委员会"译经任务的分配，还是"委办会议"的具体运作机制都或多或少体现了麦都思的对译经模式的思考和设计。之后的新教传教士在十九世纪中后期和二十世纪初期的译经工作中也在很大程度上沿袭了"委办本"的译经组织模式，很多译本都是在若干传教差会和圣经公会支持之下的某一个"翻译委员会"主持翻译的产物，例如著名的"北京官话译本"和集大成的官话"和合本"。另外，随着不同译本的不断涌现，手握译本印行主要资金的英美圣经公会在译经活动中的发言权越来越大，并在英美传教士译者就译名问题和翻译原则相持不下之时扮演了最终的裁决者。不过，圣经公会在选择印行哪一个译本时的首要考量在很大程度上并非翻译质量的高低，而是译本背后的国籍因素，显示出英美两国传教团体在华译经活动和传教事工上的竞争。

就译文语体而言，在这一时期的中国，"官话"口语和书面语言差异较大，传教士译者在译经过程中面临着语体选择的问题。由于清廷在第一次鸦片战争前执行严格的禁教政策，传教士无法公开活动，即便在战争之后的很长一段时期之内，传教士译者仍然被限定在五个通商口岸狭小的区域活动。另外，这一时期的中国社会仍较为封闭，大部分文人士大夫对传统文化依旧充满自信。在这样的时代背景之下，新教传教士不可能向耶稣会士那样选择一条偏向上层人士的传教路线，用深奥的书面语言撰写传教读物和翻译圣经既显得不切实际也没有意义，因为上层士人一般没有兴趣阅读，普通老百姓也难以读懂。采取口语体"官话"来翻译圣经同样无法让传教士译者满意，因为翻译出来的译文可能会显得粗俗不堪，既伤害到圣经的神圣性和严肃性，也会令傲慢的中国士人看不起，而这无疑是传教士不愿看到的。权宜之下，他们"发明"了一种介于两者之间的一种"中间"语体，即所谓的经书注疏和《三国演义》相结合的语体风格，但由于没有严格的标准，再加上传教士译者以及中国助手的汉语造诣参差不齐，故在实际翻译过程中，不同译文的译文语体并不完全一致。举例来说，马礼逊的译文语言更加偏向口语语体，但由于其在翻译圣经之时，尚未完全掌握汉语，译文有时反而显得比较晦涩难懂。而麦都思和裨治文等人在翻译圣经之时学习汉语时间更长，再加上有更为优秀的中国助手的协助，译文语体则更加偏向文言语体。随着《天津条约》和《北京条约》的签订，十九世纪下半叶的传教士有了在中国全境传教的自由，遂发现所谓的"中间"语体还是与传教事业不相匹配，便放弃了这一语体，普遍采用一种更为浅显的语体（浅文理 Low-Wenli）和"官话"语体，为了加以区别，他们一般把马礼逊和麦都思译经时期的译本语体通称为"深文理"（Hign-Wenli）。总的看来，这一时期传教士译者就译文语体所做出的选择实乃时代背景之下的无奈选择，虽被后人所抛弃，但仍不失为一种颇有意义的尝试。实际上，正是基于传教士译者在这一时期对译文语体的探索，并把相应译本应用于实际的传教工作中，后来的传教士方能意识到"官话"语体才是最佳选择。而后来出现的"官话"圣经可谓开用白话文撰写经典著作的先河，极大影响了近代中国语言的变化和文学创作。周作人在 1921 年《圣书与中国文学的关系》的演讲中这样评价"官话"圣经的作用："《马太福音》（"官话"语体）的确是中国最早的、欧化的、文学的国语。我又预计他与新中国文学的前途有极大极深的关系。"[1] 虽然，并非所有学者都同意"官话"圣经与现代白话的采行有密切联系，但圣经汉译所建立的基督教话语体系的确给汉语引入了大量新词汇，丰富了中国语言。

关于译经工作中采用的翻译原则，传教士译者一般称之为翻译风格。就近代长达一百余年的新教传教士圣经汉译活动来看，忠实一般被排在首位。但麦都思主持翻译的"四人小组"译本和"委办本"则较为特殊，把通达和地道放在了很重要的位置，有时为了达到这一目标甚至牺牲了忠实的程度。要解释这一现象的原因，需要研究麦都思本人的翻译思想。从麦都思的传教经历可以看到，他更为注重对中国文化的研究，在某种程度上也更为注重在上层士人中间传教，这从其主持的"墨海书馆"以及结交的中国文人都可以看出来。应该说，这一点上，麦都思比较类似于利玛窦等早期的耶稣会士。在麦都思心目中，圣经不但是基督教的经典文献，也应该是"一部有价值的汉语作品"。故在其主持翻译下的圣经汉译本往往在地道流畅方面较为出色，但在忠实程度方面却打了折扣，这一点在由王韬襄助翻译的部分表现更为明显。不过，麦都思的这种翻译原则在之后的译经工作中基本被弃之不用，而他独特的翻译思想恰好反映出近代早期的传教士在译经工作中所进行的探索。

就神学术语的翻译而言，这一时期的译经工作为之后主流的术语译名奠定了坚实基础，四个译本不断取得进步，大部分的译名已经为现在主流的"和合本"所接受并沿袭下来，为汉语基督教话语体系的建立做出了重要贡献，在很大程度上深刻影响了中国人的宗教观念。然而对于最为重要的"God"一词，以麦都思、理雅各为代表的大部分英国传教士和以裨治文、文惠廉为代表的美国传教士存在严重分歧，并就此问题展开了旷日持久的争论。分歧凸

1　陈忠：《圣经的全文汉译与他在中国的社会影响》，载章开沅，马敏主编《基督教与中国文化丛刊》，湖北教育出版社，2004 年，第 284 页。

显了两派传教士对待中国传统文化的不同态度，一派试图在中国人宗教观念的基础之上全面改造中国人的信仰，另一派则试图从中国宗教观念中寻找到与基督教的契合之处，"去伪存真"以"完善"中国人的信仰。争论后来又牵涉到传教士背后的传教差会和圣经公会，而这些传教团体就争论所表现出来的态度和做出的最终裁决又反映出争论背后的国籍因素和英美传教团体在中国传教问题上的竞争。时至今日，这一遗留问题仍尚未得到解决，中国基督徒手中的圣经依然存在"上帝"版和"神"版之分。另外，传教士就"God"一词译名问题所展开的对中国宗教传统文化的广泛研究不但极大促进了西方汉学的发展，也本身就构成了西方汉学特殊的一部分，很多传教士后来也成为西方著名的汉学家。

回顾这一时期传教士的译经工作，不难发现，圣经汉译绝非一个单纯的语言相互转换问题，它更多地涉及到传教士如何看待中国传统文化和宗教观念，如何用汉语诠释和再现以圣经为核心的基督教神学话语体系。在诠释和再现的过程中，传教士需要"将圣经信仰从他本来的文化传统中抽离出来，置入汉语言的文化框架之内"，而这"就不可避免地造成信仰与文化的紧张"[2]。面对这种"紧张"，由于传教士译者自身神学观念的差异和对中国传统文化的不同态度，他们对翻译过程中出现的各种具体问题产生不同意见自是难以避免，这种紧张和分歧也正反映出近代中西方文化相遇时的碰撞和激荡。就这个意义来说，作为近代新教百余年圣经汉译事业的早期阶段，1807年至1862年的译经工作虽遭遇诸多困难，但仍不失为有益的探索，并为之后更为优秀的译本奠定了基础。

随着"委办本"和裨治文/克陛存译本的相继问世，新教早期的译经工作宣告结束。由于在1807年至1862年的大部分时期内，直接传教尚存在诸多困难，追求优秀的圣经汉译本便成为新教差会的优先目标。这种传教策略虽是迫于无奈之下的权宜之计，但基于圣经对新教神学体系的核心地位，译经工作所初步构建的汉语基督教话语体系为后来的传教工作在神学教义上做好了准备。中国内陆地区被迫开放后，新教差会开始把更多地注意力转向直接传教，"委办本"和裨治文/克陛存译本便立即成为了英美传教士手中的传教精神武器。而随着传教士更加深入地接触中国社会，他们对中国语言文化和译经工作的认识不断更新，圣经汉译活动也步入了新的时期。

---

2 游斌:《王韬与中文圣经翻译》，载《金陵神学志》，2006年第3期，第110页。

征引文献

圣经汉译本

1. 《四史攸编耶稣基利斯督福音之会编》（让·巴塞）
2. 《神天圣书》（马礼逊/米怜译本），英华书院藏版，1827年。
3. 《新遗诏圣书》（"四人小组"译本），新嘉（原书如此）坡坚夏书院藏版，1839年。
4. 《旧遗诏圣书》（"四人小组"译本），巴达维亚，1839年。
5. 《新约全书》（"委办本"），香港英华书院活版，1854年。
6. 《旧约全书》（"委办本"），香港英华书院活版，1855年。
7. 《新约圣书》（裨治文/克陛存译本），苏松上海美华书局藏版，1863年。
8. 《旧约全书》（裨治文/克陛存译本），苏松上海美华书馆藏版，1863年。
9. 《新旧约圣经》（浅文理，施约瑟译），上海美华圣经会印发，1927年。
10. 圣经（新标点和合本），香港圣经公会，2005年。

英文档案资料

Papers of the American Board of Commissioners for Foreign Missions:
    16.3.8Reel 256, 257, 258, 259
    16.3.11   Reel 265
Council for World Mission Archive:
    Ultra Ganges/ South East Asia, incoming Correspondence, Box 1.
    Central China, Incoming Correspondence, Box 1, 2.
    South China, Incoming Correspondence, Box 1, 2, 3, 4, 5

British and Foreign Bible Society archives:

Documents Relating to the Proposed New Chinese Translation of the Holy Scriptures:

W. H. Medhurst, "Memorial addressed to the British and Foreign Bible Society on a New Translation of the Chinese Scriptures", Hackney, Oct. 28, 1836.

"Copy of a Letter from the Rev. Messrs. Evans and Dyer to the Rev. Charles Gutzlaff", Malacca, April 25, 1836.

"Copy of a Letter from the Rev. Messrs. Evans and Dyer to the Rev. Joseph Jowett", Malacca, April 27, 1836.

"Remarks of Mr. Medhurst on the Letters of Messrs. Evans and Dyer, contained in a Letter to the Rev. J. Jowett", Hackney, Nov. 19, 1836.

"Resolutions of the British and Foreign Bible Society on the Preceding Papers"

W. H. Medhurst, "Memorial Addressed to the Directors of the Missionary Society on the Projected Revision of the Chinese Scriptures." Dec. 18, 1836.

Samuel Kidd, "Remarks on the Memorial Addressed to the British and Foreign Bible Society on a New Version of the Chinese Scriptures." Hackney, Dec. 23, 1836.

报刊

1. 《中华基督教会年鉴》

2. 《神学志》（1924 年）

3. 爱汉者（郭实腊）纂《东西洋考每月统记传》，1833-1838 年。影印本（黄时鉴整理），北京：中华书局，1997 年。

4. *Annual Report of British and Foreign Bible Society*, 1804-1854

5. *The Chinese Repository*, 1832-1851.

6. *The Indo-Chinese Gleaner*, 1817-1822.

7. *The Missionary Recorder,* 1867-1893.

8. *The Missionary Magazine and Chronicle*, 1846, 1853, 1860

9. *The China Review*, 1872-1901.

译著

1. （美）邓恩著，余三乐、石蓉译《从利玛窦到汤若望——晚明的耶稣会传教士》，上海古籍出版社，2003 年。

2. （美）费正清编，中国社会科学院历史研究所编译室译《剑桥中国晚清史》，中国社会科学出版社，1993 年。

3. （英）海恩波着，陈翼经译《圣经与中华》，香港宣道书局，1947 年。

4. （英）海恩波着，简又文译《传教伟人马礼逊》，香港基督教辅侨出版社，1960 年。

5. （美）亨特着，冯铁树、沈正邦译《广州番鬼录，旧中国杂记》，广东人民出版社，2009 年。

6. （英）贾保罗编《圣经汉译论文集》，香港基督教辅侨出版社，1965 年。

7. （英）贾立言着，冯雪冰译《汉文圣经译本小史》，广学会，1934 年。

8. （英）马礼逊夫人编，顾长声译《马礼逊会议录》，广西师范大学出版社，2004 年。

9. （美）柯文着，雷颐、罗检秋译，《传统与现代性之间：王韬与晚清的改革》，江苏人民出版社，1994 年。

10. （日）柯毅霖着，王志成、思竹、汪建达译，《晚明基督论》，四川人民出版社，2003 年。

11. （美）孟德卫著，陈怡译《神奇的土地：耶稣会士的调适策略与汉学的起源》，大象出版社，2010 年。

12. （美）吉瑞德著，段怀清、周俐玲译《朝觐东方：理雅各评传》，广西师范大学出版社，2011 年。

13. （美）雷孜智著，尹文涓译《千禧年的感召——美国第一位来华新教传教士裨治文传》，广西师范大学出版社，2008 年。

14. （美）萨义德著，王宇跟译《东方学》，三联书店，2007 年。

15. （美）卫斐列著，顾钧、江莉译，《卫三畏生平及书信》，广西师范大学出版社，2004 年。

16. （美）威利斯顿沃尔克著，孙善玲等译《基督教会史》，中国社会科学出版社，1991 年。

17. （法）谢和耐著，耿升译《中国与基督教——中西文化首次撞击》，上海古籍出版社，2003 年。

18. （德）费尔巴哈著，荣震华译《基督教的本质》，商务印书馆，1997 年。

19. （德）尤思德著，蔡锦图译《圣经在中国：和合本的历史与新教在华传教士译经的高峰》，香港国际圣经协会，2002 年。

英文文献

1. Anonymous, *The Jubilee Memorial of the British and Foreign Bible Society,* London: The Society House, 1854.

2. Anonymous, *Records of the General Conference of the Protestant Missionaries of China*, Shanghai: American Presbyterian Mission Press. 1890.

3. Anonymous, *Constitution of the American Bible Society,* New York: G.F. Hopkins, 1816.

4. Barnett, Suzanne Wilson, & Fairbank, John King, ed. *Christianity in China: Early Protestant Missionary writings*, Cambridge, Harvard University Press, 1985.

5. Bridgman, Eliza J. Gillet ed., *The Pioneer of American Mission to China, The Life and Labor of Elijah Coleman Bridgman*, New York, 1864.

6. Hunter, William *The "FanKwae" at Canton Before Treaty Days 1825-1844*, Shanghai, 1921.

7. Boone, William J., *Vindication of Comments on the Translation of Ephesians, 1 in the Delegates' version of the New Testament*, Canton, 1852.

8. Boone, William J., & Culbertson, M.S., *Papers Relating to the Shanghai Revision of the Chinese Scriptures*, Shanghai, 1851.

9. Broomhall, Marshall, *The Bible in China*, London: British and Foreign Bible Society, 1934.

10. ------*Robert Morrison, a Master Builder,* London, Livingstone Press, 1924.

11. Brown, George, *The History of British and Foreign Bible society*, London, 1859.

12. Canton, William, *The Story of the Bible Society*, London, John Murray, 1904.

13. Coughlin, Margaret Morgan, *Strangers in the House: J. Lewis Shuck and Issacher Roberts, First American Baptist Missionaries to China*, University of Virginia, 1972.

14. Culbertson, M. S., *Reply to the Strictures on the Remarks made on the Translation of Genesis and Exodus in the Revision of the Chinese Scriptures*, Canton, 1852.

15. Dwight, Henry Otis, *The Centennial History of American Bible Society*, New York, Macmillan, 1916.

16. Eber, Irene, "The Interminable Tern Question", in *Bible in Modern China: The Literary and Intellectual Impact*, edited by Irene Eber, Sze-kar Wan, Knut Walf, Nettetal: Institut Monumenta Serica, 1999.

17. Ellis, William, *The History of the London Missionary Society*, London: John Snow, 1844.

18. Girardot, Norman J., *The Victorian Translation of China, James Legge's Oriental Pilgrimage*, University of California Press, 2002.

19. Gutzlaff, Charles, *Journal of Three Voyages along the Coast of China*, London: Frederick Westley, 1834.

20. Hanan, Patrick, "The Bible as Chinese Literature: Medhurst, Wang Tao, and the Delegates' Version", *Harvard Journal of Asiatic Studies*, Vol. 63, No. 1, 2003.

21. Hills, T. Margaret, *ABS Historical Essay # 16, Part III-G. Text and Translation, 1831-1860, Languages of Asia.* New York: American Bible Society Archives, 1965.

22. Jean, Paquette, *An Uncompromising Land: the London Missionary Society in China, 1807-1860*, Ph.D. diss., 1987.

23. Latourette, Kenerth Scott, *A History of Christian Missions in China*, New York: The Macmillan company, 1929.

24. Lazich, Michael C., *E.C. Bridgman, America's First Protestant Missionary to China*, Lampeter: The Edwin Mellen Press, 2000.

25. Lefevere, Andre, *Translation, Rewriting and the Manipulation of Literary Frame,* London &New York：Routledge, 1992.

26. Legge, Helen Edith, *James Legge, Missionary and Scholar*, The Religious Tract Society, 1905.

27. Legge, James, *An Argument for Shang Te as the Proper Rendering of the Words Elohim and Theos, in the Chinese Language: with Strictures on the Essay of Bishop Boone in Favor of the Term Shin*, Hongkong: Hongkong Register Office, 1850.

28. -------"On the Rendering of the Name 'God' in the Chinese Language", *China Mail*, June 20, 1850.

29. ------*The Notions of the Chinese concerning God and spirits: with an examination of the defense of an essay on the proper rendering of the words Elohim and Theos into the Chinese language by William J. Boone*, Hongkong: Hongkong Register office, 1852.

30. -------"Confucianism in Relation to Christianity", Shanghai, Kelly & Walsh, 1877.

31. Lewis, Jack P., *The English Bible*, Grand Rapids: Baker Book House, 1991.

32. Lovett, Richard, *The History of London Missionary Society 1795-1895*, London: Henry Frowde, 1899.

33. Lowrie, Walter, ed. *Memoirs of the Rev. Walter M. Lowrie, Missionary to China,* Philadelphia, 1850.

34. Lutz, Jessie Gregory, *Opening China: Karl F.A. Gutzlaff and Sino-Western Relations 1827-1852*, William B. Eerdmans Publishing Company, 2008.

35. Morrison, Eliza A., *Memoirs of the Life and Labors of Robert Morrison*, London: Longman, 1839.

36. Medhurst, W. H., *China: Its State and Prospects*, London: John Snow, 1840.

37. ------*A Dissertation on the Theology of the Chinese with a View to the Elucidation of the Most Appropriate Term for Expressing the Deity in the Chinese Language*, Shanghai: Mission press, 1847.

38. ------*A Glance at the Interior of China: Obtained during a Journey through the Silk and Green Teat Districts Taken in 1845*, Shanghai: Mission Press, 1849.

39. ------ "To the Protestant Missionaries Laboring at Hong Kong, and the Other Five Ports of China", Shanghai, American Bible Society Archives, 1850.

40. ------*Reply to Dr. Boone's Vindication of Comments on the Translation of Ephes. I : in the Delegates' Version of the New Testament: by the Committee of Delegates, also, a Letter on the Same Subject, from J. Legge, to Dr. Tidman, Secretary of the London Missionary Society*, Shanghai: London Mission Press, 1852.

41. ------*Shoo King: The Historical Classic,* Shanghai: Mission Press,1846.

42. Medhurst, W.H., & Stronach, John, & Milne, William C., *Strictures on the Remarks Contained in "Papers relating to the Shanghae revision of the Chinese Scriptures"*, Shanghai, 1852.

43. W.H. Medhurst, & Stronach, John, & Milne, William C., *Reply to Dr. Boone's "Vindication of comments on the translation of Ephes. I. in the Delegates' Version of the New Testament"*, Shanghae, 1852.

44. Milne, C. William, *Life in China*, London: G. Routledge, 1857.

45. Milne, William, *A Retrospect of the First Ten Years of the Protestant Mission to China*, Malacca, printed at the Anglo-Chinese press, 1820.

46. Morrison, Robert, *A Grammar of the Chinese language*, Semaphore, 1815.

47. ------*A View of China, for Philological purposes; containing A Sketch of Chinese Chronology, Geography, Government, Religion and Customs* Macao, pressed at the Honorable the East Indian Company's Press, 1817.

48. ------*Chinese Miscellany,* London, S. McDowall, Leadenhall Street, 1825.

49. ------*A Dictionary of the Chinese Language*, Part 1 Vol. 1, 2, 3, Macao: printed at the honorable East Indian Company Press, 1815,1822,1823.

50. ------*A Dictionary of the Chinese Language*, Part 2 Vol. 1, 2, Macao: printed at the honorable East Indian Company Press, 1819, 1820.

51. ------*A Dictionary of the Chinese Language*, Part 3 Vol. 1, Macao: printed at the honorable East Indian Company Press, 1822.

52. Moseley, W.W., *The Origin of the First Protestant Mission to China, and History of the Events Which Induced the Attempt, and Succeeded in the Accomplish of a Translation of the Holy Scriptures into the Chinese Language*. London: Simpkin and Marshall, 1842.

53. Philip, Robert, *The Life and Opinions of the Rev. William Milne*, London: John Snow, 1840.

54. Richmond, Annette B., *The American Episcopal church in China*, New York, 1907.

55. Smith, George, *Letter from The Bishop of Victoria on the Chinese Version of the Holy Scriptures*, Printed at the China Mail Office, Hongkong, 1851.

56. Smith, S. F., *Missionary Sketches: A Concise History of the work of the American Baptist Missionary Union*, Boston: W. G. Corthell Publisher, 1883

57. Spillett, Hubert W., *A Catalogue of Scripture in the Language of China and the Republic of China*, London: British and Foreign Bible Society, 1973.

58. Standaert, Nicolas, "The Bible in Early Seventeenth- Century China", Irene Eber, ed. *Bible in Modern China*, Nettetal, Steyler Verl, 1999.

59. Strandenaes, Thor, *Principles of Chinese Bible Translation,* Ph.D. diss., Uppsala University,1987, Uppsala: Amqvist, 1987.

60. Townsend, William John, *Robert Morrison The Pioneer of Chinese Missions*, London : S. W. Partridge, 1888.

61. Tracy, Joseph, *The History of American Board of Commissioners for Foreign Missions*, New York, M.W. Dodd, 1842.

62. Williams, Samuel Wells, *The Middle Kingdom*, New York & London, Wiley and Putnam, 1848.

63. Wong, Man Kong, *The Term Question: a Bibliography*, 2001.

64. Wylie, Alexander, *Chinese Researches,* Shanghai, 1897

65. ------*Memorials of Protestant Missionaries to the Chinese*, American Presbyterian Mission Press, 1867.

中文文献

1. 四书五经、《大明会典》（国学网）

2. 故宫博物院文献馆：《史料旬刊》第 1-10 期，1930 年。

3. 陈垣辑录：《康熙与罗马教皇使节关系文书》（二），故宫博物院 1932 年影印本。

4. 陈垣辑录：《康熙与罗马教皇使节关系文书》（十四），故宫博物院 1932 年影印本。

5. 陈德彰：《圣经的版本》,《读书》，1980 年 9 期。

6. 陈忠：《圣经的全文汉译与他在中国的社会影响》，载章开沅，马敏主编《基督教与中国文化丛刊》（第 6 辑），湖北教育出版社，2004 年。

7. 方行、汤志钧整理，《王韬日记》，中华书局，1987 年。

8. 顾长声：《从马礼逊到司徒雷登》，上海人民出版社，1985 年。

9. 顾长声：《传教士与近代中国》，上海人民出版社，1991 年。

10. 顾卫民：《基督教与近代中国社会》，上海人民出版社，1996 年。

11. 李炽昌主编《圣号论衡——晚清〈万国公报〉基督教'圣号论争'文献汇编》，上海古籍出版社，2008 年。

12. 李志刚：《基督教早期在华传播史》，台北商务印书馆，1985 年。

13. 李天纲：《中国礼仪之争》，上海古籍出版社，1998 年。

14. 梁嘉彬：《广东十三行考》，商务印书馆，1937 年。

15. 梁工：《圣经解读》，宗教文化出版社，2003 年。

16. 梁工：《西方圣经批评引论》，商务印书馆，2006 年。

17. 梁工：《圣经视域中的东西方文学》，中华书局，2007 年。

18. 林治平：《基督教与中国近代化论集》，台北：台湾商务印书馆，1970 年。

19. 刘小枫主编《道与言》，三联书店，1996 年。

20. 罗旭荣：《圣经在中国的译本》，《金陵神学志》，1988 年第 11 期。

21. 马敏：《马希曼、拉沙与早期的圣经中译》，《历史研究》，1998 年第 4 期

22. 毛发生：《马礼逊与圣经汉译》，《中国翻译》，2004 年第 4 期。

23. 任东升：《圣经中文译本考》，《解放军外国语学院学报》，2006 年第 1 期。

24. 任东升：《圣经汉译研究：述评与展望》，《上海翻译》，2006 年第 3 期。

25. 任东升：《圣经汉译文化研究》，湖北教育出版社，2007 年。

26. 任继愈主编，王美秀、段琦等著《基督教史》，江苏人民出版社，2006 年。

27. 司德敷：《中华归主——中国基督教事业统计（1901-1920）》，中国社会科学出版社，1987 年。

28. 苏精：《马礼逊与中文印刷出版》，台湾学生书局有限公司出版，2000 年。

29. 苏精：《中国，开门！马礼逊及相关人物研究》，香港：基督教中国宗教文化研究社，2005 年。

30. 谭树林：《圣经"二马译本"关系辨析》，《世界宗教研究》，2000 年第 1 期。

31. 谭树林：《〈华英字典〉与中西文化交流》，《中华文化论坛》，2003 年第 1 期。

32. 谭树林：《马礼逊与中西文化交流》，中国美术学院出版社，2004 年。

33. 陶飞亚：《基督教与中国社会研究入门》，复旦大学出版社，2009 年。

34. 王韬：《漫游随录》（钟叔河主编"走向世界丛书"），岳麓书社，1985 年。

35. 王韬：《弢园文录外编》，中州古籍出版社，1998 年。

36. 王韬著，孙邦华编选《弢园老民自传》，江苏人民出版社，1999 年。

37. 王丽娟：《论圣经〈箴言〉的文体特点及文化价值》，《南昌大学学报》（人文社会科学版），2008 年第 5 期。

38. 王元深：《圣道东来考》，香港，1907年。

39. 王治心：《中国基督教史纲》，上海古籍出版社，2004年。

40. 吴义雄：《译名之争与早期的圣经中译》，《近代史研究》，2000年第2期。

41. 吴义雄：《在宗教与世俗之间——基督教新教传教士在华南沿海的早期活动研究》，广东教育出版社，2000年。

42. 吴义雄：《西方人眼里的徐继畬及其著作》，《清史研究》，2009年第1期。

43. 熊月之：《西学东渐与晚清社会》，上海人民出版社，1994年。

44. 徐继畬：《瀛环志略》，上海书店出版社，2001年。

45. 徐宗泽：《明清间耶稣会士译著提要》，上海书店出版社，2006年。

46. 杨森富：《中国基督教史》，台湾商务印书馆，1984年。

47. 游斌：《王韬与中文圣经翻译》，《金陵神学志》，2006年第3期。

48. 游斌：《被遗忘的译者中国士人与中文圣经翻译》，《金陵神学志》，2007年第4期。

49. 游汝杰：《圣经方言译本书目考录》，载章开沅，马敏主编《基督教与中国文化丛刊》（第3辑），湖北教育出版社，2000年。

50. 曾阳晴：《白日升〈四史攸编耶稣基利斯督福音之合编〉之编辑原则研究》，台湾《成大宗教与文化学报》，2008，11。

51. 张佩瑶：《传统与现代之间：中国译学研究新途径》，湖南人民出版社，2012年。

52. 张庆雄，徐以骅主编《基督教学术——圣经研究》，上海古籍出版，2006年。

53. 张西平：《传教士汉学研究》，大象出版社，2005年。

54. 张西平：《明清之际圣经中译溯源研究》（未刊稿）

55. 赵林：《基督教思想文化的演进》，人民出版社，2007年。

56. 赵维本：《圣经先锋列传》，新加坡神学院，2007年。

57. 赵维本：《译经溯源——现代五大中文圣经翻译史》，香港：中国神学研究院，1993年。

58. 赵维本：《中文圣经译名初探：神乎？帝乎？》，《中国神学研究院期刊》，1998年第4期。

59. 赵晓阳：《太平天国刊印圣经底本源流考析》，《清史研究》，2010年第3期。

60. 赵晓阳：《二马圣经译本和白日升圣经译本关系考辨》，《近代史研究》，2009 年第 4 期。

61. 赵晓阳：《美国传教士与圣经汉译》，《金陵神学志》，2009 年第 1 期。

62. 钟鸣旦（比利时）、孙尚扬：《一八四零前的中国基督教》，学苑出版社，2004 年。

63. 邹振环：《圣经的中译本之最》，《历史大观园》，1990 年 2 期。

64. 邹振环：《影响中国近代社会的一百种译作》，中国对外翻译出版公司，1996

65. 朱凤：《马礼逊〈华英字典〉中的成语和谚语》，《世界汉语教育史》（此资料来源网络）

66. 朱谦之：《中国景教》，人民出版社，1998 年。

67. 朱维铮主编：《利玛窦中文著译集》，复旦大学出版社，2001 年。

附录一　联合译经期间"译名之争"的主要文献

E.C. Bridgmam（裨治文）：

1. "Comparative View of Six Different Versions in Chinese of John's Gospel, Chapter 1 verse 1st", *Chinese Repository*, Vol.14, 1845, p. 54. 《〈约翰福音〉第 1 章第 1 节 6 个译本之比较》

2. "Queries and Remarks on the Translation of the Words God, Spirit, and Angel", *Chinese Repository*, Vol.14, 1845, p. 145-148. （《对 "God"，"Spirit" 和 "Angel" 汉语译名的讨论》）

3. "Remarks on the Words for God, Father, Son, Spirit, Soul, Prophet, Baptism and Sabbath", *Chinese Repository*, Vol.15, 1846, pp. 161-165. （《论 "God"，"Father"，"Son"，"Spirit"，"Soul"，"Prophet"，"Baptism" 和 "Sabbath" 的汉语译名》）

4. "Chinese Terms to Denote the Deity: Views of Drs. Morrison, Marshman, and others, Communicated in Former Volumes of the Chinese Repository." *Chinese Repository*, Vol.15, 1847, pp. 99-102, pp.121-129. （《至高无上造物主的汉语译名：兼论马礼逊博士、马士曼博士和其他人的译名》）

Walter M. Lowrie（娄礼华）：

5. "Remarks on the Words God & Spirit, and the Transference of Proper Names into Chinese", *Chinese Repository*, Vol.14, 1845, p. 101. （《论 "God" 和 "Spirit" 的汉语译名》）

6. "Terms for Deity to be Used in the Chinese Version of the Bible; the Words Shangti, Tien, and Shin Examined and Illustrated, in a Letter to the Editor of the Chinese Repoitory", *Chinese Repository*, Vol.15, 1846, pp. 311-317.(《就圣经至高无上造物主的汉语译名给〈中国丛报〉编辑的一封信：上帝、天和神》)

7. "Remarks on the Words and Phrases Best Suited to Express the Names of God in Chinese", *Chinese Repository*, Vol.15, 1846, pp. 568-574, pp. 577-601. (《论"God"的最佳汉语译名》)；

（W.H. Medhurst）麦都思：

8. "Remarks in Favor of Shangti and against Shin, as the Proper Term to Denote the True God, Addressed to the Editor of the Chinese Repository", *Chinese Repository*, Vol.16, 1847, pp. 34-39. (《就"God"汉语译名给〈中国丛报〉编辑的一封信：赞成"上帝"反对"神"》)

9. *A Dissertation on the Theology of the Chinese with a View to the Elucidation of the Most Appropriate Term for Expressing the Deity in the Chinese Language*, Shanghai: Mission press, 1847. (《中国人的神学观：兼论至高无上造物主的最佳汉语译名》)，

10. "An Inquiry into the Proper Mode of Rendering the Word God in Translating the Sacred Scriptures into the Chinese Language", *Chinese Repository*, Vol.17, 1848, pp. 105-133, pp. 161-187, pp. 209-242, pp. 265-310, pp. 321-354. (《试论圣经汉译中"God"的汉语译名》)

11. "Reply to Essay of Dr. Boone on the Proper Rendering of the Words Elohim and Theos into the Chinese Language", *Chinese Repository*, Vol.17, 1848, pp. 489-520, pp. 545-574, pp. 601-646.(《就文惠廉博士有关"Elohim"和"Theos"汉语译名文章的回应》) 1848,

12. "Letter to Editor of the Chinese Repository, with a Translation of a Tract on Nourishing the Spirit", *Chinese Repository*, Vol.19, 1850, pp. 445-459. (《就小册子〈养神〉英译给〈中国丛报〉编辑的一封信》)

13. "To the Protestant Missionaries Laboring at Hongkong, and the Five Ports of China Shanghai", Jan. 30, 1850, American Bible Society Archives.(《致香港和中国五口岸新教传教士的一封信》)

William Jones Boone（文惠廉）：

14. "An Essay on the Proper Rendering of the Words Elohim and Theos into the Chinese Language", *Chinese Repository*, Vol.17, 1848, pp. 17-54, pp. 57-89. (《论"Elohim"和"Theos"的汉语译名》)

15. "Explanation and Note on the Proper Rendering of the Words Elohim and Theos into the Chinese Language", *Chinese Repository*, Vol.18, 1849, pp. 97-100. (《"Elohim"和"Theos"汉语译名的解释和注解》)

16. "Defense of an Essay on the Proper Rendering of the Words Elohim and Theos into the Chinese Language", *Chinese Repository*, Vol.19, 1850, pp. 345-385, pp. 409-444, pp. 465-478, pp. 569-618, pp. 625-650. (《对〈论"Elohim"和"Theos"的汉语译名〉的辩护》)

James Legge（理雅各）:

17. "On the Rendering of the Name 'God' in the Chinese Language", China Mail, June 20, 1850. (《论"God"的汉语译名》)

18. *An Argument for Shang Te as the Proper Rendering of the Words Elohim and Theos, in the Chinese Language: with Strictures on the Essay of Bishop Boone in Favor of the Term Shin*, Hongkong: Hongkong Register Office, 1850. (《论"上帝"作为"Elohim"和"Theos"的汉语译名：对文惠廉主教文章的批评》)

19. *The Notions of the Chinese Concerning God and Spirits: With an Examination of the Defense of an Essay, on the Proper Rendering of the Words Elohim and Theso, into the Chinese Language*, Hongkong: Hongkong Register office, 1852. (《中国人对"God"与"Spirits"的定义：就〈辩护〉一文进行探讨》)

说明：以上文献为参与"译名之争"的主要传教士译者所撰写的文章和小册子，不包含普通传教士在《中国丛报》上就译名问题所发表的一般性文章。

附录二 联合译经期间有关翻译原则争论的主要文献

1. M.S. Culbertson, William Jones Boone, *Papers Relating to the Shanghae Revision of the Chinese Scriptures*, Shanghae, 1851.(《上海汉语圣经修订事业的相关文件》)

2. W.H. Medhurst, John Stronach, W.C. Milne, *Strictures on the Remarks Contained in "Papers Relating to the Shanghae Revision of the Chinese Scriptures"*, Shanghai, 1852 (《对〈上海汉语圣经修订事业的相关文件〉的驳斥》)

3. M.S. Culbertson, *Reply to the Strictures on the Remarks Made on the Translation of Genesis and Exodus in the Revision of the Chinese Scriptures*, Canton, 1852 (《对〈驳斥〉的回答：以〈创世记〉和〈出埃及记〉的翻译为例》)

4. William Jones Boone, *Vindication of comments on the translation of Ephes. I. in the Delegates' Version of the New Testament*, Canton 1852. (《对"委办本"新约〈以弗所书〉第 1 章译文的评论》)

5. W.H. Medhurst, John Stronach, W.C. Milne, *Reply to Dr. Boone's "Vindication of comments on the translation of Ephes. I. in the Delegates' Version of the New Testament"*, Shanghae, 1852 (《对文惠廉博士〈评论〉的回答》)

资料来源：以上资料均由美国圣经公会寄送，在此谨致谢意。

《基督教文化研究丛书》

主编：何光沪、高师宁

（1-5 编书目）

初 编 （2015 年 3 月出版）

ISBN：978-986-404-209-8 定价（台币）$28,000 元

册 次	作 者	书 名	学科别（／表示跨学科）
第 1 册	刘 平	灵殇：基督教与中国现代性危机	社会学／神学
第 2 册	刘 平	道在瓦器：裸露的公共广场上的呼告——书评自选集	综合
第 3 册	吕绍勋	查尔斯　泰勒与世俗化理论	历史／宗教学
第 4 册	陈 果	黑格尔"辩证法"的真正起点和秘密——青年时期黑格尔哲学思想的发展（1785 年至 1800 年）	哲学
第 5 册	冷 欣	启示与历史——潘能伯格系统神学的哲理根基	哲学／神学
第 6 册	徐 凯	信仰下的生活与认知——伊洛地区农村基督教信徒的文化社会心理研究（上）	社会学
第 7 册	徐 凯	信仰下的生活与认知——伊洛地区农村基督教信徒的文化社会心理研究（下）	社会学
第 8 册	孙晨荟	谷中百合——傈僳族与大花苗基督教音乐文化研究（上）	基督教音乐
第 9 册	孙晨荟	谷中百合——傈僳族与大花苗基督教音乐文化研究（下）	基督教音乐
第 10 册	王 媛	附魔、驱魔与皈信——乡村天主教与民间信仰关系研究	社会学
	蔡圣晗	神谕的再造，一个城市天主教群体中的个体信仰和实践	社会学
	孙晓舒 王修晓	基督徒的内群分化：分类主客体的互动	社会学
第 11 册	秦和平	20 世纪 50－90 年代川滇黔民族地区基督教调适与发展研究（上）	历史
第 12 册	秦和平	20 世纪 50－90 年代川滇黔民族地区基督教调适与发展研究（下）	历史
第 13 册	侯朝阳	论陀思妥耶夫斯基小说的罪与救赎思想	基督教文学
第 14 册	余 亮	《传道书》的时间观研究	圣经研究
第 15 册	汪正飞	圣约传统与美国宪政的宗教起源	历史／法学

二　编　（2016 年 3 月出版）

ISBN：978-986-404-521-1　　　　　　　　　定价（台币）$20,000 元

册　　次	作　者	书　名	学科别（／表示跨学科）
第 1 册	方　耀	灵魂与自然——汤玛斯·阿奎那自然法思想新探	神学／法学
第 2 册	劉光順	趋向至善——汤玛斯·阿奎那的伦理思想初探	神学／伦理学
第 3 册	潘明德	索洛维约夫宗教哲学思想研究	宗教哲学
第 4 册	孙　毅	转向：走在成圣的路上——加尔文《基督教要义》解读	神学
第 5 册	柏斯丁	追随论证：有神信念的知识辩护	宗教哲学
第 6 册	張文舉	基督教文化论略	综合
第 7 册	李向平	宗教交往与公共秩序——中国当代耶佛交往关系的社会学研究	社会学
第 8 册	趙文娟	侯活士品格伦理与赵紫宸人格伦理的批判性比较	神学伦理学
第 9 册	孫晨薈	雪域圣咏——滇藏川交界地区天主教仪式与音乐研究（增订版）（上）	基督教音乐
第 10 册	孫晨薈	雪域圣咏——滇藏川交界地区天主教仪式与音乐研究（增订版）（下）	基督教音乐
第 11 册	張　欣	天地之间一出戏——20 世纪英国天主教小说	基督教文学

三　编　（2017 年 9 月出版）

ISBN：978-986-485-132-4　　　　　　定价（台币）$11,000 元

册　次	作　者	书　名	学科别（／表示跨学科）
第 1 册	赵　琦	回归本真的交往方式——托马斯·阿奎那论友谊	神学／哲学
第 2 册	周兰兰	论维护人性尊严——教宗若望保禄二世的神学人类学研究	神学人类学
第 3 册	熊径知	黑格尔神学思想研究	神学／哲学
第 4 册	邢　梅	《圣经》官话和合本句法研究	圣经研究
第 5 册	肖　超	早期基督教史学探析（西元 1~4 世纪初期）	史学史
第 6 册	段知壮	宗教自由的界定性研究	宗教学／法学

四　编　（2018 年 9 月出版）

ISBN：978-986-485-490-5　　　　　　定价（台币）$18,000 元

册　次	作　者	书　名	学科别（／表示跨学科）
第 1 册	陈卫真 高　山	基督、圣灵、人——加尔文神学中的思辨与修辞	神学
第 2 册	林庆华	当代西方天主教相称主义伦理学研究	神学／伦理学
第 3 册	田燕妮	同为异国传教人：近代在华新教传教士与天主教传教士关系研究（1807~1941）	历史
第 4 册	张德明	基督教与华北社会研究（1927~1937）（上）	社会学
第 5 册	张德明	基督教与华北社会研究（1927~1937）（下）	
第 6 册	孙晨荟	天音北韵——华北地区天主教音乐研究（上）	基督教音乐
第 7 册	孙晨荟	天音北韵——华北地区天主教音乐研究（下）	
第 8 册	董丽慧	西洋图像的中式转译：十六十七世纪中国基督教图像研究	基督教艺术
第 9 册	张　欣	耶稣作为明镜——20 世纪欧美耶稣小说	基督教文学

五 编 （2019 年 9 月出版）

ISBN：978-986-485-809-5　　　　　　定价（台币）$20,000 元

册 次	作 者	书 名	学科别（／表示跨学科）
第 1 册	王玉鹏	纽曼的启示理解（上）	神学
第 2 册	王玉鹏	纽曼的启示理解（下）	
第 3 册	原海成	历史、理性与信仰——克尔凯郭尔的绝对悖论思想研究	哲学
第 4 册	郭世聪	儒耶价值教育比较研究——以香港为语境	宗教比较
第 5 册	刘念业	近代在华新教传教士早期的圣经汉译活动研究（1807～1862）	历史
第 6 册	鲁静如 王宜强 编著	溺女、育婴与晚清教案研究资料汇编（上）	资料汇编
第 7 册	鲁静如 王宜强 编著	溺女、育婴与晚清教案研究资料汇编（下）	
第 8 册	翟风俭	中国基督宗教音乐史（1949 年前）（上）	基督教音乐
第 9 册	翟风俭	中国基督宗教音乐史（1949 年前）（下）